ONDE TEM FUMAÇA TEM FOGO

| | |
|---|---|
| *Presidente Interino* | Mauro Aquiles La Scalea |
| *Conselho Editorial* | Anita Hilda Straus Takahashi (presidente da Fap) |
| | Edson Luís de Almeida Teles (*campus* Guarulhos) |
| | Erwin Doescher (*campus* São José dos Campos) |
| | Luís Garcia Alonso (*campus* São Paulo) |
| | Marcia Thereza Couto (representante externo) |
| | Mauro Aquiles La Scalea (*campus* Diadema) |
| | Nildo Alves Batista (*campus* Baixada Santista) |
| | Salvador Andres Schavelzon (*campus* Osasco) |
| *Editora-assistente* | Adriana Garcia |

José Roberto Porto de Andrade Júnior

ONDE TEM FUMAÇA TEM FOGO
As Lutas pela Eliminação da Queima
da Cana-de-açúcar

Editora
Fap-Unifesp

Copyright © 2016 by José Roberto Porto de Andrade Júnior

Ficha catalográfica elaborada pela Biblioteca EFLCH / Unifesp

Andrade Júnior, José Roberto Porto de.

*Onde Tem Fumaça Tem Fogo: As Lutas pela Eliminação da Queima da Cana-de-açúcar* / José Roberto Porto de Andrade Júnior. – São Paulo, Fap-Unifesp, 2016.

304 p.; 14 x 21 cm

ISBN 978-85-5571-002-5

1. Cana-de-açúcar – Brasil. 2. Conflito social – Brasil. 3. Queimada – Aspectos ambientais – Brasil. 4. Ecologia agrícola. 5. Movimentos Sociais. I. Título.

CDD – 633.610981

Apoio: Fapesp

As opiniões, hipóteses e conclusões ou recomendações expressas neste material são de responsabilidade do(s) autor(es) e não necessariamente refletem a visão da Fapesp.

Direitos em língua portuguesa reservados à

EDITORA FAP-UNIFESP
Fundação de Apoio à Universidade Federal de São Paulo
Rua José de Magalhães, 80 – Vila Clementino
04026-090 – São Paulo – SP – Brasil
(11) 2368-4022
www.editorafapunifesp.com.br
www.facebook.com/editorafapunifesp

Impresso no Brasil 2016

Foi feito o depósito legal

*Ao amigo Rob Faleiros,*
*Doutor Roberto de Moraes,*
*eterno.*

[...] *Não se iluda comigo, leitor.* [...] *sou homem de fé e de partido. Faço política e faço ciência movido por razões éticas* [...]. *Não procure, aqui, análises isentas. Este é um livro que quer ser participante, que aspira a influir sobre as pessoas.*

DARCY RIBEIRO, em *O Povo Brasileiro: A Formação e o Sentido do Brasil.*

*Devo enfatizar também que este é um livro esperançoso, um livro otimista, mas não ingenuamente construído de otimismo falso e de esperança vã.* [...] *De uma coisa qualquer texto necessita: que o leitor ou a leitora a ele se entregue de forma crítica, crescentemente curiosa.*

PAULO FREIRE, em *Pedagogia da Autonomia.*

# Sumário

| | |
|---|---|
| LISTAS | 13 |
| Figuras | 13 |
| Gráficos | 13 |
| Quadros | 15 |
| Siglas | 15 |
| APRESENTAÇÃO. *Elisabete Maniglia* | 19 |
| PREFÁCIO. *Marcelo Pedroso Goulart* | 23 |
| INTRODUÇÃO | 27 |

1. PROCESSO HISTÓRICO E SUBSTRATO DAS LUTAS ECOSSOCIAIS  37
   Quando Lutar Já é Vitória: O Primeiro Período de Lutas (1988-1994)  39
   Permitir a Título de Proibir: O Segundo Período de Lutas
   (1995-2006)  47
   Estampa Verde para Canaviais em Cinzas: O Terceiro Período
   de Lutas (2007-2012)  55
   As Lutas Ecossociais como Processos de (Re)organização
   da Realidade Social  61
   Lutas Ecossociais contra o Agronegócio e Seu Modo de
   Socialização da Natureza  78

2. SUJEITOS POLÍTICOS, ALIANÇAS E ENFRENTAMENTOS  93
   O Empresariado Canavieiro: Ações e Motivações  94
   Uma Importante Aliança contra a Queima  115
   Movimento Ambientalista: Articulação Local e Luta nas Ruas  119

Ministério Público de São Paulo: Articulações, Ações e
Disputas Internas                                                            122
Comunidade Científica e a Disputa(da) Verdade sobre a
Queima da Cana                                                               130
A Disputa no Seio do Movimento Sindical dos
Trabalhadores Rurais                                                         141
As Lutas no Âmbito do Executivo e Legislativo Paulistas                      144
Ações em Ação: O Judiciário e a Demanda de Eliminação
da Queima                                                                    160
Vitórias no Legislativo, Derrotas no Judiciário: As Leis
Municipais sobre a Queima                                                    176
Agências Ambientais e Polícia Florestal: A Ação Repressiva                   182
A Mídia e a Disputa da "Opinião Publicada"                                   185
O Ministério Público Federal e o Uso Tardio de uma Tese Dúbia                187
Oposições e Composições de Sujeitos Coletivos em Múltiplas
Esferas Relacionais: A (Re)organização Social em Curso                       189

3. DADOS E CONSTRUÍDOS SOBRE A QUEIMA DA CANA                                207
Muito Mais do que "Fogo de Palha": A Evolução Histórica
da Queima da Cana em São Paulo entre 1980 e 2012                             209
A Diminuição da Queima nas Antigas Regiões Canavieiras e
a Reterritorialização da Queima entre 1995 e 2006                            222
O Começo do Fim (2007-2012) e o Descumprimento do
Protocolo Agroambiental                                                      230
O Enfrentamento da Modernização Ecológica da
Agricultura Canavieira                                                       238
Cinzas dos "Heróis Verdes": O Esverdeamento do Empresariado
Canavieiro como Etiqueta para Vender Mercadoria                              249
"E se Não Fosse a Cana?"                                                     262

POSFÁCIO: 2013-2015                                                          269

REFERÊNCIAS BIBLIOGRÁFICAS                                                   281

# Listas

## FIGURAS

| | | |
|---|---|---|
| Figura 1. | Plantação de cana-de-açúcar | 29 |
| Figura 2. | Caule da cana-de-açúcar | 29 |
| Figura 3. | Queima da cana-de-açúcar | 30 |
| Figura 4. | Cana-de-açúcar queimada | 30 |
| Figura 5. | Mapa do cultivo da cana-de-açúcar no estado de São Paulo na safra 2012 | 81 |
| Figura 6. | Mapa da colheita da cana-de-açúcar na região de Ribeirão Preto em 2006 | 226 |
| Figura 7. | Mapa da colheita da cana-de-açúcar no estado de São Paulo em 2006 | 229 |
| Figura 8. | Mapa da colheita da cana-de-açúcar no estado de São Paulo em 2012 | 232 |

## GRÁFICOS

| | | |
|---|---|---|
| Gráfico 1. | Resultado das decisões da segunda instância do TJ-SP entre 1994 e 2002 nas ações ajuizadas para proibição da queima da cana (procedência ou improcedência) – total de manifestações | 165 |
| Gráfico 2. | Resultado das decisões da segunda instância do TJ-SP entre 2003 e 2012 nas ações ajuizadas para proibição | |

da queima da cana (procedência ou improcedência) –
total de manifestações 166

Gráfico 3. Resultado das decisões da segunda instância do TJ-SP
em embargos infringentes entre 1994 e 2002, nas ações
ajuizadas para proibição da queima da cana
(procedência ou improcedência) 167

Gráfico 4. Resultado das decisões da segunda instância do TJ-SP
em embargos infringentes entre 2003 e 2012, nas ações
ajuizadas para proibição da queima da cana
(procedência ou improcedência) 167

Gráfico 5. Presença nas decisões permissivas da segunda instância
do TJ-SP de alegação de ausência de prova do dano
ambiental da queima da cana-de-açúcar entre os
fundamentos decisórios (1994-2007) 169

Gráfico 6. Presença nas decisões permissivas da segunda instância
do TJ-SP de alegação de ausência de prova do dano
ambiental da queima da cana-de-açúcar entre os
fundamentos decisórios (2007-2010) 169

Gráfico 7. Decisões da primeira instância do TJ-SP (proibitivas ou
permissivas) – 1994-2012 172

Gráfico 8. Decisões da segunda instância do TJ-SP (proibitivas ou
permissivas) – 1994-2012 172

Gráfico 9. Área de cana-de-açúcar (hectares) colhida crua no estado
de São Paulo (1995-2012) 212

Gráfico 10. Área de cana-de-açúcar (hectares) colhida com queima
prévia em relação à área colhida crua no estado de
São Paulo (1987-2012) 214

Gráfico 11. Área de cana-de-açúcar (hectares) colhida com queima
prévia no estado de São Paulo segundo dados disponíveis
(1980-2012) 215

Gráfico 12. Área de cana-de-açúcar (hectares) colhida com queima
prévia no estado de São Paulo (1980-2012) –
com estimativas para os anos com dados indisponíveis 216

LISTAS

Gráfico 13. A colheita da cana em São Paulo conforme os períodos
das lutas pela eliminação da queima (1988-2012) 218

Gráfico 14. Estimativas para eliminação da queima da cana-de-açúcar
no estado de São Paulo com base no ritmo de eliminação
do período 2010-2012 236

Gráfico 15. Estimativas para eliminação da queima da cana-de-açúcar
no estado de São Paulo com base no ritmo de eliminação
do período 2007-2012 237

Gráfico 16. Estimativas para eliminação da queima da cana-de-açúcar
no estado de São Paulo com base no ritmo de eliminação
do período 2007-2011 238

Gráfico 17. Evolução da área de cana-de-açúcar anualmente queimada
no estado de São Paulo (1980-2014) 270

Gráfico 18. Queima da cana-de-açúcar na área de usinas signatárias
do Protocolo Agroambiental 271

Gráfico 19. Queima da cana-de-açúcar na área de fornecedores
signatários do Protocolo Agroambiental 272

Gráfico 20. Acórdãos do TJ-SP sobre queima da cana-de-açúcar
(1999-2014) 277

QUADROS

Quadro 1. Julgamento das leis municipais proibitivas da queima
da cana pelo TJ-SP 179

Quadro 2. Dados sobre a colheita da cana-de-açúcar em
São Paulo (1980-2012) 220

SIGLAS

Abag          Associação Brasileira do Agronegócio
ACE-Pau-Brasil  Associação Cultural e Ecológica Pau-Brasil
Adin          Ação Direta de Inconstitucionalidade
Anvisa        Agência Nacional de Vigilância Sanitária

| | |
|---|---|
| AP | Apelação |
| APP | Áreas de Preservação Permanente |
| CER-USP | Centro de Estudos Regionais da Universidade de São Paulo |
| Cetesb | Companhia de Tecnologia de Saneamento Ambiental de São Paulo |
| CF | Constituição Federal |
| CNA | Confederação Nacional da Agricultura |
| CO | Monóxido de carbono |
| $CO_2$ | Dióxido de carbono |
| Conab | Companhia Nacional de Abastecimento |
| CPT | Comissão Pastoral da Terra |
| CSMP-SP | Conselho Superior do Ministério Público do Estado de São Paulo |
| DAEE | Departamento de Águas e Energia Elétrica |
| DEPRN | Departamento Estadual de Proteção dos Recursos Naturais |
| EI | Embargos Infringentes |
| EIA/Rima | Estudo de Impacto Ambiental/Relatório de Impacto Ambiental |
| Embrapa | Empresa Brasileira de Pesquisa Agropecuária |
| Fapesp | Fundação de Amparo à Pesquisa do Estado de São Paulo |
| Feraesp | Federação dos Empregados Rurais Assalariados do Estado de São Paulo |
| Fetaesp | Federação dos Trabalhadores na Agricultura do Estado de São Paulo |
| FHC | Fernando Henrique Cardoso |
| Gaema | Grupo de Atuação Especial em Defesa do Meio Ambiente |
| GEE | Grau de Eficiência na Exploração |
| GUT | Grau de Utilização da Terra |
| HPAS | Hidrocarbonetos policíclicos aromáticos |
| IAA | Instituto do Açúcar e do Álcool |

| | |
|---|---|
| Ibama | Instituto Brasileiro do Meio Ambiente e dos Recursos Naturais Renováveis |
| IBGE | Instituto Brasileiro de Geografia e Estatística |
| Incra | Instituto Nacional de Colonização e Reforma Agrária |
| Inpe | Instituto Nacional de Pesquisas Espaciais |
| IPCC | Painel Intergovernamental sobre Mudanças Climáticas |
| Ipea | Instituto de Pesquisa Econômica Aplicada |
| Itesp | Fundação Instituto de Terras do Estado de São Paulo |
| Lupa | Levantamento Censitário das Unidades de Produção Agropecuária do Estado de São Paulo |
| Mapa | Ministério da Agricultura, Pecuária e Abastecimento |
| MDA | Ministério do Desenvolvimento Agrário |
| MLST | Movimento de Libertação dos Sem-Terra |
| MPF | Ministério Público Federal |
| MP-SP | Ministério Público do Estado de São Paulo |
| MST | Movimento dos Trabalhadores Rurais Sem-Terra |
| NMA | Núcleo de Monitoramento Ambiental |
| PDS | Programa de Desenvolvimento Sustentável |
| PFL | Partido da Frente Liberal |
| PIB | Produto Interno Bruto |
| PMDB | Partido do Movimento Democrático do Brasil |
| PSDB | Partido da Social-Democracia Brasileira |
| PT | Partido dos Trabalhadores |
| RL | Reserva Legal |
| REsp | Recurso Especial |
| SAF | Sistemas Agroflorestais |
| Siaesp | Sindicado da Indústria do Açúcar de São Paulo |
| Sifaesp | Sindicato da Indústria de Fabricação de Álcool de São Paulo |
| STF | Supremo Tribunal Federal |
| STJ | Superior Tribunal de Justiça |
| TAC | Termo de Ajustamento de Conduta |
| TCC | Trabalho de Conclusão de Curso |

| | |
|---|---|
| TJ-SP | Tribunal de Justiça de São Paulo |
| TRF | Tribunal Regional Federal |
| Única | União da Indústria da Cana-de-açúcar |
| USP | Universidade de São Paulo |

# Apresentação

*Elisabete Maniglia\**

PARA APRESENTAR UM TRABALHO ACADÊMICO que ora se torna livro, faz-se necessário inicialmente apresentar seu criador. Essa função para mim é altamente relevante, e muito me honra trazer a lume este novo talento, que desponta no mundo de obras jurídicas qualificáveis e de grande valor para o mercado editorial.

José Roberto Porto de Andrade Júnior foi empatia à primeira vista. Pelos corredores unespianos do *campus* de Franca, conversávamos sobre os mais diferentes assuntos e logo percebi como o jovem aluno era investigativo, preocupado com as questões humanas, com a natureza e, acima de tudo, com a justiça social. Aos poucos fui percebendo que este aluno era aquele dos sonhos dos professores de pós-graduação: interessado, comprometido e com uma vertente que cairia confortavelmente com a minha

---

\*. Possui graduação em comunicação social e jornalismo pela Universidade de São Paulo (1975), graduação em direito pela Universidade Estadual Paulista Júlio de Mesquita Filho (1988), mestrado em direito pela Universidade de São Paulo (1994) e doutorado em direito pela Universidade Estadual Paulista Júlio de Mesquita Filho (2000). Defendeu livre-docência em 2007 e atualmente é professora adjunta da Universidade Estadual Paulista Júlio de Mesquita Filho. Tem experiência na área de direito, com ênfase em direito agrário e ambiental rural, atuando principalmente nos seguintes temas: reforma agrária, direito agrário, trabalho rural, direito empresarial rural e direitos humanos. Sua área de pesquisa está voltada neste momento para a produção agrária, segurança alimentar e políticas públicas de sustentabilidade rural. Membro da Comissão de Direito Agrário, da Rede Nacional de Advogados Populares (Renap), Ordem dos Advogados do Brasil (OAB), Associação Brasileira de Reforma Agrária (Abra), Associação Brasileira de Direito Agrário (Abda).

pesquisa agrária, cujo teor se voltava para as áreas de interesse de que ele tanto gostava. Mas era ainda apenas um graduando, e eu não sabia ainda o que ele pretenderia fazer no futuro.

Matriculado nas minhas disciplinas do quinto ano, fomos estreitando a amizade e passei a perceber que, às características de bom aluno, aliavam-se as qualidades de um bom moço, educado, respeitoso. Daí para a grande amizade foi um passo. O "Zé" desde então passou a fazer parte da minha vida como aluno, amigo, e meu amor por ele foi coisa de coração de mãe. Tinha agora um novo filho na academia.

Este menino – e assim sempre me refiro aos meus alunos, com os quais compartilho a pesquisa, a vida universitária – começou a demonstrar seu talento extramuros. Foi contemplado com uma bolsa de pesquisa, passou a integrar o setor de estágio do Ministério Público em Ribeirão Preto na área ambiental, auxiliando o amigo Marcelo Goulart, que sempre reconheceu e amparou o talento deste jovem que, mais do que nunca, no êxito de sua curiosidade intelectual, passou a escrever e trabalhar no árduo tema da questão da queimada de cana.

Seu primeiro grande trabalho foi o relatório de pesquisa que norteou a feitura de seu Trabalho de Conclusão de Curso (TCC), no qual tive a honra de ser sua orientadora. Na apresentação, recebeu a nota máxima e ainda levou o "com louvor" dos membros da banca. Foi o "Zé" aplaudido por todos – principalmente pelos pais, que se fizeram presentes no momento da defesa do TCC, o que endossou a minha tese da importância da família na vida do jovem acadêmico e de que as virtudes que ele traz em sua vida são decorrentes da formação familiar. Foi um trabalho inesquecível! E a foto desse momento está presente em minha sala de trabalho na Unesp como referencial para os alunos de hoje. Isso custou também a brincadeira das colegas, que viam no "Zé" a imagem do meu queridinho, como assim diziam...

Mas o aluno da graduação agora queria o mestrado, e na concorrência direta com ele estava, em outra ponta, outro aluno também querido, bolsista Fapesp como ele, também dedicado. Seria o duro dilema da escolha. Mas o "Zé" se preparou. Fez a melhor prova escrita do processo seletivo, escreveu artigos e na entrevista deu um *show* com seu projeto. Entrou

APRESENTAÇÃO

no mestrado não porque era o meu queridinho (era também aqui: ré confessa), mas por mérito, e até mesmo o concorrente entendeu sem pedir maiores explicações. Daí, o "Zé" passou a ser o melhor aluno do programa de mestrado. Foi a primeira bolsa Fapesp do programa, e o primeiro a ir para o exterior com a então recente bolsa criada por essa instituição para pesquisador de mestrado. Na França, ficou sob a supervisão de Michael Löwy, que o recebeu com humanidade e apreço, orientando-o e encaminhando-o com ótimas sugestões. O "Zé" passou então ao *status* de intelectual sênior, publicando excelentes artigos, embasados com a formação obtida nos diferentes núcleos de pesquisa que frequentou na graduação e no mestrado.

Sua defesa de mestrado que ora se torna livro é o bendito fruto de seus anos de trabalho, dedicação, pesquisa e renúncia a diversões, festas, acontecimentos tão típicos de sua idade. Sua pesquisa foi avaliada por especialistas e não recebeu crítica de nenhuma espécie, o que me engrandeceu profundamente mais uma vez. Estamos, pois, diante de um jovem intelectual, que hoje repassa seus conhecimentos em aulas de direito numa faculdade e trabalha na Escola do Ministério Público, ambas na cidade de São Paulo; que se prepara para iniciar o doutorado e que em momento algum deixou de lado seus sonhos de justiça, solidariedade e respeito ao próximo.

Mas o "Zé" agora já apresentado realizou nesta pesquisa uma profunda e exaustiva investigação teórica e prática sobre a questão da cana, que pode ser associada sem reservas à questão agrária brasileira, assunto que de forma preocupante integra os debates do campo.

O trabalho com sustento teórico, firmado na multidisciplinaridade de autores consagrados sobre o tema, vai além da exaustão da pesquisa bibliográfica, penetra no âmago histórico do agronegócio da cana e seus efeitos cruéis contra a terra, contra o homem e quiçá contra a economia do país. Desnuda a falácia do lucro da cana e apresenta o desmonte dos heróis verdes. Clama por real e verdadeira sustentabilidade, demonstrando em gráficos, referências e fontes o que deve ser feito. É pesquisa de fôlego contra as injustiças ambientais, contra o mau uso da terra, contra as crueldades dos que trabalham a terra. É a perspectiva do que o direito pode e deve fazer em prol da natureza e do cidadão rural.

O leitor deve absorver cada letra, cada palavra desta obra, para pensar e repensar sobre o mundo da cana, de que todos nós somos vítimas. Deve refletir sobre esse processo que assola a vida civil tanto rural como urbana. Cada capítulo é uma reflexão jurídica, uma denúncia, uma busca de solução. Aprecie esta obra. Você, leitor, muito irá aprender.

Esta pesquisa tem cunho social, ambiental e humano. Portanto, fala de tudo de que o campo precisa e de que a sociedade necessita: alimento, água e paz.

Obrigada, "Zé", por repetir aqui um pouquinho das minhas aulas em defesa da função social da propriedade. Mais do que nunca, tive a certeza nas escolhas que fiz. Você saiu a mim, porém melhorado.

# Prefácio

*Marcelo Pedroso Goulart* *

O JOVEM E TALENTOSO PESQUISADOR José Roberto Porto de Andrade Júnior esclarece, na Introdução, que este livro tem como conteúdo a pesquisa realizada durante o curso de pós-graduação em direito que resultou na bem-sucedida dissertação de mestrado intitulada *Lutas Ecossociais no Contexto do Agronegócio Canavieiro: (Re)ordenação Social nas Lutas contra a Queima da Cana-de-açúcar e por uma Reforma Agrária Ambientalizada.* Do texto original, manteve a temática da queima da palha da cana-de--açúcar, acrescendo novas reflexões sobre o mesmo assunto. Por entender inadequada a publicação conjunta, retirou a matéria que dizia respeito à reforma agrária. Agiu com acerto. Embora correlatos, os temas, para divulgação, deveriam figurar em publicações distintas, para possibilitar ao leitor a compreensão das complexas situações fáticas que foram analisadas durante a pesquisa.

Rigoroso no método, o autor não se contentou em relatar a cronologia dos fatos e em abordá-los à luz fraca da dogmática jurídica. Desafiou a tradição, quebrou a regra, ousou, mesmo correndo o risco de ser mal compreendido pelos que fariam a avaliação do trabalho que deu origem a esta obra.

---

*. Promotor de Justiça no estado de São Paulo. Diretor do Centro de Estudos e Aperfeiçoamento Funcional – Escola Superior do Ministério Público de São Paulo. Ex--coordenador do Núcleo de Políticas Públicas do Ministério Público do estado de São Paulo. Mestre em direito pela Universidade Estadual Paulista Júlio de Mesquita Filho (Unesp). Bacharel em direito pela Universidade de São Paulo (USP). Autor, entre outros livros, de *Elementos para uma Teoria Geral do Ministério Público.*

Convencido de que o direito é fenômeno multidimensional (econômico, político, cultural e normativo) e que o seu reconhecimento e sua afirmação se dão no complexo processo de lutas político-jurídicas, José Roberto debruçou-se sobre a tormentosa questão da queima da palha da cana-de-açúcar com o intuito de desvendá-la.

Para romper o véu das aparências, delimitou o espaço e o tempo da pesquisa com precisão. Escolheu a região canavieira de Ribeirão Preto como o laboratório que poderia oferecer-lhe as melhores condições de análise. Afinal, foi nessa região do estado de São Paulo que se iniciaram os embates político-jurídicos sobre a questão na segunda metade da década de 1980 e onde se travam as principais batalhas desde então.

Identificou os principais sujeitos políticos envolvidos na trama (Ministério Público, entidades ambientalistas, sindicatos de trabalhadores, comunidade científica, empresariado rural etc.) e suas inter-relações. Descreveu com precisão o movimento desses sujeitos na formação das alianças e nos enfrentamentos que se desenvolveram e continuam a se desenvolver em diferentes arenas (tribunais, parlamentos, administração pública, escolas, universidades, mídia, fóruns da sociedade civil e espaços das comunidades afetadas pela prática deletéria da queimada).

O autor estabeleceu, para esse movimento no tempo, três distintos períodos. O primeiro, situado entre 1988 e 1994, distingue-se pela emergência das lutas ecossociais. O segundo, mediado entre os anos de 1995 e de 2006, caracteriza-se pela contraofensiva do empresariado canavieiro. O terceiro, que vai de 2007 a 2012, é marcado pelo arrefecimento das lutas ambientalistas e pelo indevido uso do discurso da sustentabilidade pelo empresariado do setor sucroalcooleiro.

O autor descreve e analisa com raro brilho todo esse percurso. Extrai as determinações econômicas, políticas e culturais que compõem a realidade sobre a qual se debruça, relacionando-as entre si, num processo de síntese que não perde de vista as contradições e mediações presentes, a reproduzir teoricamente o movimento real do objeto investigado.

José Roberto destaca, a título de conclusão, que das lutas ecossociais resultou a diminuição da área queimada na região estudada, o nordeste paulista, com a consequente melhoria da qualidade de vida da população –

PREFÁCIO

dado encontrado pelo autor também para o estado de São Paulo. Todavia, o autor é peremptório ao afirmar que, no balanço dos enfrentamentos até aqui ocorridos, o empresariado canavieiro aparece como o "grande vitorioso". Afinal, no período estudado, o padrão de produção agrícola com base na monocultura e na concentração da propriedade da terra e da riqueza não mudou, e a exploração do trabalhador e da natureza continuou de forma intensa. Na disputa ideológica, o setor empresarial apropriou-se indevidamente do discurso da sustentabilidade e impôs ritmo lento ao processo de redução das queimadas, desacelerando-o.

Com o olhar de quem participou desse processo, vejo, com felicidade, que a verdade factual foi contemplada no estudo. A análise da dinâmica das lutas ecossociais revelou, em todas as nuances, o que realmente se sucedeu. Quero crer que, do movimento gerado pela tensão dinâmica dos sujeitos em luta, é preciso tanto enfatizar as continuidades (o que o estudo faz com precisão), quanto apontar, com a mesma ênfase, os avanços. Há que reconhecer, nesse sentido, que a atuação das forças sociais que se uniram no combate às queimadas avançou até o limite do possível. Se é verdade que os sujeitos políticos fazem história, também é certo que a fazem em condições que não foram por eles escolhidas. Por isso, não entendo desarrazoado afirmar que, diante das condições postas, o saldo parcial é positivo:

- em torno da questão da queima da palha da cana-de-açúcar, formou-se uma grande aliança dos sujeitos políticos que, a partir da promulgação da Constituição de 1988, defendem o projeto democrático nela inscrito, firmando-se no cenário político regional um campo de forças sociais progressistas;

- o campo progressista, na articulação das lutas sociais com as lutas institucionais, desenvolveu, no mesmo período, outras lutas em torno de questões que apontam a insustentabilidade social e ambiental do agronegócio (por exemplo, melhores condições de trabalho no corte da cana-de-açúcar, erradicação do trabalho infantojuvenil no campo, recomposição florestal das áreas desmatadas);

- evidenciaram-se a importância e a imprescindibilidade da articulação das lutas sociais e institucionais como forma de potencializar e acelerar os processos de mudança;
- envolveu-se na disputa a comunidade científica, que passou a produzir conhecimento para instrumentalizar as demandas do campo progressista;
- debateram-se e debatem-se em vários espaços, inclusive na mídia, as questões levantadas, tornando públicas as contradições do padrão de produção do agronegócio.

Mas não é só. O processo em curso gerou amplo debate entre as forças políticas progressistas. Desse debate resultou, no final dos anos 1990, a escolha da reforma agrária como bandeira prioritária de luta.

Reconheceu-se, enfim, que os problemas até então enfrentados derivam de um modelo de produção agrícola baseado no latifúndio e na monocultura, e que somente a superação desse modelo pode recompor o cenário de sustentabilidade socioambiental desejado. Essa superação implica necessariamente a reorganização da propriedade e da posse rural em bases democráticas, ou seja, a realização da reforma agrária de corte ambiental. Seguindo essa nova direção, as forças sociais progressistas desencadearam lutas que redundaram na desapropriação de imóveis rurais e na sua destinação para assentamentos agroflorestais. Frise-se que o autor, com o mesmo rigor e profundidade, analisou essas lutas, e aguardamos, para breve, a publicação de livro que aborda esse assunto.

Ao encerrar este breve prefácio, quero destacar a dimensão que a obra de José Roberto poderá alcançar. Ela não se esgota no registro da exaustiva pesquisa e da rigorosa análise. Ao contemplar a descrição crítica do desenvolvimento das lutas ecossociais de combate à queima da cana-de-açúcar, ela poderá orientar, a partir de agora, a atuação de todos aqueles que se dedicarem à defesa da sustentabilidade socioambiental.

# Introdução

DESDE O FINAL DA DÉCADA DE 1980, diversos grupos sociais e sujeitos políticos empreenderam um importante e complexo enfrentamento político-jurídico, no estado de São Paulo, contra a utilização da prática agrícola de queima da cana-de-açúcar. Esse enfrentamento teve início na região de Ribeirão Preto (SP), importante polo da produção canavieira no estado, alastrando-se nos anos seguintes para outras regiões de produção da cana em São Paulo e estendendo-se, temporalmente, até o momento presente. Tais processos político-jurídicos de enfrentamento contra a queima da cana traduzem-se em verdadeiras lutas ecossociais, complexas e multifacetárias.

Elas foram, desde o início, ecossociais, por congregarem elementos de reivindicação ecológica com elementos de reivindicação social. A defesa da natureza esteve em sua fundamentação como defesa de uma natureza humanizada, em virtude dos problemas à saúde pública gerados pela poluição atmosférica da queima. O metabolismo entre o social e o ambiental caracterizou, portanto, a própria matriz ecológica da demanda popular. Essas lutas congregaram, em seu desenvolvimento, uma série de sujeitos políticos e de relações sociais, de oposição e composição. Essas lutas são o tema do presente trabalho.

Este livro não trata da história da eliminação da queima da cana-de-açúcar no estado de São Paulo. Onde há fumaça há fogo, e as cinzas que ainda cobrem parcialmente a atmosfera das regiões canavieiras de São Paulo também têm sua origem no fogo dos canaviais paulistas. A queima da cana ainda se encontra presente no estado, embora tenha sofrido redução nos últimos anos.

## ONDE TEM FUMAÇA TEM FOGO

Essa prática agrícola é adotada nas regiões canavieiras do estado desde a década de 1960, objetivando diminuir os custos de produção e aumentar a produtividade da colheita do vegetal. Conforme evidencia a Figura 1, a cana-de-açúcar é um vegetal que, nos estágios avançados de seu desenvolvimento, apresenta uma grande quantidade de folhas e de palha no entorno de seu caule. A palha é composta de folhas que secaram à medida que o vegetal foi crescendo e novas folhas foram desenvolvidas nos colmos superiores. Essas folhas e palha dificultam a colheita da cana, por obstruírem o acesso ao caule (como mostra a Figura 2), que é a parte do vegetal aproveitada no processamento industrial dos principais subprodutos canavieiros, o açúcar e o etanol.

Visando eliminar a palha e as folhas não aproveitadas no processamento industrial da cana-de-açúcar e, assim, facilitar o trabalho de colheita e reduzir custos de produção, na década de 1960 o empresariado canavieiro passou a queimar os canaviais previamente à colheita, como exemplificado na Figura 3.

A matéria eliminada constitui cerca de 30% da biomassa do vegetal e preenche a maior parte dos espaços vazios entre uma planta e outra, dificultando o trabalho de corte da cana e tornando-o menos produtivo[1]. Sem a presença das folhas e da palha, conforme exemplificado na Figura 4, a colheita torna-se mais produtiva, permitindo ao empresariado a contratação de um menor número de trabalhadores rurais e o pagamento de um preço menos elevado por hectare colhido, no caso do corte manual. No caso do corte mecânico, por sua vez, a colheita da cana queimada aumenta, também, o rendimento das cortadeiras[2]. A motivação da adoção da queima da cana é, portanto, a diminuição de custos de produção.

1. D. B. Gonçalves, *Mar de Cana, Deserto Verde? Os Dilemas do Desenvolvimento Sustentável na Produção Canavieira Paulista*, p. 149.
2. Na época da adoção da queima da cana-de-açúcar, na década de 1960, toda a colheita da cana era realizada manualmente. A partir da década de 1970 iniciaram-se os experimentos no Brasil para desenvolvimento da tecnologia de colheita mecânica da cana queimada, cuja implantação intensificou-se na década de 1980. Somente na década de 1990 começou a ser realizada, no estado, a colheita mecânica da cana crua (sem queima). Esse assunto será mais bem trabalhado no capítulo 2.

INTRODUÇÃO

Figura 1. Plantação de cana-de-açúcar. Fonte: Palo_ok/Shutterstock.com.

Figura 2. Caule da cana-de-açúcar. Fonte: xlt974/Shutterstock.com.

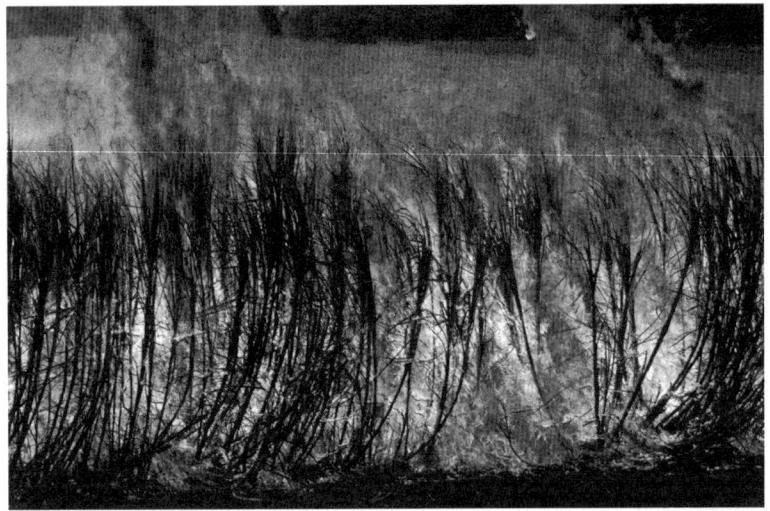

Figura 3. Queima da cana-de-açúcar. Fonte: Walter Kopplinger/Shutterstock.com.

Figura 4. Cana-de-açúcar queimada. Fonte: milezaway/Shutterstock.com.

INTRODUÇÃO

A adoção dessa técnica foi facilitada no período pelo desenvolvimento de sistemas mecanizados de carregamento da cana colhida até os caminhões, o que era anteriormente feito com o uso da própria palha[3]. Após a queima, o caule da cana-de-açúcar mantém-se em suficiente bom estado para realização do processamento industrial que dá origem ao açúcar e ao etanol. A queima da cana tem como consequência, contudo, a emissão intensa de gases tóxicos para a atmosfera, ocasionando graves prejuízos ambientais e de saúde pública. Entre os gases tóxicos emitidos para a atmosfera com a queima estão: monóxido de carbono (CO), dióxido de carbono ($CO_2$), monóxido de nitrogênio (NO), óxidos de nitrogênio (NOx), dióxido de enxofre ($SO_2$), metano ($CH_4$), hidrocarbonetos não metânicos, sulfatos, material particulado, compostos orgânicos voláteis (COV) e hidrocarbonetos policíclicos aromáticos (HPAs)[4].

Esses gases, em contato com os seres humanos, geram ou agravam uma série de doenças inflamatórias no sistema respiratório, como traqueíte, bronquite crônica, rinite, asma, enfisema pulmonar, espessamento da barreira alveolocapilar, broncopneumonias químicas, entre outras. Além disso, esses contaminantes podem gerar alterações no código genético das células (mutagênese), aumentando o número de células mutantes e possibilitando o desenvolvimento de tumores cancerígenos nos pulmões e nas bexigas. Da mesma forma, esses poluentes podem provocar câncer de pele pela contaminação dérmica, além de prejudicarem o raciocínio, a percepção, diminuírem os reflexos, reduzirem a destreza manual, gerarem sonolência e, em altas concentrações, provocarem até mesmo a morte de indivíduos[5].

3. D. B. Gonçalves, *Mar de Cana, Deserto Verde?*, pp. 99-100.
4. Cf., entre outros: V. W. J. H. Kirchhoff e E. V. A. Marinho, "Projeto Fogo: Um Experimento para Avaliar Efeitos das Queimadas de Cana-de-açúcar na Baixa Atmosfera", *Revista Brasileira de Geofísica*, vol. 9, n. 2, 1991; M. A. Arbex, *Avaliação dos Efeitos do Material Particulado Proveniente da Queima da Plantação de Cana-de-açúcar sobre a Morbidade Respiratória na População de Araraquara*; J. E. D. Cançado, *A Poluição Atmosférica e Sua Relação com a Saúde Humana na Região Canavieira de Piracicaba – SP*; W. C. Paterlini, *Fontes e Composição das Partículas Atmosféricas na Área Urbana e Rural da Região Central do Estado de São Paulo*.
5. Cf., entre outros: G. C. M. Zamperlini, *Investigação da Fuligem Proveniente da Queima de Cana-de-açúcar com Ênfase nos Hidrocarbonetos Policíclicos Aromáticos (HPAs)*; M. A.

Em vista dessas consequências socioambientais danosas, as lutas contra a queima da cana tiveram início e sólido desenvolvimento nas regiões canavieiras.

Explica o sociólogo Max Weber: "uma relação denomina-se luta quando as ações se orientam pelo propósito de impor a própria vontade contra a resistência do ou dos parceiros"[6]. Esses processos político--jurídicos são lutas justamente por caracterizarem-se por confrontações, pelas quais os sujeitos buscam impor suas vontades contra a resistência de oponentes, contando com o apoio de componentes e aliados nos confrontos realizados. As referidas lutas são ecossociais por combinarem, em suas motivações e encadeamento, elementos ambientais e sociais, fecundando uma interessante síntese ecossocial nas disputas.

Nosso objetivo principal ao escrever um livro sobre essa temática foi desvendar o complexo processo político-jurídico de enfrentamentos contra o empresariado canavieiro realizado desde o final da década de 1980 contra a queima da cana, que é absolutamente indissociável da redução da área colhida no estado, vivida nos últimos anos. Onde há fumaça há fogo, e cremos ser necessário ir além das aparências para efetivamente compreender a realidade social em movimento, com o propósito de impedir que os véus da ideologia (no sentido de manipulação da realidade) nos impeçam de entender os fenômenos sociais. A redução da queima no estado é apenas a fumaça, associada a uma combustão muito mais ardente e dinâmica: as lutas ecossociais contra a queima.

Como ocorre com boa parte dos processos político-jurídicos de conquista de direitos, as elites dominantes tentam fazer parecer que os avanços sociais (no caso, a redução da queima) são fruto de decisões tomadas em seu seio, motivadas por preocupações com o povo (ou com o meio

---

Arbex, *op. cit.*; J. E. D. Cançado, *op. cit.*; J. E. D. Cançado *et al.*, "The Impact of Sugar Cane-Burning Emissions on the Respiratory System of Children and the Elderly", *Environmental Health Perspectives*, vol. 114, n. 5, 2006; J. Cristale, *Influência da Queima de Cana-de-açúcar na Presença de HPAs em Ambiente Residencial*; H. Ribeiro, "Queimadas de Cana-de-açúcar no Brasil: Efeitos à Saúde Respiratória", *Revista de Saúde Pública*, vol. 42, n. 2, 2008.
6. M. Weber, *Economia e Sociedade*, p. 23.

INTRODUÇÃO

ambiente) e pela bondade e gentileza a elas inerentes. Como ocorre com boa parte dos processos político-jurídicos de conquista de direitos, parte dos analistas tenta fazer crer que os avanços sociais (no caso, a redução da queima) são migalhas, concessões sem valor destinadas apenas a calar a revolucionária ação do povo enfurecido. Contra essas duas perspectivas da história política e social oferecemos nossa narrativa, buscando evidenciar a relação direta entre redução da queima e lutas sociais contra a prática agrícola e a sistemática negativa do empresariado canavieiro em abster-se de usar essa lucrativa técnica, por um lado (resposta à interpretação das elites), e a importância dos avanços socioambientais obtidos, por outro (resposta aos "revolucionários imediatistas").

A tentativa de ocultamento do complexo processo histórico de enfrentamento contra o empresariado canavieiro pela eliminação da queima será, certamente, fortalecida nos próximos anos, com o avanço da redução da queima no estado. Elevado ao santuário de "herói" da nação, o empresariado canavieiro continuará considerado o alicerce da inserção ambientalizada do Brasil no exterior, numa clara distorção da realidade histórica que cerca o comportamento desse sujeito político. Contra essa distorção da facticidade do processo histórico oferecemos, também, nossa narrativa, buscando evidenciar as motivações econômicas dos posicionamentos do empresariado e a insuficiência de sua ambientalização.

Oferecemos nossa narrativa por acreditar que a transformação da nossa realidade social é não só necessária como também urgente, sendo o modelo de produção e consumo atualmente hegemônico no planeta absolutamente insustentável e desigual. Oferecemos nossa narrativa como instrumento de disputa política, por acreditar, na esteira de importantes filósofos, que a construção da verdade e a batalha das ideias são essenciais para o avanço socioambiental e para a efetivação de direitos.

Este livro se origina de nossa pesquisa de mestrado, que resultou na dissertação intitulada *Lutas Ecossociais no Contexto do Agronegócio Canavieiro: (Re)ordenação Social nas Lutas contra a Queima da Cana-de-açúcar e por uma Reforma Agrária Ambientalizada*, na qual analisamos as lutas ecossociais realizadas, no contexto do agronegócio canavieiro, contra a queima da cana-de-açúcar e por uma reforma agrária ambientalizada. Partindo de elementos abordados na dissertação, defendida em 2013, e de uma série de outras reflexões produzidas no processo de pesquisa do mestrado, mas não incluídas na dissertação, resolvemos apresentar o presente trabalho, restringindo sua temática à queima da cana.

A obra encontra-se estruturada em três capítulos, que abordam a história das lutas contra a queima da cana no estado e análises sobre o substrato dessas lutas (capítulo 1), caracterizam os sujeitos políticos envolvidos nesses enfrentamentos e as alianças e demais relações engendradas por eles (capítulo 2), e detalham estatisticamente a evolução da queima no estado desde a década de 1980, apresentando mapas e outros dados sobre a temática, além de discutir sua atualidade e abrangência (capítulo 3).

Para narração do processo histórico de lutas contra a queima da cana, utilizamos duas entrevistas realizadas em 2010 com o promotor de justiça Marcelo Goulart e com o ambientalista Manoel Tavarez. A escolha desses entrevistados deve-se a sua relevância no processo histórico de lutas contra a queima da cana-de-açúcar. Outras entrevistas foram tentadas, sem sucesso[7]. Analisamos, também, inúmeros textos, notícias e trabalhos científicos disponíveis eletronicamente, além de documentos do Ministério Público de São Paulo a que tivemos acesso.

A mais importante fonte de material para esta pesquisa, contudo, veio do desarquivamento de processos judiciais, realizado junto ao TJ-SP. Três ações civis públicas situadas entre as primeiras ajuizadas pelo MP-SP no início da década de 1990, no município de Sertãozinho, demandando a proibição da queima da cana, foram desarquivadas (Embargos Infringentes 013.868.5/2-02; Embargos Infringentes 011.328-5/2-01; Apelação Cível 211.502-1/9). Esses processos continham boa parte dos estudos científicos, notícias de época e informações que utilizamos para apresentação da narrativa sobre as lutas contra a queima. Além disso, consultamos outros processos judiciais e inquéritos civis do MP-SP, que nos permitiram acesso a uma gama considerável de informações.

A importância deste livro se fundamenta em diversos argumentos. No plano das temáticas empíricas, em relação à queima da cana-de-açúcar,

---

7. Cf. J. R. P. de Andrade Júnior, *Lutas Ecossociais no Contexto do Agronegócio Canavieiro*.

INTRODUÇÃO

pode-se dizer que, a despeito da existência de inúmeros trabalhos científicos sobre o tema, não existia até o momento uma narrativa do processo histórico de lutas pela eliminação dessa prática agrícola que buscasse compreender a totalidade dos enfrentamentos. No mesmo sentido, a grande maioria dos trabalhos existentes toma as "produções" políticas (leis, decretos, sentenças judiciais etc.) como elementos dados, a partir dos quais desenvolvem as reflexões analíticas, sem questionamentos sobre o processo de construção dessas produções políticas, suas motivações, finalidades e formas. Diferentemente desses trabalhos, buscamos entender aqui esses "produtos" como manifestações de práticas sociais de sujeitos, que analisamos em sua totalidade e devir histórico, buscando suas motivações, finalidades e consequências.

Um último elemento justificador da necessidade de empreender a discussão sobre as lutas contra a queima da cana-de-açúcar é a possibilidade de avaliar o processo histórico de enfrentamentos, dimensionando a realidade contemporânea da queima no estado e traçando panoramas e propostas para contribuir com a eliminação da prática. A queima ainda existe no estado de São Paulo, e a necessidade de atualizar a luta contra essa prática agrícola é evidente. A realização das análises políticas e sociológicas dos processos de lutas ecossociais justifica-se, por sua vez, pela necessidade de compreender, com rigor científico e a partir de uma totalidade ampliada, a concretude dos processos político-jurídicos, visando dimensionar sua vinculação com a realidade social e detalhar suas características identitárias. Justifica-se a presente pesquisa, por fim, pela necessidade de entender as lutas ecossociais no contexto do agronegócio canavieiro, objetivando relacionar essas lutas com o seu degradante modo de produção da vida, em evidente expansão.

CAPÍTULO I

# Processo Histórico e Substrato das Lutas Ecossociais

NO FINAL DA DÉCADA DE 1980, as lutas ecossociais contra a queima da cana-de-açúcar foram iniciadas no estado de São Paulo. Essas lutas congregaram, em seu desenvolvimento, uma série de sujeitos políticos e de complexas relações sociais, de oposição e composição. Em virtude dessa complexidade e do volume significativo de informações referentes a cada relação social travada nesse processo de enfrentamentos, optamos por apresentar a história das lutas contra a queima, num primeiro momento, por meio de uma narrativa mais fluida e direta, sem referência a nomes individuais e sem referências bibliográficas. O propósito dessa narrativa inicial, realizada neste capítulo, é permitir ao leitor uma visão da totalidade do processo histórico, sendo feita a retomada de todas as informações ora apresentadas no capítulo 2, no qual os múltiplos fatos e relações são municiados com as detalhadas referências documentais e bibliográficas inerentes à reflexão científica.

Também com o propósito de facilitar a compreensão do processo histórico de lutas contra a queima da cana, realizamos a periodização dos enfrentamentos em três etapas, tendo em vista as características nucleares das relações sociais travadas em cada momento histórico, em especial no que tange à orientação tática do empresariado canavieiro em seus posicionamentos político-jurídicos. Desse modo, três dos tópicos a seguir apresentados correspondem a três momentos históricos diversos das lutas pela eliminação da queima, temporalmente situados entre 1988 e 1994 (primeiro período), entre 1995 e 2006 (segundo período) e entre 2007 e 2012 (terceiro período).

Formadores de uma totalidade única e contínua, esses períodos possuem entre si importantes singularidades que nos permitiram, analiticamente, diferenciá-los, sem que se possa, contudo, estabelecer nenhum tipo de segregação entre os fatores e as relações sociais pertinentes a cada momento histórico. A periodização é meramente didática, sendo o processo histórico, em si, uno e indivisível, formador de uma totalidade ampliada de relacionamentos e interações sociais.

Embora seja processo histórico particular, geográfica e historicamente localizado, é possível identificar nas lutas contra a queima determinações universais, no sentido da vinculação de sua concretude pensada a uma série de outras concretudes particulares. Há, assim, nas lutas contra a queima, elementos que não se restringem a esse enfrentamento socioambiental, possuindo uma abrangência analítica e uma validade humana mais ampla. Esses são os elementos universais das lutas ecossociais contra a queima. A partir da identificação desses elementos universais – válidos para além da particularidade do fenômeno das lutas contra a queima – construímos algumas categorias, que cremos serem úteis para analisar outros processos político-jurídicos de enfrentamentos pela efetivação de direitos socioambientais.

Discorremos sobre as lutas como processos de reorganização da realidade social, discutindo o sentido e o alcance de algumas visões tradicionais sobre os fenômenos político e jurídico em cotejo com a base empírica explorada nos itens anteriores. O propósito dessa aproximação é vincular empiria e teoria, aproximando a reflexão teórica da concretude dos processos históricos analisados. Por sua vez, oferecemos um importante substrato analítico que subsidia o entendimento do leitor sobre a racionalidade das lutas ecossociais engendradas. Lutas contra a queima da cana foram, para além das aparências, combates contra o modo de socialização da natureza próprio do agronegócio canavieiro. Entender a universalidade existente nesse processo é fundamental para compreender suas particularidades e singularidades.

## QUANDO LUTAR JÁ É VITÓRIA: O PRIMEIRO PERÍODO DE LUTAS (1988-1994)

O início das lutas pela eliminação da queima no final da década de 1980 somente pode ser entendido no contexto político mais amplo da redemocratização brasileira, que forneceu uma série de elementos conjunturais que tornaram possível seu desenvolvimento. Dentre os muitos elementos apontáveis nesse sentido, destacamos quatro.

Primeiramente, em relação ao aumento da liberdade de expressão e de manifestação social, é notória a diferença entre os últimos anos da década de 1980 e o início do período ditatorial brasileiro. O fim da censura e da repressão permitiu aos cidadãos brasileiros maior liberdade para se organizarem e exprimirem com tranquilidade democrática suas reivindicações e interesses. Isso se refletiu no aumento da participação política e da organicidade da sociedade civil em todo o país, contextualizando a própria formação das primeiras entidades de defesa ambiental do nordeste paulista.

Em segundo lugar, mas também vinculada ao fim da repressão ditatorial, a maior liberdade de expressão vivida representava também maior liberdade na divulgação do pensamento por meio dos veículos de comunicação de massa e, até mesmo, na realização de investigações científicas mais independentes. Somente nesse contexto é compreensível a intensa divulgação midiática das querelas em torno da queima da cana-de-açúcar e a realização dos primeiros estudos científicos sobre o tema.

Em terceiro lugar, a redemocratização brasileira reposicionou o Ministério Público na arquitetura das instituições públicas, reforçando uma tendência de orientação institucional na defesa dos direitos difusos e coletivos construída durante as décadas anteriores e estruturando a instituição para a realização desse trabalho, tanto no que se refere ao fornecimento de melhores instrumentos processuais e dogmáticos, quanto no que tange ao fornecimento de melhor estrutura física e humana. Em quarto lugar, por fim, deve ser citada a centralidade dada no período da redemocratização às temáticas dos direitos sociais e, entre eles, ao tema do direito ao meio ambiente ecologicamente equilibrado. Essa centralidade é percebida e retratada de múltiplas formas, sendo uma das mais destacadas a promulgação de um texto constitucional que reserva todo um capítulo para o direito ambiental, traduzindo-se até hoje em um dos textos constitucionais mais interessantes sobre a proteção ambiental de todo o mundo. Por tudo isso, é impossível entender o início das lutas contra a queima da cana no estado de São Paulo dissociado do contexto da redemocratização brasileira. Para o empresariado canavieiro, a redemocratização representava um período especialmente tormentoso, em virtude de uma conjuntura econômica que lhe era desfavorável e da diminuição da proteção estatal com a extinção do Proálcool e da fixação de preços. À época, ainda não havia sido desenvolvida a tecnologia de colheita mecanizada da "cana crua" (sem queima), embora as pesquisas para isso já estivessem iniciadas, de forma que a integralidade dos canaviais paulistas era colhida queimada. Desse modo, especialmente em um momento político e econômico delicado, a queima da cana representava para o empresariado canavieiro a garantia da lucratividade, pouco importando que à custa de prejuízos socioambientais graves para as comunidades locais.

O marco inicial das lutas contra a queima é, para nós, a relevante articulação social organizada na região de Ribeirão Preto (SP) durante o ano de 1988 contra a queima da cana. Essa articulação envolveu uma série de entidades e outros sujeitos coletivos e culminou em algumas manifestações públicas e na realização de um abaixo-assinado com mais de cem mil assinaturas, que foi entregue ao governador de São Paulo, demandando a proibição da queima no estado. Em resposta a essa articulação e atendendo aos clamores sociais, um decreto foi editado pelo Executivo estadual naquele mesmo ano, determinando a proibição da queima em todo o estado de São Paulo (Decreto Estadual n. 28.848/1988). Seguiu-se a esse decreto o início da atuação repressiva da polícia florestal e das agências ambientais contra os proprietários que fossem flagrados queimando seus canaviais. Estavam iniciadas as lutas contra a queima da cana.

A característica principal desse primeiro período de lutas diz respeito ao posicionamento do empresariado canavieiro em face da demanda popular pela eliminação da queima: o empresariado negou-se intransigentemente a abster-se de utilizar essa prática agrícola, defendendo a manutenção da queima da cana-de-açúcar no estado. É a mudança dessa postura por parte do empresariado que caracteriza, conforme se verá, o segundo período de lutas a partir de 1994. Entre 1988 e 1994, contudo, a postura do empresariado paulista foi de defesa intransigente e absoluta da queima da cana-de-açúcar.

Desse modo, o decreto que proibiu a queima foi extremamente mal recebido pelo empresariado, que iniciou imediatamente um movimento de pressão contra o Executivo paulista para revogação do ato normativo. Em poucos dias, já se liam declarações do governador dizendo que a proibição seria revista, e, em vinte dias, um novo decreto foi editado, modificando o primeiro e permitindo a queima da cana no estado. O novo decreto, contudo, vedava a sua realização na faixa de um quilômetro dos perímetros urbanos, concessão feita aos opositores da queima.

Por todo esse primeiro período de lutas, entre 1988 e 1994, o que se viu e viveu nas regiões canavieiras em relação ao novo decreto publicado foi a pressão do empresariado canavieiro para a revisão dessa nova restrição, com a revogação da vedação de queima nas proximidades dos perímetros urbanos. Viram-se e viveram-se no período, também, as consequências da queima no entorno dos centros urbanos, pois ela ocorreu a despeito da proibição formalmente existente, em virtude da fragilidade da fiscalização no estado.

A irritação e a revolta das comunidades das regiões canavieiras contra a queima da cana manifestaram-se de múltiplas formas nesse período, com algumas interessantes canalizações organizadas em atos políticos, como a realização de um plebiscito popular em Ribeirão Preto (SP) em 1991 para verificar a opinião dos munícipes sobre a queima. O plebiscito resultou em massiva reprovação dessa prática agrícola. Essa irritação e revolta popular ganhou voz, a partir de 1991, também por meio da atuação do Ministério Público de São Paulo (MP-SP) no ajuizamento de ações civis públicas demandando a proibição da queima da cana em imóveis rurais da região canavieira de Ribeirão Preto (SP). Entendia o MP-SP que a Constituição Federal e a legislação infraconstitucional não permitiam a queima da cana em virtude dos problemas ambientais e sociais advindos da prática, considerada ilegal pelos promotores de justiça por gerar poluição.

A judicialização da disputa contra a queima foi possível graças a um processo de organização de aliados opositores à prática, iniciado alguns anos antes. Essa organização embasou o ajuizamento das ações pelo MP-SP. Um primeiro passo dessa aliança foi a aproximação entre MP-SP e entidades de defesa ecológica que haviam se formado no fim da década de 1980 e que, desde então, tomaram a luta contra a queima da cana como uma de suas bandeiras prioritárias. Um segundo passo foi a aproximação de parcela do movimento sindical dos trabalhadores rurais ao grupo de oposição à queima da cana. O passo final veio com a aproximação de professores universitários e pesquisadores à causa da eliminação da queima, com o que começaram a ser realizados alguns estudos científicos que vieram a comprovar sua danosidade ambiental e social.

O alinhamento de parte do movimento sindical dos trabalhadores rurais à causa da eliminação da queima foi importante porque o empresariado canavieiro havia cooptado, no mesmo período, outra parcela desse movimento sindical para defender consigo a manutenção do método nos canaviais paulistas. O posicionamento dos trabalhadores tinha uma repercussão significativa na disputa, uma vez que a eliminação da queima da cana-de-açúcar era comumente associada à geração de desemprego. Conforme explicaremos adiante, na realidade, é sob a lógica da lucratividade do empresariado canavieiro que essa associação existe: é para manter os imensos lucros do setor que o empresariado somente aceita deixar de colher a cana queimada caso mecanize a colheita e, assim, compense, gerando desemprego, a perda de produtividade vinculada ao corte da cana sem queima.

De todo modo, o importante nesse momento é destacar que durante o primeiro período de lutas houve uma importante divisão no movimento sindical trabalhista: sindicados ligados à Federação dos Empregados Rurais Assalariados do Estado de São Paulo (Feraesp) defenderam a proibição da queima da cana, e sindicatos ligados à Federação dos Trabalhadores na Agricultura do Estado de São Paulo (Fetaesp) defenderam a permissão.

O alinhamento de parcela da comunidade científica ao movimento contra a queima da cana-de-açúcar possibilitou, por sua vez, o início da investigação científica sobre essa temática. Essa investigação deu-se tanto por pesquisadores diretamente vinculados aos opositores da queima quanto por pesquisadores sem nenhum envolvimento com a articulação entre movimento ambientalista, MP-SP e movimento sindical dos trabalhadores rurais. Inicialmente temerosa de envolver-se numa questão que, além de polêmica, era evidentemente politizada, a comunidade científica das regiões canavieiras optou, contudo, graças a alguns pesquisadores, por iniciar o desenvolvimento de estudos sobre o tema.

Se nesse primeiro período de lutas diversos foram os estudos científicos divulgados demonstrando a vinculação entre queima da cana e poluição atmosférica e/ou entre queima da cana e prejuízos à saúde pública, alguns estudos científicos também foram realizados para refutar essas alegações e afirmar que não havia prejuízos ambientais ou sociais como consequências da prática. O empresariado canavieiro tinha, também, aliados no seio da comunidade científica, e estudos foram desenvolvidos para mostrar que não havia provas dos alegados prejuízos à natureza e à saúde pública relacionados à queima da cana.

Nas ações judiciais, toda essa complexa teia de alianças fazia-se evidente. Demandando a proibição da queima, o MP-SP juntava documentos que corroboravam suas posições: estudos científicos afirmando que a queima da cana gera poluição, declarações da Feraesp apoiando a eliminação da queima, provas de manifestação das comunidades e das entidades ambientalistas contra a queima etc. Em resposta, o empresariado canavieiro recusava-se a eliminar a queima da cana e apresentava seu conjunto de aliados para defender consigo suas posições, graças a estudos elaborados com a conclusão de que a queima não gera poluição, declarações da Fetaesp contra a proibição da queima, entre outros.

Nesse primeiro período de lutas, outro fator de destaque foi a abundante retratação da disputa pelos veículos de comunicação de massa, que cobriam cada passo dos diversos sujeitos em oposição. Estudos científicos, declarações públicas, decisões políticas: tudo que se fazia era retratado pela mídia e divulgado para a população no intuito de convencer mais pessoas sobre os pontos de vista de proibição ou permissão da queima da cana.

Outro importante fato político desses primeiros anos de conflito foi a promulgação, em municípios canavieiros, de leis municipais permissivas da queima da cana. Essas leis objetivavam permitir a queima em todo o território dos municípios onde foram promulgadas, incluindo as proximidades dos perímetros urbanos (onde a queima era vedada por decreto estadual). Elas foram o retrato fiel de Câmaras Legislativas municipais submissas aos interesses do empresariado canavieiro. Após o questionamento judicial realizado pelo MP-SP, contudo, essas leis foram consideradas inconstitucionais e tiveram sua aplicação obstada pelo Tribunal de Justiça de São Paulo (TJ-SP).

Luta no sistema de justiça por meio dos processos judiciais. Luta popular por intermédio de manifestações públicas e tentativas de convencimento cultural. Luta no seio do movimento sindical dos trabalhadores rurais. Luta no seio da comunidade científica das ciências naturais e médicas. Luta nas assembleias legislativas municipais. E luta, também, por meio da mídia. As lutas contra a queima já se iniciaram intensas e complexas, com relações travadas em múltiplas esferas políticas e sociais.

No final desse primeiro período de lutas (1988-1994), começaram a aparecer as primeiras decisões de primeira instância sobre a eliminação imediata da queima da cana-de-açúcar, proferidas pelo TJ-SP nas ações civis públicas ajuizadas desde 1991 pelo MP-SP. Entre as decisões, houve tanto decisões proibitivas quanto permissivas: o Judiciário mostrou-se dividido. Essas decisões estavam sujeitas ainda a recursos, mas já evidenciavam os bons resultados da articulação de oposição à queima da cana e um horizonte de problemas para o empresariado canavieiro manter a utilização dessa degradante prática agrícola.

A estratégia processual escolhida pelo MP-SP de ajuizar uma ação para requerer a proibição da queima em um imóvel rural específico, ao mesmo tempo que evitou a ocorrência de uma derrota fatal no sistema de justiça, tornou os efeitos de cada vitória minorados: uma decisão de proibição significava que somente em uma única propriedade rural (num universo de milhares) não poderia mais ocorrer queima da cana. Ainda assim, os resultados judiciais proibitivos foram extremamente importantes e o empresariado canavieiro sofreu doloridamente as derrotas no sistema de justiça.

Somam-se a essas derrotas outros importantes fatores, que contextualizam a mudança da postura do empresariado canavieiro em relação à demanda de eliminação imediata da queima da cana-de-açúcar a partir de 1995. Em lugar da defesa intransigente da manutenção da queima, a partir de 1995 o empresariado canavieiro passou a admitir a eliminação gradativa da cana. Essa admissão foi, contudo, uma tática para dissimular a continuação da utilização da queima, conforme ficará mais claro a seguir. A mudança na orientação estratégica do empresariado canavieiro marcou, assim, o início do que consideramos o segundo período de lutas contra a queima da cana, situado entre 1995 e 2006, que será narrado no tópico seguinte.

Sobre o primeiro período de lutas, situado entre 1988 e 1994, alguns destaques devem ser feitos. Continuando uma tendência de enfrentamento do empresariado canavieiro em lutas sociais pela democratização do conteúdo das relações produtivas, intensificado na década de 1980 pelo movimento dos trabalhadores rurais canavieiros, as disputas contra a queima da cana representaram com clareza uma oposição social ao projeto agrário-ambiental do agronegócio canavieiro. Pela primeira vez, a oposição ao empresariado tinha fundamentação socioambiental, contestando o padrão de exploração agrícola hegemônico na região nordeste do estado de São Paulo pelo questionamento da queima da cana. Possivelmente pela primeira vez, também, essa oposição envolveu uma multiplicidade tão evidente de sujeitos políticos, vinculados tanto ao campo de disputas populares quanto ao campo de disputas institucionais. A luta esteve nas ruas, nas câmaras, nos fóruns. O empresariado se viu ameaçado.

Essa organização em torno da disputa contra a queima da cana-de--açúcar permitiu a aproximação de importantes sujeitos políticos e a formação de uma rede de aliados que não só continuaria o enfrentamento do empresariado canavieiro nessa temática por mais de vinte anos (e até os dias atuais), como também avançaria na luta política por mais democracia no campo graças à radicalização de sua práxis, demandando, a partir dos anos 2000, juntamente com novos aliados (em especial o Movimento dos Trabalhadores Rurais Sem-Terra – MST), a realização de uma verdadeira reforma agrário-ambiental na região de Ribeirão Preto (SP) por meio da implantação de assentamentos rurais ambientalizados.

Em relação ao movimento ambientalista, a disputa pela proibição da queima da cana esteve na base de sua articulação e lhe deu força e fôlego em seus primeiros anos de existência regional. Algumas das entidades formadas no fim da década de 1980 continuam até hoje as lutas ambientais no nordeste paulista, atuando em múltiplas temáticas e instâncias. Em relação à comunidade científica das ciências naturais e médicas, o início das investigações sobre as consequências da queima da cana representou a tomada consciente de posição no sentido da interferência da orientação científica para as ações políticas. Pela primeira vez, um problema social tão importante da região era cientificamente abordado com essa perspectiva: intervir diretamente nas decisões políticas e contra os interesses dos economicamente poderosos. Em relação ao MP-SP, a disputa pela proibição da queima da cana foi central para consolidar regionalmente sua atuação no tema da proteção ao meio ambiente, tendo sido uma das primeiras ações sistematizadas e sistemáticas da instituição nesse sentido. O movimento sindical dos trabalhadores rurais pôde, por fim, graças ao questionamento da queima da cana, amadurecer sua aproximação em relação à temática ecológica e pensar com novos olhos a problemática da mecanização da colheita da cana-de-açúcar.

Outra conquista desse período inaugural de lutas foi evidenciar as potencialidades de exploração do sistema de justiça nas lutas por direitos sociais no Brasil redemocratizado pós-1988. Embora ainda sem nenhuma tomada definitiva de posição pelo Judiciário, já era sensível a importância e a centralidade que esse novo espaço ganharia em relação às lutas socioambientais engendradas a partir da década de 1990. Outra conquista foi perceber a permeabilidade do Executivo paulista às pressões sociais. Trata-se, não há dúvida, de uma permeabilidade bastante restrita, que tendeu rapidamente a ceder aos interesses do empresariado canavieiro. Não deixa de ser, contudo, uma permeabilidade, revelada tanto na proibição inicialmente global da queima da cana quanto na posterior vedação da queima a um quilômetro das cidades.

As principais derrotas do período foram: a submissão de alguns Legislativos municipais aos interesses do agronegócio canavieiro; a submissão, em última instância, do Executivo estadual aos pleitos de permissão para a utilização da queima da cana-de-açúcar; a colheita da totalidade dos canaviais no período com o auxílio de sua queima prévia; e a existência de apoio, no seio do movimento sindical trabalhista, às posições do empresariado canavieiro de manter seu degradante sistema de colheita.

Apesar das derrotas, cremos ser possível dizer que o período 1988-1994 mostrou aos sujeitos político-jurídicos de São Paulo a importância de enfrentar o capital e o poder econômico na defesa socioambiental. Ficou evidente, desde o início dos confrontos, que o simples fato de lutar já é, em si, uma importante vitória.

## PERMITIR A TÍTULO DE PROIBIR: O SEGUNDO PERÍODO DE LUTAS (1995-2006)

A partir de 1995, em virtude da intensidade da oposição social à queima da cana-de-açúcar e das múltiplas formas de sua manifestação, o empresariado canavieiro percebeu que deveria mudar sua tática de defesa incondicional da manutenção da queima, que vinha sendo adotada desde 1988. Os estudos científicos divulgados, as manifestações públicas de descontentamento, a ocorrência de fiscalização repressiva, o ajuizamento de ações judiciais e a prolatação das primeiras decisões proibitivas são fatores que conformaram o ambiente relacional que conduziu o empresariado canavieiro à mudança de postura. Outro importante fator de conformação da decisão do empresariado canavieiro foi o início da implantação, em 1995, do sistema de colheita mecanizada da "cana crua" (sem queima).

Mesmo antes do início das disputas contra a queima da cana em 1988, o empresariado canavieiro já havia iniciado as pesquisas para criação de tecnologia para realização da colheita mecanizada da "cana crua". Esse sistema de colheita, à época já adotado em outros países, interessava ao empresariado pelos ganhos econômicos que gerava, tanto relativos à mecanização como relativos à colheita da cana crua (sem queima). A automação diminuía os custos de colheita e permitia maior controle sobre a mão de obra canavieira, tendo em vista a diminuição dos postos de trabalho, o que era importante para o patronato em resposta às lutas por direitos trabalhistas intensificadas na década de 1980 na região. A colheita sem queima gerava, por sua vez, um novo subproduto: em vez de queimada nos canaviais, a palha da cana poderia ser queimada em usinas de geração de energia ou servir de adubo nas próprias plantações de cana.

Tudo isso ganhava destaque num contexto economicamente problemático, em que o aumento de produtividade e a diminuição de custos do setor eram socialmente exigidos.

Embora iniciado anteriormente, foi a partir de 1988 que o investimento do empresariado canavieiro no desenvolvimento dessa tecnologia foi intensificado. Vendo-se na iminência de ser politicamente obrigado a deixar de queimar a cana, o empresariado decidiu acelerar as pesquisas para colheita mecânica da cana crua. Como consequência do desenvolvimento dessas pesquisas, em 1995 pela primeira vez ocorreu de forma sistemática (embora ainda incipiente) a colheita mecanizada da "cana crua" em São Paulo: estava totalmente desenvolvida a tecnologia.

O desenvolvimento do sistema de colheita mecanizado da "cana crua", ocorrido nos anos imediatamente anteriores a 1995, permitiu, assim, que a eliminação da queima da cana pudesse ser pensada como uma atitude economicamente interessante para o empresariado canavieiro. O novo método compensava as perdas financeiras geradas pela ausência do corte da cana queimada graças aos ganhos financeiros gerados pela automatização da colheita e pelos novos subprodutos vinculados à colheita da "cana crua".

Desse modo, na perspectiva do empresariado, a eliminação da queima poderia até ocorrer, mas deveria estar condicionada à mecanização da colheita, a fim de permitir a manutenção da alta lucratividade do setor. Em vista disso, a partir de 1995 o empresariado canavieiro optou por iniciar com os opositores as negociações para a eliminação da queima, anunciando que poderia ceder aos pleitos e eliminar essa prática agrícola dos canaviais. Essa eliminação, contudo, deveria ocorrer segundo seus interesses, o que significava sua ocorrência gradativa e condicionada à lenta implantação do projeto de mecanização da colheita no estado de São Paulo. Esse estabelecimento seria lento porque, embora a mecanização fosse economicamente benéfica em termos de diminuição de custos, era extremamente custosa, exigindo grande investimento inicial na compra do maquinário, além de demandar uma série de modificações na estrutura produtiva agrícola e industrial e, portanto, mais gastos. Enquanto esse lento processo de mecanização da colheita estivesse em curso, era do interesse do empresariado, por sua vez, que a cana-de-açúcar continuasse sendo queimada no estado durante o longo período de transição.

Nesse contexto e como consequência dessa opção política, o empresariado canavieiro fez exigências para aceitar eliminar a queima, nas negociações iniciadas com os opositores: a queima deveria poder ocorrer também no raio de um quilômetro dos perímetros urbanos; nas áreas em que a mecanização não fosse tecnicamente possível, a queima da cana não seria eliminada; nas áreas em que a mecanização fosse tecnicamente possível, a queima seria eliminada após o decurso de prazos longos, para permitir que a mecanização ocorresse suavemente.

Percebe-se logo, portanto, que a aceitação da eliminação da queima pelo empresariado era falsa. Ao demandar que a queima ocorresse no raio de um quilômetro do perímetro urbano, o empresariado pretendia, na realidade, o aumento da área de queima possível em relação às conquistas do período anterior de lutas. Ao demandar, por sua vez, que a queima não fosse eliminada das áreas em que a mecanização não era tecnicamente viável, pleiteava a perenidade da queima da cana no estado. Ao demandar, por fim, o condicionamento da eliminação da queima à implementação da mecanização da colheita, pretendia que na maior parte do território canavieiro do estado a queima continuasse ocorrendo por décadas. A nova tática do empresariado canavieiro era, assim, dissimular a defesa da queima disfarçando-a de aceitação da proibição gradativa. A título de proibir a queima, portanto, o que o empresariado efetivamente pretendia era permiti-la.

Operacionalizando sua nova postura tática, o empresariado canavieiro iniciou oficialmente, em 1995, negociações com os opositores da queima e com o Executivo de São Paulo sobre a eliminação gradativa dessa prática. Os termos oferecidos pelo empresariado nessa tentativa de conciliação, anteriormente descritos, não foram aceitos pelos opositores da queima, e o Executivo paulista optou, então, por estabelecer uma solução intermediária entre as duas posições, ainda que mais favorável aos interesses do empresariado canavieiro: promulgou um novo decreto em 1997, mantendo a vedação da queima a um quilômetro do perímetro urbano e determinando a eliminação gradativa da prática agrícola no estado em prazos mais curtos que os pretendidos pelo empresariado (Decreto Estadual n. 42.056/1997).

Segundo a vontade do Executivo paulista, se a queima não seria imediatamente eliminada, conforme queriam os opositores, tampouco seria (in)condicionalmente permitida, conforme demandava o empresariado. A insatisfação com a ação do Executivo de São Paulo, no entanto, foi geral, e os opositores da queima da cana-de-açúcar continuaram o movimento de luta iniciado em 1988 e intensificado em 1991: manifestações sociais e ações judiciais foram sua principal base de manobra nesse momento. O empresariado canavieiro, por sua vez, movimentou-se com outros sujeitos político-jurídicos e obteve a promulgação de novos textos normativos que atendiam integralmente aos seus interesses: primeiro, em 1998, obteve do Executivo federal um novo decreto que atendia integralmente a suas demandas (Decreto Federal n. 2.661/1998); depois, em 2000, aprovou no âmbito estadual e com a derrubada do veto do governador de São Paulo uma lei que replicava o conteúdo do decreto de 1998 (Lei Estadual n. 10.547/2000).

O Executivo de São Paulo prosseguiu resistindo parcialmente aos interesses do empresariado canavieiro e, sem jamais esboçar aceitação da demanda de eliminação imediata da queima da cana, tensionou sua relação com o empresariado no que tange à proibição da queima. Esse tensionamento se afrouxou somente em 2002, quando foi promulgada, com o apoio e sanção do governador, uma lei estadual que se encontra vigente até o presente momento e estabelece oficialmente os termos da proibição gradativa da queima da cana-de-açúcar no estado de São Paulo (Lei Estadual n. 11.241/2002). Exceto pela vedação da queima na faixa de um quilômetro do perímetro urbano, mantida, o conteúdo aprovado era exatamente aquele pretendido pelo empresariado canavieiro desde 1995: permissão temporalmente irrestrita de queima nas áreas tecnicamente insuscetíveis de mecanização e eliminação lenta da queima da cana nas áreas suscetíveis de mecanização, onde por décadas a queima está autorizada. Assim, a postura tática assumida em 1995 pelo empresariado rendeu em 2002 seu fruto mais importante, e a lei promulgada nesse ano representou a oficialização institucional do condicionamento da eliminação da queima à mecanização da colheita.

Por parte dos opositores da queima, entre 1995 e 2002 a luta prosseguiu a todo vapor. Se as mobilizações e manifestações populares não conseguiram evitar a aprovação das leis de 2000 e 2002, tampouco dos decretos de 1997 e 1998, a intensificação da disputa no sistema de justiça trouxe resultados interessantes. O MP-SP resolveu no período alguns conflitos internos envolvendo posicionamentos contrários à proibição imediata da queima da cana e passou a atuar de maneira ostensiva na disputa judicial em torno da temática. Foram centenas de ações ajuizadas. A recepção do TJ-SP manteve-se contraditória: também a segunda instância, tal como a primeira, mostrou-se dividida. Foram dezenas de decisões proibitivas da queima. E foram dezenas, também, de decisões permissivas. A existência de decisões proibitivas mostrou a permeabilidade do Judiciário a essa demanda socioambiental, revelando a existência de juízes dispostos a enfrentar o poder econômico para efetivar os direitos sociais e ambientais. A existência de decisões permissivas mostrou, por outro lado, a existência de juízes reféns das literalidades da letra da lei e com uma disposição notável para ceder aos interesses do capital.

Contudo, a vitória do empresariado canavieiro no Executivo de São Paulo em 2002 não permaneceu restrita a esse círculo; teve como consequência uma importante vitória também no Judiciário paulista graças à mudança da postura do TJ-SP sobre a queima da cana. A partir de 2003, o que era um posicionamento dividido do TJ-SP sobre proibir ou permitir a queima da cana, tornou-se uma postura hegemônica da segunda instância pela permissão da queima nos moldes autorizados pela lei aprovada em 2002. As decisões proibitivas, embora continuassem existindo após 2003, tornaram-se minoria dentro da segunda instância do Tribunal. Ainda que em primeira instância, durante todo esse período e mesmo após 2003, a maioria das decisões tenha sido proibitiva, estas passaram a ser modificadas desde 2003 em sua quase integralidade pela segunda instância, que permitia a realização da queima da cana. Isso ocorreu como consequência da lei aprovada em 2002. A estratégia de permitir a queima, a título de proibi-la, convenceu os magistrados e significou o estrangulamento prático da efetividade da ação de oposição da queima no seio do sistema de justiça por meio de ações judiciais pela proibição imediata.

Outra consequência da aprovação da lei estadual de 2002 foi a abertura de novas frentes de combate por parte dos opositores da queima da cana no estado. Após a derrota no âmbito legislativo estadual, sofrida em 2002, os opositores iniciaram um interessante processo de articulação em nível municipal e, entre 2003 e 2007, conseguiram aprovar leis municipais proibitivas da queima em diversos municípios das regiões canavieiras do estado.

Essas leis previam a proibição da queima nos limites territoriais dos municípios onde foram aprovadas e traduziram-se num importante resultado da articulação de entidades ambientalistas e de outros sujeitos políticos locais. As leis tiveram, contudo, sua constitucionalidade questionada no sistema de justiça pelo empresariado canavieiro, e as vitórias no Legislativo tornaram-se derrotas no Judiciário ainda durante esse segundo período de lutas, em virtude da demora dos processos e da suspensão judicial da vigência dessas leis.

No seio da comunidade científica, por sua vez, a intensa disputa travada entre 1989 e 1994 prosseguiu nos primeiros anos desse segundo período de lutas, momento em que houve a divulgação de trabalhos científicos concluindo que a queima da cana-de-açúcar traz prejuízos à saúde pública e ao ambiente e, paralelamente, houve também o questionamento dessas conclusões por meio de outros trabalhos realizados em defesa da prática. O último estudo divulgado em defesa da prática agrícola data de 1997. A partir de então, as vozes em defesa da queima se silenciaram na comunidade científica, enquanto o coro pela associação entre queima da cana e prejuízos socioambientais ganhou força, especialmente no período entre 2001 e 2007.

O segundo período de lutas contra a queima da cana se encerra, assim, com uma importante vitória no seio da comunidade científica das ciências naturais e médicas: uma disputada verdade sobre a queima da cana foi construída, restando cientificamente comprovado que se trata de uma prática agrícola geradora de poluição.

Outro fato singular desse segundo período de lutas refere-se ao comportamento da mídia. Durante todo o período entre 1995 e 2007, na percepção de representantes das entidades ambientalistas da região, houve uma importante mudança na forma como a temática da queima da cana foi tratada pelos veículos de comunicação de massa. Em lugar da cobertura ampla fornecida aos dois grupos em disputa durante o primeiro período de lutas, o gradativo ocultamento da temática da queima da cana foi a realidade desse segundo período, no qual, de acordo com eles, passou-se a não dar voz aos que se opunham à queima, no mesmo passo que se deixou de cobrir suas atividades.

No que tange à facticidade da queima da cana-de-açúcar em São Paulo, entre 1995 e 2006 viveu-se o aumento da área colhida sem a utilização da queima, com a colheita de mais de um milhão de hectares sem essa prática no ano de 2006. O aumento da área colhida sem queima é consequência da implantação do novo sistema de colheita mecanizada da cana crua, iniciada em 1995. Esse processo, por sua vez, vinculou-se tanto às motivações econômicas do empresariado canavieiro, já descritas, quanto às consequências da luta pela eliminação da queima, em vista das vitórias conquistadas pelos opositores da queima. O aumento da área colhida sem queima não significou, contudo, diminuição em números absolutos da área colhida queimada no estado no mesmo período. Durante todo o período entre 1995 e 2006, a conversão de áreas de colheita queimada em áreas de colheita crua foi compensada pelo avanço da plantação canavieira colhida com queima para novas regiões, anteriormente ocupadas com outras culturas.

Durante todo esse segundo período de lutas, em números absolutos a área colhida queimada manteve-se estável e acima dos dois milhões de hectares queimados anualmente. De forma concreta, viveu-se a reterritorialização relativa da queima no estado, com sua diminuição em antigas regiões canavieiras e com seu início em novas regiões canavieiras.

De todo modo, o aumento da colheita mecânica foi uma característica do período. Esse aumento deu-se primordialmente graças à introdução do novo sistema de colheita mecanizada da cana crua, mas não se pode ignorar, também, a continuidade da implantação do sistema de colheita mecanizada da cana queimada, iniciado durante a década de 1970 e intensificado a partir da década de 1980. A mecanização da colheita representou, assim, para os trabalhadores rurais do setor canavieiro, a geração estrutural de desemprego. Foram múltiplas as respostas do movimento trabalhista a essa difícil situação, tendo havido direcionamento reduzido ou inexistente de ações do Executivo de São Paulo em torno desse problema durante a maior parte do período. Foi somente com a legislação aprovada em 2002 que a reinserção profissional dos trabalhadores desempregados passou a ser prevista, sem que fossem, contudo, tomadas medidas efetivas para resolução do problema.

A partir de 2003, uma série de mudanças na conjuntura econômica e social vai conduzir o empresariado canavieiro a realizar uma nova mudança de sua postura tática em relação à queima da cana-de-açúcar. A análise do caráter dessa nova postura tática e desses fatores conjunturais será realizada no tópico seguinte, em que se narra o terceiro período de lutas, ocorrido entre 2007 e 2012.

Ainda sobre o segundo período de lutas contra a queima da cana, é importante destacar que entre as principais vitórias esteve o início da instituição de um sistema de colheita menos degradante ambientalmente, por meio do aumento da área colhida sem queima no estado. Deve-se destacar como vitória, também, a aprovação de leis municipais proibitivas em municípios tradicionalmente submetidos ao poder político e econômico do empresariado canavieiro, o que evidenciou que mesmo em espaços sociais historicamente associados ao poder do capital é possível, por intermédio de uma articulação política bem-feita, obter importantes vitórias. Deve-se destacar, por fim, a construção do consenso científico sobre a danosidade socioambiental da queima da cana como outra importante vitória: são múltiplos e multifacetados os estudos científicos a apontar essa danosidade durante esses anos, sem que haja mais vozes contrárias ao final do período.

Entre as principais derrotas dos opositores da queima entre 1995 e 2006 esteve, certamente, a submissão do Executivo e do Legislativo paulistas aos interesses do empresariado canavieiro, mesmo tendo sido essa submissão precedida pela resistência inicialmente esboçada pelo Executivo até o ano de 2001. A derrota nessa instância representou, também, o fracasso no Judiciário a partir de 2003, quando a imensa maioria das decisões judiciais da segunda instância do TJ-SP foi contra a proibição imediata da queima da cana e, portanto, em defesa de sua permissão.

No final desse segundo período de lutas, de todo modo, foi o empresariado canavieiro o principal vencedor, construindo um amplo convencimento ao redor de seus interesses em permitir a realização da queima da cana-de-açúcar, mesmo que a título de proibi-la.

ESTAMPA VERDE PARA CANAVIAIS EM CINZAS: O TERCEIRO PERÍODO DE LUTAS (2007-2012)

Com sua ampla hegemonia consolidada nas instâncias de poder legislativo, executivo e judicial a partir de 2003, o empresariado canavieiro vive desde então uma realidade institucional que lhe garante a possibilidade de utilizar por décadas a queima da cana-de-açúcar na maior parte do seu território agrícola e utilizar eternamente a queima nas áreas não suscetíveis de mecanização. A despeito disso, a continuidade das lutas populares e institucionais contra a queima, durante a década de 2000, e a ocorrência de algumas importantes modificações na conjuntura política e econômica do setor canavieiro, a partir de 2001, compõem um ambiente relacional que possibilitou ao empresariado canavieiro, em 2007, alterar sua postura em face da queima da cana-de-açúcar.

A partir desse ano, o empresariado acelerou o processo de implantação do sistema de colheita mecanizada da cana crua e, principalmente, iniciou um movimento de dissociação entre a imagem da produção canavieira e a imagem da queima da cana. Para entender por que isso aconteceu, é preciso voltar alguns anos antes de 2007.

Conforme afirmamos no início da narrativa sobre o primeiro período de lutas contra a queima da cana-de-açúcar, fez parte do contexto da redemocratização brasileira a atribuição de maior centralidade à temática ambiental. O surgimento efetivo, em nível internacional, da temática ambiental como uma questão social e politicamente importante se deu na década de 1970 e, desde então, sua importância é crescente. Entre as questões ambientais mais discutidas e problematizadas está o tema do aquecimento global e do efeito estufa. As associações entre a geração de gases causadores do efeito estufa pela atividade industrial humana, o aumento da concentração atmosférica desses gases e a elevação da temperatura global são frequentes e intensas, tanto no seio da comunidade científica quanto entre os veículos de divulgação midiática. A partir da década de 1990, as ações políticas para minoração desse problema passaram a ser internacionalmente anunciadas, e alguns importantes documentos foram assinados com base em reuniões realizadas em Kyoto e no Rio de Janeiro. De efetivo, quase nada foi feito, mas o assunto ganhou corpo e atenção pública.

A partir da década de 2000, as associações entre ação humana e aumento do efeito estufa e do aquecimento global tornaram-se mais efetivas, e construiu-se um importante consenso científico sobre a seriedade do aquecimento global e a gravidade de suas consequências socioambientais para a vida no planeta. Não há mais dúvida: o planeta está aquecendo, e, caso algo não seja feito imediatamente para evitar que isso ocorra, a própria vida humana estará em risco.

A emissão de gases causadores do efeito estufa na atmosfera está vinculada ao padrão de produção hegemônico no globo e, mais especificamente, à matriz energética que sustenta esse padrão produtivo: os combustíveis fósseis. São eles (padrão de produção e matriz energética) os principais responsáveis pelo aumento da concentração atmosférica de gases como o $CO_2$ e o $CO$, tornando evidente a constatação de que é necessário alterar esse padrão produtivo para minorar o aquecimento do planeta.

Entre as múltiplas formas possíveis de buscar soluções para esse problema, contudo, foram as propostas mais agradáveis às diversas frações de classe do capital que passaram a ser hegemonicamente apresentadas como as mais viáveis e interessantes. Como exemplo, podemos citar a substituição de parte da matriz energética vinculada aos combustíveis fósseis por combustíveis agrocarburantes. Trata-se de uma alternativa interessante para o capital por permitir a perpetuação de um sistema de produção baseado na mercantilização e na privatização da vida e no consumismo desenfreado, mantendo a mesma dinâmica de divisão de riquezas atualmente vigente. É a modernização ambiental tendo lugar, para "mudar" a realidade mantendo a mesma dinâmica de poder.

Os combustíveis agrocarburantes fazem parte, nesse sentido, de uma alternativa inapta para lidar com a gravidade do problema enfrentado, conforme evidenciaremos em momento oportuno. Nesse instante da narrativa, cumpre somente frisar que é a partir da década de 2000 que os resultados concretos dessa perspectiva de substituição dos combustíveis fósseis tornam-se políticas efetivas de implantação ou ampliação do uso de agrocarburantes na matriz energética global. Isso ocorre em diversos países: nos Estados Unidos, naqueles da União Europeia (UE), no Brasil. A execução dessas políticas objetiva não somente responder às demandas de enfrentamento do aquecimento global, mas também diminuir a dependência dos países industrializados em relação aos produtores de petróleo, bem como responder a um movimento de aumento do preço dos combustíveis fósseis iniciado na década de 2000. Durante a década de 2000, portanto, o etanol, um dos principais subprodutos da produção canavieira, é encarado como uma das principais respostas políticas para o aquecimento global, e, junto com ele, os empresários canavieiros passam a ser vistos como os mais novos "heróis" da luta ambiental.

Esses reposicionamentos do empresariado e do etanol têm consequências economicamente importantes para a produção canavieira em termos de aumento de investimentos, melhoria de preços e crescimento do volume de negócios. Nesse sentido, a partir de 2001 o crescimento da produção canavieira em São Paulo é significativo; o aumento da capitalização do empresariado é evidente; o preço do etanol lhe garante mercados estáveis; a demanda pelo etanol no mercado interno e externo aumenta; e o empresariado beneficia-se, ainda, de uma década com excelentes preços no mercado do açúcar, seu outro subproduto principal. Essas não são as únicas consequências, contudo: o novo momento político-econômico do etanol torna a produção canavieira e a preservação ambiental realidades indissociáveis, inclusive com a exigência de comprovação do "caráter ecológico" do sistema produtivo canavieiro para ingresso do produto em alguns mercados mais exigentes, como o da UE.

São esses fatores que explicam a mudança da postura tática do empresariado canavieiro a partir de 2007. Essa mudança é influenciada tanto pelas novas necessidades mercadológicas de seu produto quanto pela nova realidade econômica de seus atores, que permite grandes investimentos e exige a realização de algumas mudanças produtivas.

A aceleração do processo de implantação do sistema de colheita mecanizada da cana crua se dá pela intensificação das ações já iniciadas no período anterior, de conversão de áreas colhidas queimadas para áreas colhidas cruas e de expansão produtiva canavieira por meio da colheita crua de canaviais implantados em áreas anteriormente ocupadas com outras culturas agrícolas. Desse modo, entre 2006 e 2012, a área colhida com cana-de-açúcar crua passou de 1,1 milhão de hectares para 3,38 milhões de hectares. A colheita da cana queimada, por sua vez, viveu uma ligeira redução entre 2007 e 2009, ampliação no ano de 2010 e redução mais significativa entre 2010 e 2012, chegando neste último ano à faixa de 1,2 milhão de hectares queimados.

Apesar de continuar queimando muita cana no estado de São Paulo, o novo momento econômico exige que o produto canavieiro seja apresentado como oriundo de um processo produtivo "ecologicamente correto", uma vez que a solução dos problemas globais de poluição atmosférica não pode ser ao mesmo tempo causa de problemas de poluição atmosférica, como está comprovado ser o caso com a queima da cana. Para resolver esse impasse, o Executivo de São Paulo, importante aliado do empresariado canavieiro, veio em seu auxílio para realização da principal prática política desse novo período de lutas: a assinatura de um compromisso de eliminação da queima (Protocolo Agroambiental).

Assim, em 2007 e 2008, o Executivo paulista assinou com o empresariado canavieiro acordos de aceleração da eliminação da queima em relação aos prazos previstos na lei de 2002. Prazos curtos foram anunciados, e, segundo o documento, a queima seria totalmente eliminada do estado em 2017, com a maior parte das regiões canavieiras devendo estar livre da convivência com essa prática agrícola já em 2014. Trata-se, contudo, de um acordo de adesão voluntária, cujos prazos não são de cumprimento obrigatório e em relação aos quais não há a previsão de sanções. Em contrapartida a essa suposta concessão do empresariado canavieiro, o Executivo paulista declarou que a produção canavieira possuía conformidade socioambiental, certificando a produção canavieira para brasileiro e "inglês ver".

Assim, uma intensa campanha de dissociação entre a imagem da produção canavieira e a imagem da queima da cana-de-açúcar foi iniciada, com o objetivo de vender ostensivamente a ideia de que a queima da cana está sendo eliminada do estado. Isso ocorre ao mesmo tempo que, em números absolutos, o índice de queima manteve-se sempre acima da faixa de um milhão de hectares anuais, saindo da faixa de dois milhões de hectares queimados somente a partir de 2010 (em 2010 foram 2,1 milhões de hectares queimados, um número bem próximo do recorde histórico de área queimada num único ano em São Paulo).

O "etanol verde" continua, desse modo, produzido também por meio das cinzas da queima da cana-de-açúcar, buscando a dissociação imagética apenas convencer os mercados internos e internacionais sobre um suposto "caráter ecológico" da produção canavieira, sem que existam mudanças estruturais efetivas. O Protocolo Agroambiental, por sua vez, teve seus prazos intermediários de eliminação da queima para 2010 amplamente descumpridos pelo empresariado, tanto na safra de 2010 quanto na de 2011. A queima continua presente no estado de São Paulo, e o documento funciona como uma estampa "verde" para canaviais em cinzas. A luta contra a queima da cana-de-açúcar prosseguiu, portanto, no período referido, embora nitidamente enfraquecida em relação aos períodos anteriores.

Mesmo sofrendo derrotas constantes e sucessivas no TJ-SP, o MP-SP mantém o ajuizamento de ações civis públicas demandando a proibição imediata da queima da cana-de-açúcar em imóveis rurais específicos, embora em número nitidamente inferior ao dos períodos anteriores, e com um menor número de promotores atuando. O TJ-SP, por sua vez, em sua segunda instância, mantém a postura hegemônica de julgar essas ações improcedentes, embora desde 2007 tenha passado a admitir que a queima da cana-de-açúcar traga prejuízos à natureza e à saúde pública. Modificando o fundamento de suas decisões em relação ao período anterior (embora mantenha o mesmo direcionamento decisório: permitir a queima), a segunda instância passou a afirmar que a queima polui o meio ambiente, mas trata-se, segundo o órgão, de uma poluição admitida por lei.

Novas teses e táticas político-jurídicas surgiram nesse período, com a chegada de novos sujeitos na disputa judicial. O principal deles é o Ministério Público Federal (MPF), que entrou na disputa com táticas e objetivos diferentes do MP-SP, embora atuando segundo uma tese jurídica criada no berço deste durante o início da década de 2000. O MPF não considera a queima da cana necessariamente ilegal, mas defende que ela deve ser condicionada à realização de estudos de previsão de impacto para que seja autorizada, devendo, até lá, ser suspensa.

As leis municipais proibitivas aprovadas entre 2003 e 2007, por sua vez, foram julgadas entre 2006 e 2009, e o resultado foi controverso: no TJ-SP, metade das decisões foi pela inconstitucionalidade dessas leis, enquanto a outra metade foi pela constitucionalidade da proibição municipal da queima da cana. O empresariado canavieiro, nos casos de derrota no TJ-SP, recorreu ao Supremo Tribunal Federal (STF), não havendo até 2012 manifestação definitiva da última instância do Judiciário brasileiro sobre esse tema. Provisoriamente, contudo, o STF suspendeu a vigência da maioria dessas leis, e a única que se encontrava formalmente válida no estado de São Paulo nesse período vinha sendo desrespeitada, com a realização de queima da cana no único município onde a prática estava proibida.

As manifestações sociais, por fim, foram bem mais frágeis neste último período de lutas, sobre o qual não temos notícia de nenhuma importante articulação com grande envolvimento popular. A reterritorialização relativa da queima, iniciada em 1995, e a campanha maciça de dissociação entre a imagem da queima e a imagem do empresariado canavieiro parecem ter surtido efeito também em relação às comunidades regionais, desgastadas pelos mais de vinte anos de lutas. Além disso, a existência de novas frentes de lutas ecossociais na região, iniciadas nas décadas de 1990 e 2000, divide a atenção dos sujeitos políticos, que se veem envolvidos em outras práticas de enfrentamento do capital canavieiro, a exemplo da luta pela efetivação e defesa do Código Florestal e pela implantação de assentamentos rurais ambientalizados na região de Ribeirão Preto (SP).

Realizando o balanço desse terceiro período de lutas, cabe destacar que sua principal vitória residiu na diminuição absoluta da área anual colhida queimada no estado, embora essa diminuição ainda seja insuficiente.

As principais derrotas foram vividas, por sua vez, no sistema de justiça, na ação do Executivo paulista e na construção social de um pretenso consenso em torno da associação do etanol e do empresariado canavieiro com a defesa do meio ambiente. Desse modo, os mesmos sujeitos que passaram a década de 1990 intransigentemente defendendo a queima da cana--de-açúcar, degradante prática agrícola que adotam desde a década de 1960, tornaram-se a partir de 2007 heróis "verdes" da "salvação ambiental" do planeta. As mesmas pessoas que eram na década de 1990 defensoras incondicionais da queima da cana, "tornaram-se" a partir de 2007 velhas amantes da natureza e antigas defensoras da eliminação da queima. Um mesmo sistema produtivo, sem deixar de ser insustentável e socialmente iníquo, passou a ser visto como exemplo e solução possível para a crise ambiental vivida.

Essa é, certamente, a principal derrota do período. É uma derrota, contudo, que deve estimular a continuidade dos combates e das ações. É preciso aprender com elas e, ao mesmo tempo, comemorar as vitórias vividas. É importante entender que a luta contra a queima da cana-de--açúcar somente será efetiva caso seja inserida no quadro de lutas políticas mais amplas e radicais, que objetivem questionar o sistema de produção e consumo vigente e o modelo de exploração agrícola implantado pelo agronegócio canavieiro no estado de São Paulo. Deve ser uma luta social e ecológica, utópica e realista, objetivando construir o não lugar (*u-topos*) com base na análise coerente e sólida da realidade presente (por isso, realista).

## AS LUTAS ECOSSOCIAIS COMO PROCESSOS DE (RE)ORGANIZAÇÃO DA REALIDADE SOCIAL

As lutas ecossociais descritas anteriormente (cuja análise será continuada nos capítulos seguintes) tiveram um desenvolvimento processual, no sentido de serem materializadas em seu devir histórico processualmente, por uma série de práticas sociais temporal e geograficamente relacionadas. Processos de complexas e multifacetadas interações sociais, essas lutas possuíram um caráter marcadamente político. Carlos Nelson Coutinho explica que o teórico político Antonio Gramsci utiliza dois conceitos distintos de política em seus escritos. Um deles é denominado pelo intérprete brasileiro de "acepção 'restrita'", e engloba o "conjunto das práticas e das objetivações diretamente ligadas às relações de poder entre governantes e governados"[1]. Para Sánchez Vázquez, por sua vez, a atividade política é "a atividade de grupos ou classes sociais que leva a transformar a organização e a direção da sociedade, ou a realizar certas mudanças mediante a atividade do Estado"[2]. A despeito da incompletude dessas definições, resta evidente, sob sua luz, o caráter essencialmente político das lutas ecossociais narradas. Elas foram e são, afinal, lutas que os diferentes grupos desenvolveram objetivando transformar a organização da realidade social (definição de Sánchez Vázquez), por meio, também, de práticas ligadas às relações de poder entre governantes e governados (definição "restrita" de Gramsci).

Por serem políticas, as lutas ecossociais são, também, jurídicas. Há perspectivas analíticas que, equivocadamente, tomam o direito e a política como fenômenos diversos, muitas vezes até mesmo como não interligados. Discordamos dessas perspectivas. A partir de uma leitura errônea do positivismo-normativista, o jurídico é entendido, nessas análises, como apolítico, gerando uma situação que Luis Alberto Warat descreveu como crença de que o operador jurídico "é um manipulador das leis, descompromissado politicamente, um técnico neutro das normas". Segundo Warat, isso influi para que "o jurista de ofício não seja visto como um operador das relações sociais, mas sim como um operador técnico dos textos legais"[3]. Tal concepção é equivocada, uma vez que até mesmo Hans Kelsen, pregador de uma ciência "pura" do direito, claramente adverte em seus escritos sobre o caráter político e ideológico da prática jurídica[4].

1. C. N. Coutinho, *Gramsci*, pp. 90-93; ver também *idem, De Rousseau a Gramsci*, pp. 110-115.
2. A. Sánchez Vázquez, *Filosofia da Práxis*, p. 203.
3. L. A. Warat, "Saber Crítico e Senso Comum Teórico dos Juristas", *Sequência*, n. 5, 1982, p. 5.
4. Por toda sua obra, Hans Kelsen reafirma e evidencia o caráter político do direito como prática. Segundo ele, "na aplicação do direito por um órgão jurídico, a interpretação

Em nossa perspectiva, qualquer tentativa de separação entre o jurídico e o político é falaciosa. Esse equívoco deriva não somente do que Luis Werneck Vianna chamou de "perda da nitidez das fronteiras distintivas, na esfera pública contemporânea, entre a política e o direito"[5], mas principalmente da própria materialidade dos fenômenos políticos e jurídicos, indubitavelmente relacionados.

Roberto Lyra Filho entende que o fenômeno jurídico vincula-se à dialética social, encontrando-se situado entre dois polos de tensão que poderiam ser definidos pelas expressões ordem e justiça. Explica o filósofo:

[...] o direito não se consuma, nem se consome; ele se manifesta e se transforma, na dialética social de dominação-libertação. Num dos seus polos, exprime certa ordem de convivência, vazada em normas de peculiar intensidade coercitiva; no outro, representa o permanente anseio de justiça social, que contesta as degenerações em dominação espoliativa e repressiva, na qual a ordem estabelecida se corrompeu[6].

Numa definição simples e clara do jurídico, Lyra Filho supera, na referida assertiva, as visões juspositivistas e jusnaturalistas sobre o fenômeno, englobando as respectivas conquistas teóricas dessas correntes

cognoscitiva (obtida por uma operação de conhecimento) do direito a aplicar combina-
-se com um ato de vontade em que o órgão aplicador do direito efetua uma escolha
entre as possibilidades reveladas através daquela mesma interpretação cognoscitiva" (H.
Kelsen, *Teoria Pura do Direito*, p. 369). Kelsen acrescenta, ainda, que a "questão de
saber qual é, entre as possibilidades que se apresentam nos quadros do direito a aplicar,
a 'correta' não é sequer – segundo o próprio pressuposto de que se parte – uma questão
de conhecimento dirigido ao direito positivo, não é um problema de teoria do direito,
mas um problema de política do direito" (*idem, ibidem*, p. 368). A defesa do que ele
chama de "Teoria Pura do Direito, isto é, depurada de toda ideologia política e de todo
elemento científico-cultural", perpassa a constatação do caráter ideológico do fenômeno
jurídico (*idem, ibidem*, p. 5). Ele afirma: "que se possa aceitar o direito – em relação à
realidade natural – como ideologia e, apesar disso, exigir-se uma Teoria Pura, isto é,
livre de ideologias, não é, de maneira alguma, tão contraditório quanto parece" (*idem,
ibidem, loc. cit.*).
5. L. W. Vianna, *A Judicialização da Política e das Relações Sociais no Brasil*, p. 22.
6. R. Lyra Filho, *Razões de Defesa do Direito*, p. 7.

numa interessante síntese dialética que formula conceitualmente a perspectiva de um direito inserido na totalidade social. Como processo de disputa pela organização das relações sociais vinculadas à produção da vida nos territórios canavieiros, as lutas ecossociais narradas envolveram propostas de ordenação da realidade social com base em determinados padrões comportamentais considerados justos. Ordem e justiça perpassaram, assim, todo o processo de inter-relações narrado nos capítulos 1 e 2 deste trabalho.

Explica Lyra Filho, a partir de Karl Marx, que, nos processos de disputa política, o tema da justiça deve ser transposto "da justiça que os homens pensam (e que não se apercebe dos seus condicionamentos sociais) para a justiça que os homens conquistam (nas lutas sociopolíticas)"[7]. Fala-se, assim, de uma justiça materializada na própria realidade social, seu fundamento, e intrinsecamente vinculada ao processo de ordenação em curso[8]. Nas lutas ecossociais narradas, em vista da formação de vítimas da dinâmica de produção da vida do agronegócio canavieiro, e com base nessa materialidade vitimadora, uma perspectiva concreta de (in)justiça foi desenvolvida.

7. *Idem, Karl, Meu Amigo*, p. 80.
8. Essa perpectiva material de justiça pode ser associada ao que Michael Löwy chama de "visões sociais de mundo". Segundo Löwy, a visão social de mundo "circunscreve um conjunto orgânico, articulado e estruturado de valores, representações, ideias e orientações cognitivas, internamente unificado por uma perspectiva determinada, por um certo ponto de vista socialmente condicionado" (M. Löwy, *As Aventuras de Karl Marx contra o Barão de Münchhausen*, pp. 12-13; ver também M. Löwy, *Ideologias e Ciência Social*). Tais visões sociais de mundo encontram-se forjadas na materialidade das relações sociais estabelecidas por cada agrupamento social, sendo formadas por valores e representações que possuem bases materiais solidamente estabelecidas. Elas vinculam-se, portanto, com as próprias práticas materiais dos grupos sociais em disputa, em sua dinâmica de produção da vida. Explica Poulantzas que a visão social de mundo é a ferramenta metodológica que permite vincular uma regra específica (ou a totalidade de um ordenamento jurídico) à infraestrutura produtiva de determinado período. Cremos que a aproximação teórica entre o conceito de "visão social de mundo" e a perspectiva materializada de justiça que orienta os grupos sociais em disputa pela ordenação social seja bastante frutífera (cf. N. Poulantzas, *Nature des choses et droit*, p. 22).

A partir da perspectiva dessas vítimas, mediados pela constatação das injustiças concretamente vividas, os sujeitos político-jurídicos insurgentes empreenderam as lutas ecossociais visando modificar essa realidade excludente no enfrentamento do agronegócio e de seu modo de produção. Os sujeitos insurgentes objetivaram, com tais lutas, desordenar processualmente a injusta ordem estabelecida em defesa das vítimas. Dussel explica que são vítimas os que sofrem os efeitos negativos de determinada ordem política (e social, acrescentamos), os que se encontram em assimetria de participação ou os que simplesmente tenham sido excluídos desta. Segundo ele, as vítimas "não-podem-viver plenamente", pois sua "vontade-de-viver foi negada pela vontade-de-poder dos poderosos". A partir dessa "vontade-de-viver" é criado o novo, pois, "desde as vítimas, quando o sofrimento se faz inaceitável, intolerável, surgem movimentos sociais contestatórios no campo político empírico"[9].

Nas lutas ecossociais contra o agronegócio canavieiro, foi a "vontade--de-viver" – materializadora de um senso ético e de uma concepção concreta de justiça – das comunidades locais, dos trabalhadores rurais e de outros grupos sociais o motor principal da disputa empreendida, objetivando enfrentar a "vontade-de-poder" do empresariado canavieiro. Tal "vontade-de-poder" é a causa da intensa degradação ambiental e social que existe nas regiões canavieiras do estado de São Paulo, por imprimir na natureza e nos outros grupos sociais as consequências da racionalidade instrumental e exploradora que caracteriza a inserção do capital na realidade social. Contra essa "vontade-de-poder", ligada à maximização dos lucros e à destruição da natureza, insurgiram-se os opositores da queima da cana.

Com base na teoria política de Dussel, é possível entender que esses agentes, ao atuarem na defesa das vítimas do agronegócio canavieiro, formaram blocos cuja orientação transcendia interesses específicos, englobando e caracterizando o que o filósofo argentino chama de povo (*pueblo* e *plebs*). Segundo Dussel, povo é uma categoria estritamente política (nem sociológica nem econômica), que engloba "a unidade de todos esses movimentos, classes, setores etc., em luta política". Chama de *plebs* (em latim),

---

9. E. Dussel, *20 Tesis de Política*, pp. 85-94.

o "povo como oposto às elites, às oligarquias, às classes dirigentes de um sistema político". Para ele, o povo é um ator coletivo, conjuntural, que forma um bloco em disputa pela libertação anti-hegemônica e pela transformação das instituições[10]. Na luta contra a queima da cana, era a perspectiva do povo (*plebs*) que se opunha à do agronegócio canavieiro, por meio da prática dos inúmeros agentes político-jurídicos em defesa da eliminação da queima.

Compuseram blocos em defesa da perspectiva do povo membros do MP-SP, parcela do movimento sindical de trabalhadores rurais, parcela minoritária do Judiciário, as comunidades locais afetadas pela queima da cana, o movimento ambientalista, acadêmicos ligados à comunidade científica, grupos de parlamentares, entre outros agentes. Toda essa multiplicidade de sujeitos políticos que, nas lutas ecossociais narradas, empreenderam efetivamente – e em bloco – a disputa pela (re)organização social, não é compreensível a partir dos conceitos políticos tradicionalmente utilizados para discutir a transformação social, como o conceito de "proletariado"[11].

A insuficiência do conceito "proletariado" para explicar a multiplicidade de sujeitos políticos em disputa contra o agronegócio canavieiro, nas lutas ecossociais, deriva da complexidade e do dinamismo da oposição atual ao capital. As temáticas ambientais evidenciam mais claramente que a opressão da dinâmica de produção da vida do agronegócio resulta na vitimização não apenas dos agrupamentos imediatamente submetidos a esse setor, como os trabalhadores rurais canavieiros, mas também de toda a coletividade, excluídos os grupos opressores. Diretamente influenciados por essa vitimização múltipla, relacionada à percepção de degradantes e abusivos efeitos negativos da produção por agrupamentos sociais

10. *Idem, ibidem*, pp. 89-99.
11. Michael Löwy define o proletariado como "o conjunto daqueles que vivem da venda de sua força de trabalho". Para ele, desse modo, "o critério é a venda da força de trabalho em troca de salário". Explica que "inclui [no conceito] não só a classe operária industrial, como uma série de camadas que tradicionalmente eram de origem pequeno-burguesa (ou da classe média) mas que conheceram ou estão conhecendo no período histórico contemporâneo um processo de proletarização ou de semiproletarização" (M. Löwy, *Ideologias e Ciência Social*, pp. 105-106).

diversos, há o engajamento de múltiplos grupos e sujeitos políticos nas disputas contra o capital, representado nas lutas ecossociais pelo agronegócio da cana. Esse engajamento multifacetado, por sua vez, conforme constatado em nosso trabalho, obriga-nos a pensar outros conceitos políticos, objetivando entender adequadamente a realidade material das lutas ecossociais narradas.

É preciso ir além do conceito de classe social para compreender a realidade contemporânea, sem que se possa, contudo, abandonar essa categoria[12]. Essa demanda teórica advém diretamente da análise das lutas ecossociais, nas quais houve, em um polo da disputa, uma classe social e seus aliados e, no outro, os diversos agentes envolvidos na defesa da perspectiva popular. Falamos, em vista disso, de sujeitos político-jurídicos como unidade estrutural de análise da prática de disputa política pela organização social, entendendo a categoria como dotada de fundamento sociológico-empírico, no sentido de ser determinada a partir da concretude de um fenômeno político específico[13].

12. Para Max Weber, o conceito de classe é construído a partir do que ele chama de "situação de classe", que significa a oportunidade típica de um indivíduo dispor ou não de bens ou serviços para obter rendas e rendimentos. Ele distingue "classes de possessão", "classes produtivas" e "classes sociais", vinculando a primeira à situação de classe determinada por diferenças em matéria de possessão e a segunda às oportunidades de exploração do mercado de bens e serviços (cf. M. Weber, *Économie et société 1*, p. 391). Michael Löwy anota que, assim como Weber, também Marx define as classes sociais a partir de posições de poder sobre o mercado e por uma situação de propriedade (cf. M. Löwy, *La Cage d'acier*, p. 17). Embora não haja, na literatura marxiana, uma definição precisa de classe social, é possível falar de uma "abordagem propriamente marxiana das classes sociais", vinculada às relações sociais de produção (cf. M. Löwy, G. Duménil e E. Renault, *Les 100 mots du marxisme*, p. 13). Outro conceito de classe, diferente daquele de Max Weber, é oferecido por Lucien Goldmann, que define "classe social" a partir de três parâmetros: a função na produção; as relações com os membros de outras classes; e a consciência possível, que é a visão de mundo específica da classe (cf. L. Goldmann, *Sciences humaines et philosophie*, p. 117; e M. Löwy e S. Naïr, *Lucien Goldmann, ou a Dialética da Totalidade*, p. 39).

13. É possível analisar o fenômeno de ordenação social a partir de múltiplos níveis de totalização, no que tange à unidade estrutural de análise escolhida. Desse modo, a categoria "sujeito político-jurídico" pode ser utilizada em perspectivas distintas, englobando diversos níveis de totalização de uma mesma unidade prática de ação material.

No caso dos grupos insurgentes, desse modo as perspectivas políticas em disputa eram a da *plebs* (povo, como categoria política) e a do agronegócio canavieiro (entendido, também, como categoria política). Essas perspectivas políticas materializavam-se na prática dos sujeitos político--jurídicos em confrontação, na disputa pela organização social. Os sujeitos insurgentes, em defesa da *plebs*, objetivaram a democratização das relações sociais de produção da vida no território canavieiro, lutando por uma socialização sustentável da natureza. Eles fizeram isso a partir do ponto de vista do povo, em contraponto ao capital agrário representado pelo agronegócio canavieiro.

Cada um dos polos em disputa orientou suas ações a partir de seu ponto de vista sobre a justiça social, guiando-se por um sentido concreto de justo ou injusto, ligado à inserção dos sujeitos políticos em disputa na dinâmica de produção da vida. Assim, a perspectiva de justiça de cada grupo estava vinculada às relações materiais que esse grupo estabelecia, seus interesses e anseios. O sentido de justiça em disputa no processo político-jurídico das lutas ecossociais é, então, de uma justiça concreta, com fundamento material e materializada na prática política dos sujeitos em confronto. Uma justiça, ademais, conectada à ordenação da realidade social em curso.

Falar de ordem e ordenação, por sua vez, é falar de normas jurídicas. Organizar a sociedade é realizar uma série de práticas organizativas visando modificar condutas. Nesse processo, o recurso à normatização é inevitável. Normas jurídicas compõem, afinal, o processo político. Elas compuseram, em vista disso, também as lutas ecossociais narradas.

Conforme deixaremos claro a seguir, isso significa, por exemplo, que é possível falar do Legislativo paulista como um sujeito político-jurídico, tal como se pode falar do Legislativo paulista como um sujeito composto por uma infinidade de outros sujeitos político-jurídicos (como as bancadas do PT, PSDB, PMDB etc.; ou a bancada ruralista, a bancada ambientalista etc.). Trata-se, conforme afirmamos, de uma categoria dotada de fundamento sociológico-empírico, no sentido de ser determinada a partir da concretude de um fenômeno político específico. A categoria está sujeita, assim, à delimitação do intérprete em relação ao nível de totalização utilizado.

Entendendo o conceito de normas jurídicas numa perspectiva positivista-normativista[14], neopositivista de inspiração tópica[15], ou humanista dialética[16], a realidade da ação política como irremediavelmente vinculada a normas mantém-se.

14. Para Hans Kelsen, o direito é um sistema de normas coativas, possuidoras de um mesmo fundamento de validade e definidoras de coações a ser aplicadas no caso de realização de determinados comportamentos passíveis de punição (H. Kelsen, *op. cit.*, 1987, pp. 56--61). Ele define a norma jurídica da seguinte forma: "a norma é um dever-ser e o ato de vontade de que ela constitui o sentido é um ser. Por isso, a situação fática perante a qual nos encontramos na hipótese de tal ato tem de ser descrita pelo enunciado seguinte: um indivíduo quer que o outro se conduza de determinada maneira. A primeira parte refere-se a um ser, o ser fático do ato de vontade; a segunda parte refere-se a um dever--ser, a uma norma como sentido do ato". Ele acrescenta, ainda: "Com o termo 'norma' se quer significar que algo deve ser ou acontecer, especialmente que um homem se deve conduzir de determinada maneira. É este o sentido que possuem determinados atos humanos que intencionalmente se dirigem à conduta de outrem. [...] 'Norma' é o sentido de um ato através do qual uma conduta é prescrita, permitida ou, especialmente, facultada, no sentido de adjudicada à competência de alguém. Neste ponto é importante salientar que a norma, como o sentido específico de um ato intencional dirigido à conduta de outrem, é qualquer coisa de diferente do ato de vontade cujo sentido ela constitui" (*idem, ibidem*, pp. 4-5).

15. Para Friedrich Müller, a norma jurídica é coformada por dois elementos: âmbito normativo e programa normativo. Sobre isso já afirmamos: "âmbito normativo, para Müller, é o alicerce de uma normatividade marcada pela realidade material, sendo composto pelo conjunto dos elementos materiais obtidos a partir da realidade e que possuam sua estrutura material básica apreendida pela norma jurídica, sendo cofundadores da normatividade concreta. Em outras palavras, uma norma aparece como norma somente se estiver relacionada com uma realidade a ser formatada, sendo essa realidade fator inerente à normatividade jurídica, conceitualmente estruturada na figura do âmbito normativo. O programa normativo, por sua vez, consiste na ideia normativa fundamental ou em um conjunto delas, entendido como instância que seleciona e demarca os fatos e situações concretas com repercussão normativa, além de englobar o relativamente autônomo 'sentido normativo' a ser concretizado". Ele diferencia, ainda, a norma jurídica do texto normativo, afirmando que o texto é a figura linguística da norma (F. Müller, *Teoria Estruturante do Direito*; e J. R. P. de Andrade Júnior, *A Proibição da Queima da Cana-de-açúcar e o Desenvolvimento Sustentável*).

16. Para Roberto Lyra Filho: "As normas jurídicas e morais têm a mesma origem social, e se diversificam nos processos de formalização e aplicação – as primeiras, heterônomas, externamente coercíveis, mediante sanções organizadas, e bilateralmente atributivas; as

A organização da realidade social se dá, afinal, por meio da orientação de condutas com base em normas jurídicas. A norma jurídica pode ser entendida, numa simplificação conceitual, como um "dever-ser" que se objetiva materializar na concretude social, pela orientação heterônoma de condutas. Esse "dever-ser" é composto por (e propõe) determinado conteúdo fático, uma forma específica e concreta de "ser", que se objetiva plasmar numa localidade histórica e geograficamente estabelecida. Como "dever-ser" que objetiva "tornar-se", que objetiva "ser", a norma jurídica integra e constitui o processo político, que é, segundo as definições anteriormente oferecidas, atividade que visa transformar a organização e a direção da sociedade. Transforma-se e organiza-se a sociedade por meio da materialização de determinados conteúdos fáticos almejados. Transforma-se e organiza-se a sociedade, portanto, por meio de normas: "dever-ser" que vem a "ser".

Por isso, afirma Roberto Lyra Filho, "o direito não 'é', ele 'vem a ser'"[17]. Do mesmo modo, a política não é, mas vem a ser, em unidade com o direito. As perspectivas de "dever-ser" a ser materializadas existem, primeiro, idealmente, como produtos das consciências dos diversos sujeitos em disputa. Isso ocorre porque, conforme explica Sánchez Vázquez, o "resultado real, que se quer obter, existe primeiro idealmente, como mero produto da consciência, e os diferentes atos do processo se articulam ou estruturam de acordo com o resultado que se dá primeiro no tempo, isto é, o resultado ideal"[18]. As normas jurídicas, como processos de "vir a ser", primeiro existem idealmente, como finalidades dos sujeitos político-jurídicos interessados em (re)organizar a realidade social, modificando a dinâmica de relações ordenada. São as práticas político-jurídicas, (re)organizadoras da realidade social, que conferem materialidade ao que

---

segundas, relativamente autônomas, difusamente sancionadas e unilaterais. Ambos os tipos de norma geram, em seus âmbitos comunicantes, uma pluralidade de ordenamentos, que disputam a hegemonia. Há, sempre, mais de um modelo em vias de positivação" (R. Lyra Filho, "Para uma Visão Dialética do Direito", em C. Souto e J. Falcão, *Sociologia e Direito: Leituras Básicas de Sociologia Jurídica*, pp. 77-78).
17. R. Lyra Filho, *O Que é Direito*, p. 82.
18. A. Sánchez Vázquez, *op. cit.*, pp. 220-221.

anteriormente era "mero produto da consciência", graças ao processo de ordenação da realidade com base em uma perspectiva de justiça.

Como tais ordenações, que são concretas e possuem fundamento material, as normas jurídicas também não existem como compartimentos apartados da atividade política, nem como instâncias diversas da totalidade do processo de organização social. Não existem, do mesmo modo, dissociadas dos concretos grupos políticos que disputam sua formulação e implantação no confronto político-jurídico. Explica Lyra Filho que "nada é, num sentido perfeito e acabado", mas "tudo é, sendo". Nesse sentido, também as normas jurídicas "são sendo", por meio das práticas político-jurídicas de (re)organização da totalidade social[19]. Normas jurídicas, ordem e justiça foram, assim, componentes intrínsecos das lutas travadas e narradas nos capítulos 1 e 2 deste trabalho.

Referimo-nos, por tudo isso, às lutas ecossociais como processos político-jurídicos. Elas são processuais em virtude de seu desenvolvimento no devir histórico, e são político-jurídicas pela sua vinculação à modificação da organização social, a partir de (re)ordenações que consubstanciam perspectivas de justiça. Processuais e desordenadoras, as lutas ecossociais objetivaram (re)organizar a realidade social, desordenando a ordem posta em determinado momento histórico, com vista à implantação no "ser" de um "dever-ser", pretendido como mais justo pelos insurgentes, numa nova ordenação que materializaria um distinto sentido de justiça. Desordem e processo representam, assim, o devir de constante (re)organização das relações sociais, que caracteriza as lutas ecossociais descritas.

Lyra Filho explica que os termos decisivos de sua filosofia jurídica e política estão nos conceitos "desordem e processo"[20]. Segundo o autor:

> Falo em desordem, ao revés e principalmente, para assinalar que nenhuma ordem pode eternizar-se, mas alguma ordem permanece, a cada etapa, como resíduo do processo desordenador. Isto desloca o centro de interesse do que mais

---

19. R. Lyra Filho, *O Que é Direito*, p. 11.
20. Idem, "Desordem e Processo: Um Posfácio Explicativo", em A. Lyra, *Desordem e Processo: Estudos sobre o Direito em Homenagem a Roberto Lyra Filho, na Ocasião de seu 60º Aniversário*, p. 263.

frequentemente é focalizado [...] para o real processo histórico de ordenação e desordenação. Porque temos, a qualquer momento, não o sistema de órgãos e funções operando conforme um padrão fixo (ou imobilizado, para as comodidades epistemológicas), mas o efetivo enlace de elementos movediços [sic], que simultaneamente desenham a ordem transeunte e realizam a desordem, criativa de novos arranjos [...] A desordem a que me reporto não é, evidentemente, essa anarquia bucólica, mas um processo histórico, mediante o qual a incessante desordenação das estruturas sociais vai transformando a "engenharia" do status quo[21].

Desordenadoras e processuais, as lutas ecossociais objetivaram modificar a ordenação existente, (re)organizando a produção da vida sob um novo padrão ético. Na perspectiva dos opositores da queima da cana, essa (re)organização social tinha como elemento central a transformação das relações de socialização da natureza vivificadas nos territórios de conflito, modificando-se as atividades humanas desenvolvidas pelo agronegócio canavieiro em prol de dinâmicas relacionais socioambientalmente mais benéficas. Por isso, suas propostas principais de normatização envolviam a eliminação imediata da prática.

Na perspectiva dos defensores da queima, por sua vez, o processo de disputa pela (re)organização social tinha como proposta a manutenção das relações de socialização da natureza vivificadas nos territórios de conflito, com a continuidade das atividades e práticas ali desenvolvidas. Por isso, suas principais propostas de normatização envolveram a manutenção irrestrita da queima da cana ou a manutenção temporalmente prolongada da queima combinada com o processo de modernização ecológica da produção canavieira.

Essas perspectivas opostas foram confrontadas por meio da disputa entre seus grupos sociais portadores. O confronto entre grupos sociais consubstancia a oposição entre perspectivas distintas de "dever-ser" para uma mesma realidade fática e, assim, consubstancia a oposição entre propostas concretas de normatização jurídica.

Explica Lyra Filho que:

21. Idem, ibidem, pp. 264-268.

O direito é processo, dentro do processo histórico, e, como este, um processo dialético; é a expressão, num ângulo particular e inconfundível, da dialética de dominação-libertação, que constitui a trama, o substrato e a mola do itinerário humano, através dos tempos. À injustiça que um sistema institua e procure garantir, às normas em que verta o interesse comum, opõem outros projetos e institutos jurídicos, oriundos de grupos ou classes dominadas, e também vigem e se propagam e tentam substituir os padrões de convivência impostos por quem monopoliza o controle social prevalecente. [...] Um direito se nega, para que outro o transcenda, e tudo isso compõe o direito mesmo, apreciado na sua totalidade e devenir[22].

A (re)organização social vincula-se ao que Roberto Lyra Filho chamou de oposição entre normas oriundas de diferentes grupos, pois, como diz o autor, "à injustiça que um sistema institua e procure garantir, às normas em que verta o interesse comum, opõem outros projetos e institutos jurídicos, oriundos de grupos ou classes dominadas"[23]. Tal fato é evidenciado nas lutas ecossociais descritas, em que diversas perspectivas de "dever-ser" (normas jurídicas) foram materializadas e confrontadas durante o processo histórico de desenvolvimento dos conflitos.

O direito é justamente esse constante movimento, forjado na disputa entre sujeitos políticos e grupos sociais, e imerso na totalidade da realidade social. Cremos que as lutas ecossociais contra a queima da cana ilustrem isso com elevada coerência. A dinamicidade e o caráter multifacetário da narrativa empreendida no capítulo 1 são simplificações da complexidade (ainda maior) que se vincula aos processos sociais de disputa política pela (re)ordenação social. Entende Roberto Lyra Filho que "uma ordem estabelecida é apenas um precário instante de equilíbrio, cujas contradições logo crescem e desmentem a pretensão de subjugar o processo"[24]. Esse "precário instante de equilíbrio" está permanentemente sujeito à (re)organização de sua dinâmica, em prol de uma nova ordenação, que represente valores sociais diversos ou, até mesmo, que rematerialize os valores éticos

---

22. Idem, *Razões de Defesa do Direito*, p. 7.
23. Idem, *ibidem*, p. 7.
24. Idem, *Pesquisa em que Direito?*, p. 26.

da ordenação em declínio. A própria defesa de uma ordem posta, como ocorrido na proposta de manutenção da queima da cana, dá-se numa perspectiva de (re)ordenação, buscando silenciar a voz das vítimas do sistema político e social, que iniciava seu grito.

Nesse sentido, Souto e Souto explicam que "o social é sempre mudança, mesmo quando é controle"[25]. A disputa pela manutenção de uma realidade posta é, desse modo, um exercício de (re)ordenação, ainda que em defesa da ordem existente. Por meio dessa defesa, a ordem posta se refaz, ressignificando-se.

O confronto entre ordenações propositivas – normas jurídicas em potencial – dá origem, por sua vez, a uma nova materialidade das relações sociais organizadas. O produto final da (re)organização social empreendida pelas lutas ecossociais não é, contudo, a simples consequência da ação prática de um dos agentes partícipes da disputa, mas o resultado material da convergência entre as múltiplas ações e posições dos sujeitos. A realidade alterada – objetivo e alicerce dos processos político-jurídicos – é modificada a partir do processo de composição entre as múltiplas ações práticas em disputa.

Nesse sentido, explica Friedrich Engels:

[...] a história é feita de maneira que o resultado final sempre surge da conflitante relação entre muitas vontades individuais, cada qual destas vontades feita em condições particulares de vida. Portanto, é a intersecção de numerosas forças, uma série infinita de paralelogramos de forças, que resulta em um dado evento histórico[26].

Consequência das diversas vontades partícipes do processo de (re)ordenação das relações sociais, as lutas ecossociais contribuíram para a modificação relativa da produção da vida nos territórios canavieiros, com a implantação da colheita de cana sem queima e a diminuição da área de cana queimada em São Paulo. O direito e a política direcionam-se, afinal,

25. C. Souto e S. Souto, *Sociologia do Direito*, p. 10.
26. F. Engels, *Carta para Joseph Bloch*, 21-22 set. 1890.

à própria realidade social, com a modificação das relações sociais nas quais a ação organizativa incidiu[27]. O direito é vida e é na vida que ele se materializa. O direito não está simplesmente nas leis, tampouco se esgota em sentenças. Tais modalidades de prática político-jurídica, que realizam a positivação do direito, não podem, contudo, de maneira nenhuma ser menosprezadas. Conforme entende Lyra Filho, é preciso lutar por um direito positivo pluralista[28]. É preciso, também, não cair no que Arruda Júnior chama de idealismo de uma concepção de política nos marcos da dualidade de poderes, propondo um direito paralelo ao oficial e enfraquecendo as mudanças nas instituições[29].

Em especial na dinâmica jurídica contemporânea, caracterizada por aquilo que Canotilho[30] chamou de sistemas normativos abertos de regras e princípios[31], em que uma gama imensa de demandas populares foi posi-

27. As relações sociais modificadas pela (re)ordenação social não são simplesmente alteradas de forma passiva. A alteração da dinâmica de socialização envolve uma aceitação da prática organizativa, consensual ou coercitivamente (submetida ao uso da força). Assim, as relações sociais modificadas não são mera consequência da modificação empreendida, mas componentes ativos e conscientes do processo de modificação da realidade social.
28. R. Lyra Filho, "Desordem e Processo: Um Posfácio Explicativo", em D. A. Lyra, *Desordem e Processo...*, p. 305.
29. E. L. de Arruda Júnior, *Direito Moderno e Mudança Social*, p. 305.
30. J. J. G. Canotilho, *Direito Constitucional e Teoria da Constituição*, p. 1159.
31. Para Canotilho, conforme já anotamos: "o sistema constitucional é jurídico por ser um sistema dinâmico de normas. Em virtude de possuir estrutura dialógica, traduzida na disponibilidade e na capacidade de aprendizagem das normas constitucionais para captarem a mudança da realidade e estarem abertas às novas concepções cambiantes de verdade e justiça, é um sistema aberto. É normativo porque a estruturação de expectativas referentes a valores, programas, funções e pessoas é feita através de normas e, por fim, compõe-se de regras e princípios por serem estas as formas através das quais as normas do sistema constitucional se revelam". E ainda: "princípios são normas jurídicas impositivas de uma otimização, compatíveis com vários graus de concretização, consoantes os condicionamentos fáticos e jurídicos. As regras, diferentemente, são normas que prescrevem imperativamente uma exigência que é ou não cumprida, impondo, permitindo ou proibindo. Os princípios, ao constituírem exigências de otimização, permitem o balanceamento de valores e interesses conforme o seu peso e a ponderação de outros princípios eventualmente conflitantes. As regras, ao contrário, não deixam espaço para solução diversa, sendo válidas ou inválidas" (J. R. P. de

tivada nos textos constitucionais e infraconstitucionais, tanto por meio de regras, como de princípios, a importância da utilização dos textos normativos revela-se cada vez mais presente.

No caso brasileiro, em que a Constituição Federal de 1988 textualiza o que Antônio Alberto Machado considera a "projeção de uma democracia real, capaz de garantir a liberdade, a justiça social, a erradicação da miséria e das desigualdades, bem como a superação das várias formas de preconceito e discriminação", a significância da referenciação constitucional na disputa política é ainda mais evidente[32]. A Constituição de 1988 positiva, por exemplo, o que Goulart chamou de "princípio da transformação social", um macroprincípio impositivo que, segundo o autor, obriga os diversos elementos da dinâmica societária brasileira a "implementarem ações e políticas públicas voltadas para a transformação democrática das estruturas sociais e econômicas" e "fundamenta e legitima as reivindicações sociais voltadas às prestações positivas do Estado"[33]. Tal princípio orienta a disputa social, no sentido da materialização de práticas de produção da vida democratizantes. Junto dele, uma gama imensa de direitos sociais encontra-se positivada.

A Constituição não possui, contudo, força normativa em abstrato, derivando-se sua efetividade normatizante da concreta apropriação do discurso constitucional pelos sujeitos político-jurídicos, na fundamentação e no direcionamento de práticas de (re)organização das relações, com base nas disposições textuais constitucionalizadas. Trata-se de realizar o que Vianna e Burgos chamaram de mobilização do direito constitucional como instrumento de luta[34]. As leis – e a Constituição é também uma lei – ganham materialidade como práticas do processo político-jurídico total, que não se encerra na promulgação de uma lei, tampouco se restringe às práticas decisórias de resolução de litígios. O processo político-jurídico

Andrade Júnior, *A Proibição da Queima da Cana-de-açúcar e o Desenvolvimento Sustentável*, p. 63).
32. A. A. Machado, *Ensino Jurídico e Mudança Social*, p. 179.
33. M. P. Goulart, *Elementos para uma Teoria Geral do Ministério Público*, pp. 55-56.
34. L. W. Vianna e M. B. Burgos, "Entre Princípios e Regras: Cinco Estudos de Caso de Ação Civil Pública", *Dados*, vol. 48, n. 4, 2005, p. 799.

envolve todo o tecido social, articulado na disputa pela (re)organização da realidade social. Desse modo, a Constituição Federal de 1988, a Lei Estadual n. 11.241/2002 (de São Paulo), que regula a queima da cana, e a infinidade de textos normativos vinculados ao processo histórico narrado nos dois primeiros capítulos ganham sua dimensão real e sua importância sociopolítica como fundamento, instrumento e/ou direção da ação dos sujeitos em disputa, sendo sua existência abstrata, ou desvinculada da sua apropriação social, inócua. Conforme explica Nicos Poulantzas, leis somente podem ser compreendidas como necessidades e projetos humanos em uma situação determinada[35]. No mesmo sentido, tal situação determinada somente pode ser esclarecida e repercutir juridicamente a partir das leis que a expressam. As leis, do mesmo modo que as sentenças judiciais ou as ações forenses (apresentar uma contestação, uma petição inicial etc.), são práticas sociais, ou, mais especificamente, formas sociais de práticas. O que importa, centralmente, é a prática, o conteúdo vivo da forma social.

Na lei que regulamenta a queima da cana, permitindo-a, por exemplo, está-se diante de uma prática social adotada sob a forma legislativa que objetiva permitir a queima. Do mesmo modo, uma contestação defendendo a queima em uma ação judicial que objetiva proibir imediatamente essa prática agrícola traduz-se também numa prática de resistência à eliminação da queima, sob uma forma social específica. Segundo Vianna e colaboradores, o direito atual não é mais concebido como "um conjunto racionalmente ordenado de comandos", possuindo "uma configuração [...] mais próxima da ideia de rede do que da de código, no interior da qual se faria determinante a vontade e a capacidade de comunicação dos seus 'usuários', assumidamente externos aos procedimentos formalizados de produção da norma"[36]. Dentro dessa rede, e utilizando a força dos códigos, é importante operar relações sociais sob a perspectiva das vítimas, como feito nas lutas ecossociais.

---

35. N. Poulantzas, *op. cit.*, p. 225.
36. L. W. Vianna *et al.*, *Corpo e Alma da Magistratura Brasileira*, p. 40.

Conforme explica Sánchez Rubio, a realidade jurídica é de negação fundamental de direitos à maior parte da humanidade, em que pese seu reconhecimento formal[37]. Essa realidade deve ser modificada urgentemente, a partir do que Boaventura de Sousa Santos chamou de "entendimento mais amplo e mais profundo do controle de legalidade", que inclui "um controle da constitucionalidade do direito ordinário como meio para fundamentar uma garantia mais ousada de direitos aos cidadãos"[38]. É preciso (re)ordenar a realidade social, democratizando-a. Foi esse o sentido e o intuito daqueles que ingressaram nas lutas ecossociais em defesa das vítimas, disputando a (re)organização social do território canavieiro.

## LUTAS ECOSSOCIAIS CONTRA O AGRONEGÓCIO E SEU MODO DE SOCIALIZAÇÃO DA NATUREZA

Fernandes, Welch e Gonçalves explicam que, para os movimentos sociais da Via Campesina, o conceito de agronegócio faz referência às corporações capitalistas que constituíram um conjunto de sistemas para produção de *commodities* por meio da monocultura em grande escala, principalmente voltado para exportação[39]. Segundo Fernandes[40], o conceito foi inicialmente elaborado na década de 1950, nos Estados Unidos, em referência ao agrupamento dos sistemas agrícola, pecuário, industrial e mercantil, que teriam se formado na primeira metade do século XX. Para ele, atualmente, o complexo reúne também os sistemas financeiro, tecnológico e ideológico, produtor da propaganda[41].

37. D. Sánchez Rubio, "Sobre el Concepto de 'Historización' y una Crítica a la Visión sobre las (De)-generaciones de Derechos Humanos", em P. C. C. Borges, *Marcadores Sociais da Diferença e Repressão Penal*, p. 17.
38. B. de S. Santos, *Sociología Jurídica Crítica*, p. 82.
39. B. M. Fernandes, C. A. Welch e E. C. Gonçalves, *Land Governance in Brazil*, p. 37.
40. Idem, "A Reforma Agrária que o Governo Lula Fez e a que Pode Ser Feita", em E. Sader (org.), *10 Anos de Governos Pós-neoliberais no Brasil*, p. 191.
41. Outros conceitos de agronegócio existem na literatura científica e política. Fernandes, Welch e Gonçalves explicam, por exemplo, que "para as organizações do agronegócio e para o Ministério da Agricultura, o agronegócio é uma totalidade composta pelos sistemas agrícola, pecuário, industrial, mercantil, financeiro e tecnológico que contém

Mais do que uma classe social, o agronegócio é por nós entendido como uma dinâmica relacional de produção da vida, o que inclui, além dos agrupamentos em si (classes ou frações de classes), o conjunto das relações sociais estabelecidas pelos grupos para constituir seu modo próprio de existência. Nesse sentido, o agronegócio é composto por grupos sociais na materialidade de suas relações, proporcionando uma dinâmica concreta de ocupação do território baseada na monocultura, na concentração fundiária, na produção de *commodities*, na intensa exploração do trabalho e na degradação ambiental. Neste trabalho, discute-se uma das suas variadas formas sociais: o agronegócio canavieiro paulista, responsável pela produção da cana no estado de São Paulo e pela hegemonia política e cultural nesse território.

Em São Paulo, atualmente, a produção de cana não se encontra mais restrita às antigas regiões canavieiras do estado. A cana ocupou, segundo os dados do programa Canasat[42], gerenciado pelo Instituto Nacional de Pesquisas Espaciais (Inpe), mais de 5,5 milhões de hectares paulistas na safra de 2012, abrangendo quase todo o estado[43]. Segundo dados da União da Indústria da Cana-de-açúcar, disponibilizados pelo sistema ÚnicaData, em 2001, a área de cana plantada em São Paulo era de pouco mais de 2,5 milhões de hectares[44]. Entre 2001 e 2012, portanto, o crescimento territorial da cana-de-açúcar no estado foi de mais de 100%. De acordo com

---

todos os agricultores capitalistas e não capitalistas, grandes e pequenos, o agronegócio e o agronegocinho etc." (B. M. Fernandes, C. A. Welch e E. C. Gonçalves, *op. cit.*, p. 37).

42. O projeto Canasat consiste no trabalho de monitoramento do plantio e da colheita da cana-de-açúcar no estado de São Paulo por meio da análise de imagens de satélite. Ele é desenvolvido pelo Instituto Nacional de Pesquisas Espaciais (Inpe), por meio de sua Divisão de Sensoriamento Remoto (DSR) e pelo Laboratório de Sensoriamento Remoto aplicado à Agricultura e Floresta (LAF). O projeto conta, ainda, com apoio da Única, da Fundação de Amparo à Pesquisa do Estado de São Paulo (Fapesp), do Centro de Tecnologia Canavieira (CTC) e do Centro de Estudos Avançados em Economia Aplicada (Cepea-USP/Esalq).

43. *Site* do Inpe, Canasat. Disponível em: <http://www.dsr.inpe.br/laf/canasat>. Acesso em: 13 fev. 2013.

44. *Site* do sistema ÚnicaData, Única. Disponível em: <http://www.unicadata.com.br>. Acesso em: 13 fev. 2013.

o Levantamento Censitário das Unidades de Produção Agropecuária do Estado de São Paulo (Lupa), na safra 2007/2008, a cana-de-açúcar ocupou 81% da área total do estado plantada com culturas temporárias (de curta duração). Além disso, considerando a área ocupada com culturas temporárias, culturas perenes (de longa duração) e com pecuária, a área de cana nessa mesma safra correspondeu a 34% da área total do estado[45].

O mapa (ver Figura 5), extraído do sítio eletrônico do programa Canasat, demonstra que, atualmente, no estado de São Paulo, exceto pelas áreas próximas ao litoral, não há mais região que não esteja intensamente ocupada com cana-de-açúcar.

O estado de São Paulo tornou-se um imenso canavial. Segundo dados da Confederação Nacional da Agricultura (CNA), na safra de 2007 o Produto Interno Bruto (PIB) da cadeia da cana-de-açúcar foi de R$ 44,5 bilhões no Brasil. Em 2009, esse valor foi de R$ 65,8 bilhões[46]. O PIB da cana representou, em 2009, pouco mais de 2% do PIB brasileiro. Não há dúvida, assim, de que a produção da cana movimenta um volume financeiro gigantesco, inferior, no terreno da agropecuária, somente à bovinocultura, segundo informações da CNA. Quando se analisam os meios pelos quais essa pujança econômica é produzida, contudo, as preocupações envolvendo o conjunto de circunstâncias que permeia a produção da cana tornam-se evidentes.

No processo de ocupação do território, o agronegócio canavieiro realiza, graças às múltiplas relações que lhe constituem, uma (re)construção social da natureza[47]. Entender esse processo é fundamental para

---

45. São Paulo (Estado), Secretaria de Agricultura e Abastecimento, Coordenadoria de Assistência Técnica Integral, Instituto de Economia Aplicada, *Levantamento Censitário de Unidades de Produção Agrícolas do Estado de São Paulo – Lupa 2007/2008*.
46. CNA, *Análise do PIB das Cadeias Produtivas de Algodão, Cana-de-açúcar, Soja, Pecuária de Corte e de Leite no Brasil*.
47. A ideia de construção social da natureza será mais bem compreendida com o desenvolvimento, que faremos a seguir, do conceito de socialização da natureza. Queremos consignar desde já, contudo, que a apropriação da natureza pelos processos sociais implica sua efetiva construção social, ou, melhor dizendo, reconstrução social. Deixando isso evidente, Daniel Tanuro afirma: "A mudança climática nos confronta a essa constatação: a humanidade não produz mais somente sua própria existência social e seu

compreender as lutas ecossociais narradas como processos de oposição ao agronegócio canavieiro e a seu modo concreto de socialização da natureza.

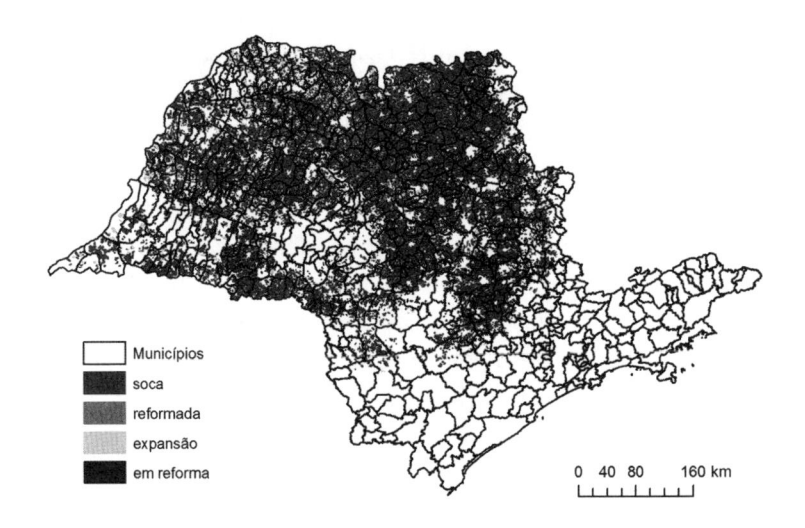

Figura 5. Mapa do cultivo da cana-de-açúcar no estado de São Paulo na safra 2012. Fonte: *site* do Inpe, Canasat.

Conforme explicam Silva e Martins, é preciso superar a visão da natureza como simples base biofísica para os processos de acumulação de riquezas e entender os processos ecológicos no âmbito dos processos de produção de valor[48]. A natureza, entendida não apenas como limite ou base das relações sociais, mas também em seu caráter estruturante e constitutivo do processo de produção da vida, permite compreender mais adequadamente a concretude das formas de ocupação do território.

> meio ambiente local, mas também seu meio ambiente global. Daqui em diante, nós temos a responsabilidade de definir não apenas a sociedade mas também a natureza que nós queremos – ou não – para nossos filhos" (D. Tanuro, *L'Impossible capitalisme vert*, pp. 16-17).
> 48. M. A. de M. Silva e R. C. Martins, "A Degradação Social do Trabalho e da Natureza no Contexto da Monocultura Canavieira Paulista", *Sociologias*, n. 24, 2010, p. 211.

Afirma Görg que a essência de uma sociedade é principalmente determinada pelo seu modo de socialização concreta da natureza, como forma pela qual a natureza é implicada no processo social no nível material/prático e linguístico/cultural. Dessa maneira, para o autor, é a incorporação material e cultural da natureza, pela dinâmica de relações sociais estabelecidas em determinada sociedade, que define a essência dessa sociedade[49]. Essa incorporação se dá permeada por elementos ambientais e por elementos sociais.

Uma característica importante da produção canavieira, estreitamente ligada ao grande volume financeiro que ela movimenta, é a intensa desigualdade social que resulta de seu modelo produtivo, gerador de renda e de concentração de renda como duas faces de um mesmo fenômeno social. Produz-se a riqueza e, no mesmo passo, reproduz-se a pobreza.

Conforme explica Elisabete Maniglia, as grandes monoculturas, rol que abarca a produção da cana-de-açúcar, "empurram o trabalhador para uma vida miserável, destroem seus direitos sociais e desnutrem as populações locais", contribuindo para a "atual dispersão social do meio agrário"[50].

Pedro Ramos explica que a ocupação do território paulista pela agricultura canavieira teve caráter itinerante e predatório, assentando sua base numa estrutura fundiária concentrada, que caracterizou a formação do setor e condicionou historicamente a formação do proletariado canavieiro com baixos níveis salariais. Segundo o autor, a expansão da produção canavieira teve como contrapartida a expropriação e expulsão dos trabalhadores da terra, potencializando uma acumulação vigorosa de capitais em virtude do baixo custo de reprodução da força de trabalho[51].

Desse modo, áreas anteriormente ocupadas com agricultura familiar passaram a ser, com a expansão da cana-de-açúcar, imensas monoculturas, privando os trabalhadores rurais de seu antigo sustento e gerando um

---

49. C. Görg, "Constellations dialectiques, contribution à une théorie critique des rapports sociaux à la nature", em M. Löwy e U. Brand, *Globalisation et crise écologique*, pp. 134-135.
50. E. Maniglia, "Atendimento da Função Social pelo Imóvel Rural", em L. Barroso, A. G. Miranda e M. L. Q. Soares, *O Direito Agrário na Constituição*, p. 39.
51. Cf. P. Ramos, *Agroindústria Canavieira e Propriedade Fundiária no Brasil*.

grave desequilíbrio social. Esse fenômeno, recorrente na expansão canavieira, continua presente no avanço territorial da cana-de-açúcar vivido nos últimos anos. Nesse sentido, Silva e Martins[52] revelam, com base em dados do Instituto de Economia Agrícola (IEA), que, em regiões onde ocorreu o aumento de área de cana em 2006, houve diminuição significativa da área de outros 32 produtos, muitos característicos da agricultura familiar, entre os quais "arroz (-10%), feijão (-13%), milho (-11%), batata (-14%), mandioca (-3%), algodão (-40%), tomate (-12%), sem contar a redução de mais de um milhão de bovinos e a queda da produção de leite"[53]. Em vista disso, as regiões canavieiras são caracterizadas por elevados índices de homogeneização territorial, vinculados à baixa diversidade produtiva, no comparativo com outras áreas onde predomina a agricultura familiar[54].

O avanço da cana traz como consequência, ainda, a ampliação da concentração fundiária, restringindo o acesso à terra, importante fonte de trabalho e renda. Segundo dados do Censo Agropecuário de 2006[55], entre 1985 e 2006, foi possível observar no estado de São Paulo o aumento da concentração fundiária, medida pelo Índice de Gini, que atingiu o valor de 0,804 no ano de 2006. É importante não esquecer, ainda, que a produção agrícola da cana-de-açúcar se baseia em procedimentos de intensa exploração do trabalhador rural. Essa intensa exploração, a despeito da incorporação de instrumentos técnicos e tecnológicos como a

---

52. M. A. de M. Silva e R. C. Martins, *op. cit.*, p. 203.
53. No mesmo sentido, dados de Aguiar *et al.* apontam que, entre as safras 2007/2008 e 2008/2009, a expansão da agricultura canavieira se deu sobre as seguintes categorias de uso da terra: 692 381 ha de pasto, 573 258 ha de agricultura, 28 916 ha de cítrus e 4 230 hectares de florestas e áreas com reflorestamento (D. A. de Aguiar *et al.*, "Avaliação da Conversão do Uso e Ocupação do Solo para Cana-de-açúcar Utilizando Imagens de Sensoriamento Remoto", em *Simpósio Brasileiro de Sensoriamento Remoto*.
54. J. G. de Souza, "A Questão Ambiental na Reforma Agrária: Os Assentamentos como Territórios Protetores e Produtores de Água", em J. R. P. de Andrade Júnior, F. C. Severi e A. P. S. da Silva, *O Agrário e o Ambiental no Século XXI: Estudos e Reflexões sobre a Reforma Agrária*, p. 35.
55. C. G. de França, M. E. Del Grossi e V. P. M. de A. Marques, *O Censo Agropecuário 2006 e a Agricultura Familiar no Brasil*, p. 81.

automatização e a mecanização, tem-se mantido a tônica vigente na dinâmica agrícola da cana.

Afirmam Scopinho e colaboradores que o uso da colheita mecânica, embora contribua para diminuir as cargas laborais dos tipos físico, químico e mecânico impostas aos trabalhadores canavieiros, acentua a presença daquelas de tipo psíquico e fisiológico, resultando num perfil de adoecimento dos operadores de colheitadeiras semelhante àquele do cortador manual da cana-de-açúcar. Concluem os autores, em vista disso, que a mecanização não melhorou substancialmente as condições de vida dos assalariados rurais canavieiros[56].

Além disso, é preciso enfatizar, conforme faz a socióloga Maria Aparecida de Moraes Silva, que, na agricultura canavieira, "o trabalho manual não desapareceu", tendo sido somente "ocultado pelos discursos estatal, patronal, dos meios de comunicação e até mesmo de certos sindicalistas", a serviço da ideologia segundo a qual "nos canaviais paulistas o trabalho é executado tão somente por máquinas"[57]. Continua presente, portanto, na realidade do agronegócio canavieiro paulista, o mesmo padrão de exploração do trabalhador rural amplamente caracterizado pela literatura científica[58].

56. R. A. Scopinho *et al*., "Novas Tecnologias e Saúde do Trabalhador: A Mecanização do Corte da Cana-de-açúcar", *Cadernos de Saúde Pública*, vol. 15, n. 1, 1999, pp. 147-160.
57. M. A. de M. Silva, "O Trabalho Oculto nos Canaviais Paulistas", *Perspectivas*, vol. 39, 2011, p. 31.
58. Nesse sentido, ver: N. P. Alessi e V. L. Navarro, "Saúde e Trabalho Rural: O Caso dos Trabalhadores da Cultura Canavieira na Região de Ribeirão Preto", *Caderno Saúde Pública*, vol. 13, n. 2, 1997; F. J. da C. Alves, "Por Que Morrem os Cortadores de Cana?", *Saúde e Sociedade*, vol. 15, n. 3, 2006; J. R. P. Novaes, "Campeões de Produtividade: Dores e Febres nos Canaviais Paulistas", *Estudos Avançados*, vol. 15, n. 59, 2007; E. A. de S. Lourenço, "Degradação do Trabalho e Agravos à Saúde dos Trabalhadores no Setor Agroindustrial Canavieiro", *Revista Pegada*, vol. 13, n. 2, 2012; E. A. de S. Lourenço e I. F. Bertani, "Degradação da Saúde: Determinantes Sociais para a Saúde dos Trabalhadores da Agroindústria Canavieira", em R. S. Sant'Ana *et al*. (orgs.), *Avesso do Trabalho II: Trabalho, Precarização e Saúde do Trabalhador*; R. S. Sant'Ana e O. A. do Carmo, "As Condições de Trabalho no Setor Sucroalcooleiro", em R. S. Sant'Ana *et al*. (orgs.), *op. cit.*; R. S. Sant'Ana e G. C. Delgado, "Expansão do Setor Sucroalcooleiro e Condições de Trabalho e Emprego no Período 2000/2006", em

Além desses múltiplos e graves problemas sociais, o contexto da produção da cana é conformado, também, pela elevada degradação ambiental. A exploração desenfreada da natureza é uma realidade no território canavieiro. Um dos principais retratos da degradação ambiental que caracterizam a perversa socialização da natureza promovida pelo agronegócio canavieiro está nos baixos índices de cobertura florestal típicos das zonas de plantio da cana, em virtude dos desmatamentos realizados há décadas, dos desmatamentos que prosseguem sendo feitos e da intensa ocupação dessas áreas com a produção da cana. É comum, nas regiões canavieiras, que se plante em áreas que deveriam ser protegidas, como as áreas de preservação permanente (APP) e as reservas legais (RL).

Szmrecsányi e Gonçalves afirmam, nesse sentido, que a expansão da lavoura canavieira foi responsável pela "degradação e quase extinção da vegetação nativa", desrespeitando completamente a exigência de proteção da reserva legal (RL) e avançando sobre áreas de preservação permanente (APP)[59]. Aguiar e colaboradores confirmam que a expansão canavieira continua ocorrendo à base de desflorestamento. Segundo os autores, entre as safras 2007/2008 e 2008/2009, a expansão canavieira em São Paulo foi responsável pelo desmatamento de 4 230 hectares de floresta e áreas com reflorestamento[60].

Dados do Instituto Florestal, de 2001, relatam a presença de vegetação florestal, em relação à cobertura natural do estado, somente em 7,2% da região de Ribeirão Preto (SP), em 6% da região de Campinas (SP) e 3,3% da região de São José do Rio Preto (SP), todas intensamente ocupadas com cana-de-açúcar[61]. No mesmo sentido, dados do Levantamento Censitário

---

R. S. Sant'Ana, E. A. de S. Lourenço e O. A. do Carmo, *Questão Agrária e Saúde do Trabalhador: Desafios para o Século XXI*.
59. T. Szmrecsányi e D. B. Gonçalves, "Efeitos Socioeconômicos e Ambientais da Expansão da Lavoura Canavieira no Brasil", em *International Congress of the Latin American Studies Association*, p. 10.
60. D. A. de Aguiar *et al.*, *op. cit.*, vol. 14.
61. São Paulo (Estado), Instituto Florestal, *Quantificação da Vegetação Natural Remanescente para as Diferentes Regiões Administrativas do Estado de São Paulo*.

das Unidades de Produção Agropecuária no Estado de São Paulo (Lupa)[62] revelam que a cobertura de vegetação natural em 2007/2008 era, na região canavieira de Barretos (SP), de 5,8%; na de Orlândia (SP), de 6,2%; em Piracicaba (SP), de 7,4%; e em São José do Rio Preto (SP), de 4,9%[63].

Esses níveis de cobertura florestal estão abaixo do que Jean Paul Metzger aponta como um "limite mínimo de cobertura nativa que uma paisagem intensamente utilizada pelo homem deveria ter, permitindo conciliar uso econômico e conservação biológica", a fim de manter a capacidade de reprodução da biodiversidade. Segundo Metzger, esse limite mínimo (limiar) de cobertura florestal de uma paisagem, de modo que assegure a reprodução da biodiversidade, é de 30%[64].

Soma-se à insuficiente proteção florestal, ainda, o uso sistemático e intensivo de agrotóxicos como outra das degradantes práticas agrícolas canavieiras. Segundo dados de 2009 da Anvisa, o Brasil é responsável por 19% do mercado global de agrotóxicos, tendo vivido um crescimento nacional de 190% nos últimos dez anos[65]. Segundo Bombardi, o estado de São Paulo ocupou, em 2009, o segundo lugar em venda de agrotóxicos no Brasil, com 14,5% do total, respondendo a cultura canavieira por 8,2% do total de agrotóxicos consumidos no país. Afirma a autora, ainda, que a comparação dos mapas de ocupação agrícola canavieira com os mapas de utilização de agrotóxico "revela – de maneira cabal – a sobreposição das

---

62. São Paulo (Estado), Secretaria de Agricultura e Abastecimento, Coordenadoria de Assistência Técnica Integral, Instituto de Economia Aplicada, *Levantamento Censitário de Unidades de Produção Agrícolas do Estado de São Paulo – Lupa 2007/2008*.
63. Conforme explicam Farinaci e Batistella, entre a pesquisa do Instituto Florestal e do Lupa há importantes diferenças de metodologia e abrangência temporal. Em termos metodológicos, a principal diferença entre as fontes reside na utilização de declaração de dados pelo produtor rural em entrevistas com questionários semiestruturados, no caso do Lupa, e na utilização de interpretação visual de imagens orbitais e fotos aéreas, no caso do Instituto Florestal (J. S. Farinaci e M. Batistella, "Variação na Cobertura Vegetal Nativa em São Paulo: Um Panorama do Conhecimento Atual", *Revista Árvore*, vol. 36, n. 4, 2012).
64. J. P. Metzger, "O Código Florestal Tem Base Científica?", *Natureza & Conservação*, vol. 8, n. 1, 2010.
65. V. Pelaez, *Mercado e Regulação de Agrotóxicos*.

áreas em que predomina a cana, com aquelas em que mais se utiliza agrotóxicos no estado"[66].

Fica claro, desse modo, que a utilização massiva de agrotóxicos é uma constante realidade da agricultura da cana-de-açúcar. Essa utilização é feita por meio de pulverização aérea, causando intensa degradação de cursos d'água, do solo e de outros corpos presentes nas regiões canavieiras, entre os quais aqueles dos próprios trabalhadores rurais.

Além dessas, outras práticas degradantes são utilizadas pela agricultura da cana, como a aplicação do vinhoto como fertilizante, que gera poluição dos cursos d'água e dos lençóis freáticos, além da salinização dos solos[67].

O agronegócio canavieiro, considerado dinâmica social concreta, subordinada aos interesses do empresariado sucroenergético, tem seu modo próprio de socialização da natureza materializado pelas relações que o empresariado estabelece com os outros grupos sociais das regiões canavieiras, no processo de produção da vida. Esse modo próprio de socialização da natureza pelo agronegócio é constituído por inúmeras práticas socioambientalmente degradantes, que determinam, assim, a essência do agronegócio canavieiro como dinâmica social concreta.

Esse é um breve panorama do contexto de produção da vida no território do agronegócio canavieiro: elevada riqueza, significativa desigualdade social, concentração de terra e renda, intensa exploração do trabalhador rural, avanço sobre áreas de agricultura familiar, frágil proteção florestal, desmatamentos, ocupação irregular de APP e RL, uso intensivo de agrotóxicos e adoção de práticas agrícolas ambientalmente degradantes, como a queima da cana-de-açúcar.

A queima da cana é responsável pela emissão massiva de inúmeros poluentes para a atmosfera, o que gera o agravamento das condições respiratórias nas regiões canavieiras e inúmeros prejuízos de saúde

66. L. M. Bombardi, "Agrotóxicos e Agronegócio: Arcaico e Moderno se Fundem no Campo Brasileiro", em T. Merlino e M. L. Mendonça, *Direitos Humanos no Brasil – 2012*.

67. Cf. T. Szmrecsányi, "Tecnologia e Degradação Ambiental: O Caso da Agroindústria Canavieira no Estado de São Paulo", *Informações Econômicas*, vol. 24, n. 10, 1994; T. Szmrecsányi e D. B. Gonçalves, *op. cit.*; J. G. de Souza, *op. cit.*

pública para os trabalhadores rurais e para as comunidades do território paulista. Presente, até hoje, na realidade do setor canavieiro em São Paulo, a queima origina-se de uma opção produtiva de um empresariado exclusivamente interessado em ampliar seus lucros e diminuir seus custos de produção, à custa da poluição ambiental e da deterioração da qualidade de vida regional.

Conforme explica François Houtart, é próprio da racionalidade capitalista a geração de externalidades, como fatores que não compõem os custos de produção e são constituídos, geralmente, por danos sociais e ambientais[68]. Acselrad afirma, nesse mesmo sentido, que o capital opera em seu benefício os espaços comuns de não mercado, utilizando a água, o ar e os sistemas vivos como equipamentos técnicos desvalorizados. Segundo o autor, o capital impõe, assim, às populações, o consumo forçado de "produtos materiais não vendáveis", por exemplo, por meio de emissões gasosas na atmosfera[69].

A opção produtiva do empresariado canavieiro pela queima da cana-de-açúcar, numa clara utilização venenosa da atmosfera local, com a geração de graves externalidades negativas, sociais e ambientais, impõe à população o "consumo forçado" de gases tóxicos, sendo uma consequência do processo de produção agrícola da cana, por meio da qual o capital polui, em seu benefício, a atmosfera regional. A queima é uma prática agrícola estruturante do modo de socialização da natureza materializado pelo agronegócio canavieiro, e sua concretude e racionalidade encontram substrato direto na concretude e racionalidade do próprio agronegócio.

Enfrentar a queima da cana é, desse modo, confrontar a racionalidade da socialização da natureza pelo capital, que fundamenta todas as outras escolhas produtivas do empresariado canavieiro. Mais do que uma simples prática agrícola, a queima da cana é a materialização de uma proposta de exploração da natureza e dos seres humanos para maximização dos lucros,

---

68. F. Houtart, *L'Agroénergie*.
69. H. Acselrad, "Reforma Agrária, Meio Ambiente e Política", em J. R. P. de Andrade Júnior, F. C. Severi e A. P. S. da Silva, *O Agrário e o Ambiental no Século XXI: Estudos e Reflexões sobre a Reforma Agrária*, p. 13.

com a geração desmedida de externalidades e com a apropriação dos espaços de não mercado pelo agronegócio. Essa proposta, expressa na globalidade do sistema de produção canavieiro, encontra guarida também nas escolhas produtivas singulares do empresariado, componentes cuja inter-relação permite a constituição da totalidade que é o agronegócio.

Opor-se à queima da cana é, assim, ir contra o modo de socialização da natureza do agronegócio canavieiro, em sua dinâmica concreta de produção da vida. Por isso, a luta ecossocial contra a queima da cana é uma luta contra o agronegócio canavieiro e contra seu modo de socialização da natureza.

A construção social da natureza operada sob a hegemonia do empresariado canavieiro é, assim, a construção de uma natureza debilitada, materializada mediante inúmeras formas de degradação ambiental. Além da violenta degradação ambiental, a construção social da natureza pelo agronegócio canavieiro possui na intensa exploração dos trabalhadores e nos prejuízos à saúde pública das comunidades regionais seus outros eixos estruturantes. Conforme explicam Silva e Martins, "o contexto de uso intensivo dos recursos naturais pela moderna agricultura paulista apenas pode ser compreendido, em seu sentido concreto, quando relacionado com a dinâmica das relações de trabalho no campo"[70]. A dinâmica das relações de trabalho no campo compõe, assim, a realidade de socialização da natureza nas regiões canavieiras.

A produção da vida, portanto, no território canavieiro, tem como fundamentos a exploração social e a espoliação das comunidades regionais, forjando por meio disso a construção de uma natureza debilitada em virtude da intensa degradação socioambiental imposta. Tudo isso tendo como base, no processo de produção do valor, a busca incessante e insensata dos lucros e do aumento dos rendimentos econômicos. A adoção da queima da cana e todos os outros atentados à natureza e à sociedade descritos, longe de serem resquícios de relações arcaicas ou resíduos de práticas autoritárias que escapariam ao atual nível de racionalização capitalista, são, na realidade, intrínsecos à ordenação socioambiental do agronegócio,

70. M. A. de M. Silva e R. C. Martins, *op. cit.*, pp. 211-212.

sendo essas modalidades de estruturação do trabalho social e da natureza parte indissociável do processo de produção capitalista[71].

Desse modo, o território canavieiro paulista cristaliza, em si e na estrutura de relações sociais que o configura, a realidade atual de uma socialização perversa da natureza. Esse território retrata uma dinâmica de ocupação social homogeneizada agricolamente por um mar de cana/ deserto verde, e socialmente caracterizada pela imensa desigualdade social vinculada a essa hegemonia, presente no campo e na cidade. Nesse contexto, o enfrentamento da queima da cana esteve, durante seu desenvolvimento, permeado por uma série de outras lutas travadas contra outros aspectos da socialização perversa da natureza pelo agronegócio canavieiro. Entre as outras batalhas dessa guerra, é possível mencionar a luta pelo reflorestamento de APP e RL; as lutas por melhores condições de trabalho no corte da cana; as lutas pela eliminação do trabalho infantil dos canaviais; e inúmeras outras, empreendidas intensamente nas regiões canavieiras ao menos desde a década de 1980.

Considerar tais enfrentamentos na totalidade de suas convergências e conexões permite o entendimento dessas lutas como portadoras de uma perspectiva global de oposição ao modo de produção da vida do agronegócio canavieiro. O agronegócio, como a síntese mais bem-acabada do capitalismo agrário, encontra-se estruturalmente forjado sobre a degradação ambiental e social, conforme demonstram os abundantes dados anteriormente apresentados. Esse modo de produção agrícola gera o que Karl Marx chamou, no fim do século XIX, ao comentar a dinâmica da agricultura comercial da época, de perturbação do "metabolismo entre homem e terra", vinculada ao "retorno dos componentes da terra consumidos pelo homem [...] à terra", como "eterna condição natural de fertilidade permanente do solo"[72]. Segundo o alemão:

> E cada progresso da agricultura capitalista não é só um progresso na arte de saquear o trabalhador, mas ao mesmo tempo na arte de saquear o solo, pois cada

71. *Idem, ibidem*, p. 235.
72. K. Marx, *O Capital*, p. 132.

progresso no aumento da fertilidade por certo período é simultaneamente um progresso na ruína das fontes permanentes dessa fertilidade. [...] Por isso, a produção capitalista só desenvolve a técnica e a combinação do processo de produção social ao minar simultaneamente as fontes de toda a riqueza: a terra e o trabalhador[73].

Os progressos do agronegócio canavieiro são, também, progressos "na arte de saquear o trabalhador" e "na arte de saquear o solo", como a queima da cana e a adoção da mecanização da colheita canavieira. Nesse sentido, minam "simultaneamente as fontes de toda a riqueza: a terra e o trabalhador". O conceito marxiano de perturbação do "metabolismo entre homem e terra"[74], ressignificado por Michael Löwy como "ruptura no sistema de trocas materiais [...] entre as sociedades humanas e o meio ambiente, em contradição com 'as leis naturais da vida'"[75], é extremamente útil e atual para pensar o agronegócio canavieiro e sua dinâmica concreta de socialização da natureza.

73. *Idem, ibidem*, p. 133.
74. Esse conceito marxiano é amplamente trabalhado na literatura materialista-dialética sobre a temática ambiental. Entre os autores que trabalham o tema, destacamos: D. Tanuro, "Marxisme, énergie et écologie: l'heure de vérité", em V. Gay, *Pistes pour un anticapitalisme vert*; idem, *L'Impossible capitalisme vert*; J. B. Foster, *Marx écologiste*; F. Chesnais, "Écologie, luttes sociales et projet révolutionnaire pour le 21ᵉ siècle", em V. Gay, *Pistes pour un anticapitalisme vert*; M. Löwy, "Progrès destructif: Marx, Engels et l'écologie", em M. Löwy e J.-M. Harribey, *Capital contre nature*; idem, *Ecologia e Socialismo*. Sobre o pensamento de Marx em relação à temática ambiental, Foster (*op. cit.*, p. 86) afirma que sua principal contribuição foi metodológica, por analisar a natureza não como exterioridade, mas nas formas de sua apropriação pela dinâmica societária, e nos limites naturais impostos aos modelos de sociedade. Michael Löwy destaca que, embora os temas ecológicos não sejam centrais na obra marxiana, e seu tratamento seja dotado de grande ambivalência, "a crítica do capitalismo de Marx e Engels é o fundamento indispensável de uma perspectiva ecológica radical" (M. Löwy, *Ecologia e Socialismo*, pp. 19-20). Ted Benton, em reflexão aproximada, afirma que "o marxismo tem ainda muito a trazer e o que ele tem a trazer lhe é único" (T. Benton, "Marxisme et limites naturelles: critique et reconstruction écologiques", em M. Löwy e J.-M. Harribey, *Capital contre nature*, p. 24). Nessa perspectiva cremos, também, que haja na literatura marxiana e marxista importantes contribuições para pensar a temática ambiental.
75. M. Löwy, *Ecologia e Socialismo*, p. 28; e *idem, Écosocialisme*, p. 88.

Tal como observado por Marx nas práticas agrícolas do século XIX, ainda hoje a socialização da natureza se dá por meio de ações que rompem o metabolismo socioambiental, inviabilizando a capacidade de recarga dos agroecossistemas e, numa perspectiva mais ampla, inviabilizando a própria capacidade de recarga da biosfera.

Gliessman explica que uma produção agrícola sustentável é aquela "capaz de perpetuamente colher biomassa de um sistema, porque sua capacidade de se renovar ou ser renovado não é comprometida". Acrescenta, também, que um agroecossistema sustentável é o que mantém a base de recursos da qual depende, conta com um uso mínimo dos recursos vindos de fora do sistema de produção agrícola, maneja pragas e doenças por mecanismos regulares internos e é capaz de se recuperar de perturbações causadas pelo manejo e pela colheita. No caso da agricultura canavieira, temos uma dinâmica produtiva claramente insustentável, descumpridora da integralidade dos parâmetros apontados por Gliessman para pensar a sustentabilidade da produção agrícola e geradora do que Marx chamou de quebra do "metabolismo entre homem e terra"[76].

Contra essa dinâmica de socialização da natureza, os diversos sujeitos políticos envoltos nas lutas ecossociais analisadas insurgiram-se, manifestando sua oposição ao modo de produção da vida do agronegócio canavieiro. Foram lutas, portanto, contra o agronegócio e contra seu modo de socialização da natureza.

---

76. S. R. Gliessman, *Agroecologia*, pp. 52 e 565.

CAPÍTULO 2

# Sujeitos Políticos, Alianças e Enfrentamentos

EMBASADOS NA VISÃO PANORÂMICA da totalidade do processo histórico de lutas contra a queima da cana-de-açúcar no estado de São Paulo, faremos agora uma análise mais profunda das diversas alianças e enfrentamentos que configuraram as ações e relações dos múltiplos sujeitos políticos envolvidos nesse processo histórico, fundamentando a sintética narrativa anteriormente apresentada com o conjunto de referências bibliográficas que subsidiou a formação de nossa interpretação dos fatos descritos. É momento, assim, de discorrer sobre os sujeitos, alianças e enfrentamentos que caracterizam as lutas contra a queima da cana.

Objetivando tornar a análise mais consistente e compreensível, optamos por organizar o material a ser apresentado em torno de cada um dos principais sujeitos políticos e suas ações e relações no processo de disputas. Ao falar de cada sujeito político, contudo, falamos necessariamente dos demais, pois cada sujeito está forjado no conjunto das relações que estabelece com os outros sujeitos. Desse modo, o conjunto das informações referentes a um sujeito político específico não será encontrado em apenas um tópico, mas na totalidade deles. Ainda assim, essa forma de organização do material nos pareceu mais coerente, a despeito de suas deficiências e incompletudes. Tentaremos, na medida do possível, fornecer subsídios interpretativos das motivações de ação de cada sujeito, caracterizando ao mesmo tempo a materialidade relacional de seus posicionamentos.

Focaremos, em primeiro lugar, o empresariado canavieiro, sujeito político mais importante para se compreender no sentido de entender o processo de lutas contra a queima. Posteriormente, discorreremos sobre a formação de uma importante aliança contra a queima da cana na região de Ribeirão Preto (SP), composta por MP-SP, movimento ambientalista, comunidade científica e movimento sindical dos trabalhadores rurais. Abordaremos mais detalhadamente algumas relações do movimento ambientalista no processo de disputas. Em "Ministério Público de São Paulo: Articulações, Ações e Disputas Internas", discorreremos sobre o MP-SP, importante sujeito político articulador do enfrentamento contra o empresariado canavieiro. Será discutida a disputa na formação da convicção científica sobre a queima da cana, mencionando os enfrentamentos travados no seio da comunidade científica. Falaremos sobre o movimento sindical dos trabalhadores rurais. Em seguida serão caracterizadas as disputas e alianças realizadas em face do Legislativo e do Executivo paulistas. Discorreremos sobre a judicialização das lutas contra a queima e sobre o posicionamento do Judiciário diante dessa demanda e, adiante, discutiremos as leis municipais relacionadas à queima. Nos tópicos seguintes, falaremos das agências ambientais e polícia florestal, da mídia e do Ministério Público Federal. Cercados analiticamente estarão, assim, os principais sujeitos das lutas. Por fim, analisaremos a reorganização social promovida por esse conjunto de enfrentamentos e composições, abordando as relações engendradas em múltiplas esferas relacionais pelos sujeitos político-jurídicos em ação.

## O EMPRESARIADO CANAVIEIRO: AÇÕES E MOTIVAÇÕES

Explica Pedro Ramos que, durante toda a história da cana-de-açúcar no Brasil, o usineiro sempre foi, além de poderoso industrial, grande proprietário de terras, garantindo o domínio da totalidade do processo produtivo da cana-de-açúcar por meio do controle da propriedade fundiária[1]. Ele caracterizou-se historicamente por pensar e agir como dono de terras, retirando da concentração fundiária e do poder econômico as bases que sustentam seu poder político e social[2].

[1]. P. Ramos, *Agroindústria Canavieira e Propriedade Fundiária no Brasil*, pp. 15-21.
[2]. D. B. Gonçalves, *A Regulamentação das Queimadas e as Mudanças nos Canaviais Paulistas*, pp. 2-3.

Chama-se "integração vertical" essa dinâmica produtiva característica do setor em nosso país, pela qual as produções agrícolas da matéria-prima (cana) e industrial dos bens finais (açúcar e agrocombustível) estão predominantemente subordinadas a um mesmo proprietário, verticalizando a produção agrícola em relação à industrial[3]. A "integração vertical" é, ainda hoje, uma característica central do setor canavieiro no Brasil, no qual os industriais garantem a subordinação da produção agrícola tanto pela titularidade direta do domínio (propriedade do imóvel) quanto pelo controle do processo produtivo por meio de arrendamentos e outros expedientes contratuais. Minoritária é nesse setor, portanto, a existência de fornecedores independentes, desvinculados de atribuições industriais e responsáveis somente pela etapa agrícola da produção[4]. Por essa razão, e pela baixa significância da diferenciação entre industriais e produtores agrícolas para as reflexões ora empreendidas sobre a luta pela proibição da queima da cana, trataremos por "empresários canavieiros" o conjunto das frações de classe do capital vinculadas à produção agrícola e à industrialização da cana-de-açúcar.

São os "empresários canavieiros" (aí incluídas as diversas frações de classe do capital envolvidas com a produção agrícola e com a industrialização da cana) os sujeitos políticos principais a analisar quando se almeja refletir sobre a queima da cana-de-açúcar. São eles que estão no centro da problemática quando se discutem os múltiplos aspectos dessa degradante prática agrícola.

3. Cf. J. G. Baccarin, J. J. Gebara e C. O. Factore, "Concentração e Integração Vertical do Setor Sucroalcooleiro no Centro-Sul do Brasil, entre 2000 e 2007", *Informações Econômicas*, vol. 39, n. 3, 2009; e P. Ramos, *op. cit.*

4. Segundo pesquisa realizada pela Companhia Nacional de Abastecimento (Conab) por meio de entrevistas diretas em 343 agroindústrias sucroalcooleiras, na safra 2007/2008, de um total de 424,3 milhões de toneladas de cana moídas em unidades da região Centro-Sul, 65,4% se originariam de cana-de-açúcar da própria unidade e somente 34,6% viriam de fornecedores. Em outra fonte de informação, os mesmos autores confirmam essa realidade: entre os projetos de investimentos sucroalcooleiros aprovados ou em tramitação no BNDES em julho de 2008, a área adicional de plantio canavieiro viria, em 66,8%, de plantio próprio das agroindústrias, e em apenas 33,2%, de fornecedores (J. G. Baccarin, J. J. Gebara e C. O. Factore, p. 25).

Em vista disso, iniciaremos a exposição detalhada sobre os sujeitos, as alianças e os enfrentamentos das lutas pela proibição da queima abordando o principal sujeito da disputa, a fim de entender suas razões, suas ações e suas finalidades. O objetivo deste tópico é analisar as principais ações do empresariado canavieiro contra os opositores da queima, associando as decisões tomadas por esse grupo ao ambiente sociopolítico em que isso foi feito, com o propósito de entender as adoções e mudanças de posturas. Para isso, será realizada constante menção a práticas tradicionalmente consideradas como políticas, jurídicas, econômicas, técnico-produtivas e outras, dos diversos sujeitos em disputa. É justamente a totalidade dessas práticas que permite entender as posições do empresariado canavieiro.

Analisaremos no primeiro tópico deste item a adoção da queima da cana pelo empresariado, explicando as razões da existência dessa prática agrícola e diferenciando-a da mecanização da colheita. Ainda nesse tópico, discorreremos sobre o posicionamento do empresariado canavieiro durante o primeiro período das lutas contra a queima. Posteriormente, no segundo tópico, será caracterizada a mudança de estratégia do empresariado no segundo período de lutas, em que se consolidou a perspectiva de eliminação gradativa da queima. Discutiremos, no tópico final, as ações desse sujeito no terceiro período de lutas, marcado pela associação entre a imagem do setor canavieiro e a imagem de proteção ambiental.

*Donos da terra, donos do mundo: a adoção e a defesa da queima*

Nem sempre se queimou a palha da cana-de-açúcar no estado de São Paulo. Ao contrário, sua adoção é relativamente recente, datando da década de 1960[5]. Se a ocupação canavieira no estado é secular, a queima

---

5. O primeiro trabalho científico publicado no Brasil sobre a queima da cana é de O. Valsechi, *A Queima da Cana-de-açúcar e Suas Consequências*. Nesse texto, o autor afirma que o primeiro registro sobre a utilização da queima prévia da cana no mundo vem do Havaí, em 1919, onde, em trabalho apresentado por Baldwin no *Hawaiian Sugar Planter Association*, afirmava-se que a maioria dos canaviais da ilha seria queimada antes da colheita, para aumentar o rendimento do corte. No Brasil, o primeiro registro de queima data de 1943, no qual Caminha Filho teria relatado que na Usina Santa Elisa, na

da cana não o é: tem pouco mais de cinquenta anos de existência, tendo sido a colheita realizada sem queima nas décadas e séculos anteriores.

A queima da cana foi adotada durante um período de intensa expansão produtiva da agricultura canavieira no estado, no qual os empresários canavieiros buscavam alternativas que possibilitassem aumentar a produtividade da colheita sem aumentar os custos de produção. Com a queima da cana e o aumento de produtividade decorrente, os empresários canavieiros puderam diminuir o número de trabalhadores contratados por hectare no período da safra para colheita, ao mesmo tempo que puderam diminuir o valor pago por cada hectare cortado. É essa a motivação central da adoção da queima da cana no estado: diminuição de custos de produção. A adoção dessa técnica foi facilitada no período pelo desenvolvimento de sistemas mecanizados de carregamento da cana colhida até os caminhões, o que anteriormente era feito com o uso da própria palha[6].

Sob a lógica da microrracionalidade capitalista, tratou-se de uma escolha bastante proveitosa para o empresariado canavieiro, que diminuiu custos por causa de fatores externalizados: poluição ambiental e danos à saúde pública. Entender como e por que o empresariado canavieiro fez essa opção produtiva reducionista e autocentrada demanda entender um pouco mais sobre esse grupo de donos de terras.

No estado de São Paulo, as grandes propriedades canavieiras foram formadas durante o século XVIII, tendo sido a cana a primeira cultura agrícola explorada comercialmente no estado. Em meados do século XIX, ela perdeu espaço para o café, voltando a ser a cultura predominante no fim desse mesmo século. A base do processo de ocupação territorial no estado foi a monopolização de terras produtivas para a formação de grandes

---

Bahia, os talhões de cana seriam queimados antes da colheita. Ele cita, ainda, regulamentação do IAA, de 1945, que estabelece porcentagens de desconto no valor da cana acidentalmente queimada, no caso de acidente por culpa do fornecedor. Valsechi (*op. cit.*) conclui o texto afirmando que, em 1950, a prática da queima prévia da cana encontrava-se disseminada em alguns países canavieiros, sendo utilizada em regiões onde a mão de obra era mais cara.

6. D. B. Gonçalves, *Mar de Cana, Deserto Verde? Os Dilemas do Desenvolvimento Sustentável na Produção Canavieira Paulista*, pp. 99-100.

latifúndios de monoculturas, de ocupação extensiva, itinerante e predatória, segundo uma lógica de concentração fundiária que condicionou historicamente a formação do proletariado canavieiro e os baixos níveis salariais desse proletariado, uma vez que a contrapartida da expansão agrícola foi a expropriação e expulsão dos trabalhadores da terra[7].

Durante todo esse processo de expansão, segundo Pedro Ramos, o Estado desempenhou um papel destacado na criação de condições econômico-políticas e na administração dos conflitos surgidos, em benefício dos empresários canavieiros, sendo a intervenção estatal na atividade canavieira essencial para a consolidação econômica do setor[8]. Dois fatos são marcos importantes dessa intervenção estatal: a criação, na década de 1930, do Instituto do Açúcar e do Álcool (IAA), pelo qual o Executivo federal passou a administrar diretamente os preços do açúcar no mercado interno e a limitar a produção mediante a concessão de cotas obrigatórias; e a elaboração, na década de 1970, do Programa Nacional do Álcool (Proálcool), uma política de desenvolvimento de agrocombustíveis por meio da qual projetos agroindustriais privados eram financiados com recursos públicos a custos financeiros altamente subsidiados.

Esses fatores evidenciam a construção histórica do empresariado canavieiro num ambiente de grande proximidade com os núcleos de decisão política, de mercados protegidos pela ação estatal, de desestímulo a melhorias técnicas e de lucratividade garantida pela fixação antecipada de preços e vendas[9].

A supremacia do empresariado canavieiro no estado de São Paulo é clara e a presença dessa cultura agrícola na região é secular, tendo sua

7. Cf. P. Ramos, *op. cit.*
8. *Idem, ibidem*, pp. 15-21.
9. Um exemplo importante do desestímulo à melhoria da qualidade do produto refere-se ao fato de, somente em 1989, ter-se oficializado em nível nacional o pagamento pela produção canavieira com base no teor de sacarose do produto (PCTS), parâmetro de remuneração baseado em índices de qualidade. Até então, o parâmetro oficial de pagamento tinha como base estrita o peso do produto, índice meramente quantitativo (A. de A. Veiga Filho, "Fatores Explicativos da Mecanização do Corte na Lavoura Canavieira Paulista", *Informações Econômicas*, vol. 28, n. 11, 1998, p. 11).

expansão moldado a realidade agrária do estado. É, desse modo, um grupo social que exerce um poderoso domínio regional, caracterizado pela proximidade intrínseca aos múltiplos fóruns de poder social (entre os quais as instâncias estatais), e que decidiu, durante a década de 1960, queimar as plantações anteriormente à colheita, em benefício próprio e em prejuízo de todos os outros grupos sociais, em especial dos trabalhadores rurais e das comunidades residentes nas proximidades das plantações canavieiras. Segundo Alves e Gonçalves:

> [adotar a queima da cana foi] uma solução reducionista, na qual se desconsiderou os problemas que esta prática traria ao meio ambiente e ao ser humano, em prol unicamente de se aumentar a produtividade do trabalho na cultura, e desta forma aumentar o lucro dos produtores e empresários do setor, o que é característico do capitalismo[10].

A realização dessa escolha político-produtiva somente é percebida no contexto do vasto e amplo poder social exercido pelo empresariado canavieiro, que permite aos donos de terra verem-se como "donos do mundo". Só é compreensível, do mesmo modo, sob a perspectiva da microrracionalidade capitalista, para a qual o que importa é diminuir custos e aumentar lucros, desconsiderando externalidades que não repercutam na dinâmica produtiva.

Na época em que a queima passou a ser adotada sistematicamente, a integralidade da colheita era realizada manualmente no estado. Pouco depois, já a partir da década de 1970, outra alternativa produtiva passou a ser testada, ainda em caráter experimental: o corte mecanizado da cana queimada. A mecanização de etapas da produção agrícola é intrínseca ao movimento de expansão capitalista pela diminuição de custos que gera, e os experimentos de mecanização da colheita se inseriam num contexto mais amplo de mecanização de todo o processo produtivo agrícola da cana-de-açúcar. Isso incluía mecanizar, além da colheita, o preparo

---

10. F. J. da C. Alves e D. B. Gonçalves, "A Legislação Ambiental e o Desenvolvimento Sustentável no Complexo Agroindustrial Canavieiro da Bacia Hidrográfica do Rio Mogi Guaçu", em *Seminário Economia do Meio Ambiente*, p. 14.

do solo, o plantio e o transporte da cana. A colheita mecanizada da cana queimada diminui, em geral, os custos de produção, em comparação com a colheita manual, demandando, entretanto, um volume significativo de investimentos na aquisição das colheitadeiras e no desenvolvimento da tecnologia. Por esse motivo, sua adoção foi retardada no setor, seja comparativamente a outras culturas agrícolas, seja em relação a outras etapas agrícolas da produção canavieira, em vista de seu alto custo inicial.

Outro fator importante de relativização do interesse do empresariado na mecanização era o baixo salário historicamente pago ao cortador manual da cana, que garantia a alta lucratividade do empresariado canavieiro mediante a superexploração do trabalho[11].

Durante a década de 1980, contudo, o processo de mecanização do corte da cana foi estimulado pelo fortalecimento das lutas dos trabalhadores rurais por direitos e pelo aumento da organização do movimento sindical nas regiões canavieiras, cujo marco importante foi a greve de Guariba (SP) de 1984[12]. Outro fator reforçou, assim, o interesse na meca-

---

11. Veiga Filho demonstra, com dados referentes às safras canavieiras situadas entre 1976--1997, que houve diminuição relativa no valor pago de salário aos trabalhadores do setor em comparação com o valor recebido como remuneração pelo agrocombustível vendido. Isso significa que, encerrado esse período de mais de vinte anos, pagou-se como salário ao trabalhador rural um valor proporcionalmente menor do que o recebido pela venda do produto, em relação ao início da série. Esses dados evidenciam o aumento relativo da exploração do trabalho rural no período, em termos de diminuição dos ganhos econômicos dos trabalhadores em relação à remuneração pela venda do agrocombustível. O autor explica, ainda, que entre os dados utilizados não trabalha com uma série de valores representativos do aumento do custo da mão de obra não incluídos nos salários (representativos de direitos conquistados, por exemplo), e que, nos últimos anos da série, há uma ligeira tendência de aumento dos salários (A. de A. Veiga Filho, "Fatores Explicativos da Mecanização do Corte na Lavoura Canavieira Paulista", *Informações Econômicas*, vol. 28, n. 11, 1998; idem, "Estudo do Processo de Mecanização do Corte da Cana-de-açúcar: O Caso do Estado de São Paulo", *Revista de Ciência e Tecnologia (Recitec)*, vol. 3, n. 1, 1999.

12. *Idem*, "Estudo do Processo de Mecanização do Corte da Cana-de-açúcar: O Caso do Estado de São Paulo", *Revista de Ciência e Tecnologia (Recitec)*, vol. 3, n. 1, 1999; e F. J. da C. Alves, "Políticas Públicas Compensatórias para a Mecanização do Corte da Cana Crua: Indo Direto ao Ponto", *Ruris*, vol. 3, n. 1, 2009.

nização da colheita, além da diminuição dos custos produtivos: dar uma resposta à organização política do proletariado rural, objetivando aumentar o controle sobre a mão de obra e diminuir as incertezas sobre sua disponibilidade e obediência. Com isso, no fim da década de 1980, 19% da área mecanizável de cana no estado já era colhida mecanicamente, e com queima[13].

A mecanização da colheita já era, portanto, uma realidade no setor no fim da década de 1980, embora a porcentagem de área mecanizada não fosse ainda maior, no período, em vista do grande volume de investimentos necessários para aquisição da tecnologia e em razão do relativo desinteresse vigente entre o empresariado, vinculado ao baixo custo do trabalhador canavieiro e à boa lucratividade do corte manual.

Historicamente há, portanto, uma clara diferenciação e complementaridade entre a adoção da queima da cana-de-açúcar e a mecanização da colheita, como expedientes produtivos diversos do sistema de produção agrícola sucroenergético, portadores de um mesmo objetivo: diminuição de custos. Tal como a queima, também a mecanização gera consequências sociais deletérias, em virtude da diminuição estrutural do número de postos de trabalho. Assim como a queima, também a mecanização insere-se na lógica patronal e na racionalidade capitalista de buscar sempre o aumento dos lucros.

No fim da década de 1980, por sua vez, outra inovação tecnológica começou a ser pensada e pesquisada na agricultura da cana-de-açúcar. Nesse período, uma parcela minoritária do empresariado canavieiro começou a desenvolver pesquisas para adoção da colheita mecanizada da cana crua (sem queima). O objetivo dessa inovação era explorar as potencialidades econômicas da utilização da palha, em especial agronômica (adubo do solo) e energética (produção de energia graças à queima em geradores), atribuindo usos comerciais para os 30% da biomassa vegetal desperdiçados com a queima da palha nos canaviais.

13. A. de A. Veiga Filho, "Estudo do Processo de Mecanização do Corte da Cana-de-açúcar: O Caso do Estado de São Paulo", *Revista de Ciência e Tecnologia (Recitec)*, vol. 3, n. 1, 1999, p. 77.

Trata-se de um período em que o setor canavieiro iniciava a modificação de suas estratégias empresariais em resposta às mudanças institucionais vinculadas à redemocratização brasileira e inseria, entre suas novas estratégias, a diversificação produtiva com a criação de novos subprodutos[14]. Essa motivação econômica, somada ao fato de já haver realização de colheita da cana crua (sem queima) em outros países, inspirou parcela do empresariado a buscar alternativas para aumento da lucratividade setorial, com a maximização do aproveitamento da matéria-prima canavieira pela exploração da parcela queimada.

Quem explica essa racionalidade do empresariado no início do desenvolvimento das pesquisas para a colheita mecanizada da cana crua é o empresário Leontino Balbo Júnior, do grupo Balbo, um dos pioneiros dessa ação:

[...] os motivos que levaram à prática da queima da palha da cana são altamente justificáveis, sob qualquer aspecto [...] Acontece, porém, que a evolução natural da tecnologia agroindustrial do nosso setor conduz a tentar explorar ainda mais o potencial da cana-de-açúcar, e, neste aspecto, a palha da cana oferece possibilidades de aproveitamento a médio e longo prazos, considerando-se a vocação agronômica e energética deste material. Levando-se em consideração essa tendência e a necessidade de investigar mais a fundo suas possibilidades, foi iniciado [sic], no ano de 1986, as primeiras experiências com a colheita de cana crua, utilizando as colhedoras convencionais já em uso pelo setor[15].

A racionalidade de maximização dos lucros, portanto, foi novamente o estímulo para a inovação técnica do empresariado no fim da década de 1980, dessa vez orientada pela perspectiva de abandono do uso da queima, combinado com a colheita mecanizada.

14. P. Ramos, W. Belik e C. E. de F. Vian, "Mudanças Institucionais e Seus Impactos nas Estratégias dos Capitais do Complexo Agroindustrial Canavieiro no Centro-Sul do Brasil", em *Congresso Brasileiro de Economia e Sociologia Rural*, p. 3.
15. L. Balbo Júnior, *Estudos, Levantamentos Técnicos e Ambientais sobre Queimada de Cana-de-açúcar*.

Na história da ocupação agrícola do estado de São Paulo, já no fim da década de 1980, é possível identificar a existência de quatro modelos distintos de colheita da cana-de-açúcar: manual sem queima (adotado sistematicamente até a década de 1960); manual com queima (adotado sistematicamente a partir da década de 1960 e que representava, no fim dos anos 1980, cerca de 80% da área plantada no estado); mecânico com queima (iniciado em 1970 e que representava, no fim dos anos 1980, cerca de 20% da área plantada); e mecânico sem queima (ainda não adotado no final da década de 1980, mas com pesquisas em andamento).

As "inovações técnicas" do setor – queima da cana, mecanização da colheita com queima e mecanização da colheita sem queima – tiveram sempre um mesmo motivo: aumento dos lucros do empresariado. "Donos da terra e donos do mundo", os empresários adotaram a queima e a mecanização sob a égide da microrracionalidade capitalista.

As lutas contra a queima da cana, por sua vez, foram iniciadas no final da década de 1980, ganhando contornos mais sólidos no início da década de 1990. A resposta inicial do empresariado canavieiro a essa oposição à queima foi, conforme evidenciamos, de claro antagonismo na defesa intransigente da prática. Essa é a característica principal do primeiro período de lutas contra a queima (1988-1994).

Tendo sido lucrativos ao empresariado canavieiro os direcionamentos econômicos e políticos vividos na década de 1970 e 1980, em especial em vista da existência do Proálcool e de benéficos mercados garantidos, a década de 1990 marcou uma mudança importante de configuração para o setor. O processo histórico de redemocratização do Brasil, iniciado durante a década de 1980, implicou, em relação à agricultura canavieira: a diminuição da regulação interventiva no setor, com a extinção do IAA em 1990; a extinção do Proálcool em 1991; a extinção do monopólio estatal de exportações de açúcar, que passam integralmente para a iniciativa privada; a extinção do sistema de cotas de produção; e, finalmente, a liberação de preços, que deixam de ser determinados pelo Estado em 1999, por meio de um gradativo processo oficialmente iniciado em 1995. Todos esses fatos geraram importantes impactos econômicos no setor canavieiro, aumentando o risco dessa atividade econômica e criando evidente instabilidade financeira no imaginário do empresariado. Isso ocorreu, ainda, numa década (1990) em que o mercado do álcool não apresentou condições favoráveis, em virtude dos baixos preços do petróleo, que induziram uma diminuição significativa na comercialização do agrocombustível[16].

Foi nesse contexto político e econômico de transição da agricultura canavieira que surgiu a demanda político-jurídica pela eliminação da queima da cana-de-açúcar, um momento em que: proprietários de terra, acostumados à lucratividade garantida por preços e cotas estatais, viviam mudanças em sua dinâmica produtiva e passaram a ter de enfrentar as incertezas de um mercado menos regulado; o preço do álcool encontrava-se desfavorável; a colheita era feita totalmente com cana queimada, em grande parte manualmente (mais de 80%) e a custos muito baixos; parcela do setor (representativa de menos de 20% da área colhida) realizou grandes investimentos para a mecanização da colheita queimada e exigia, portanto, recuperação do montante por meio da utilização do maquinário; e a tecnologia de colheita mecanizada da cana crua ainda não estava desenvolvida no Brasil.

Por certo, um grupo econômico com evidente tradição patrimonialista e habituado a ver seus interesses hegemonizarem as escolhas político-sociais não aceitaria, num momento instável como esse, abster-se de utilizar uma técnica agrícola que lhe garantia lucratividade. Tratava-se, afinal, de pessoas habituadas à propriedade de terras e destinos da região canavieira.

A resposta inicial do empresariado canavieiro, entre 1988 e 1994, aos pleitos de eliminação da queima foi, desse modo, de evidente antagonismo e embates frontais nos diversos campos em que a disputa pela eliminação da queima da cana-de-açúcar efetivou-se: pela mídia; na esfera do governo de São Paulo; perante a opinião popular; no sistema de justiça; em universidades e espaços de construção do conhecimento científico; no seio do movimento sindical dos trabalhadores rurais; entre outros.

---

16. Segundo Baccarin, Gebara e Factore, o que evitou a crise no setor durante a década de 1990 foi a recuperação dos preços do açúcar (J. G. Baccarin, J. J. Gebara e C. O. Factore, *op. cit.*, p. 21).

O empresariado canavieiro postou-se na defesa incondicional e intransigente da queima da cana, prática agrícola que lhe era cara justamente por baratear seus custos.

As razões que permitem entender essa postura autocentrada e reducionista são as anteriormente elencadas, vinculadas ao grande poderio social e ao contexto econômico-político instável desse período. Donos de terras e donos do mundo, eles não admitiram influências de outros sujeitos políticos em suas práticas e optaram por lutar pela manutenção da queima, em prejuízo do ambiente e da coletividade. É esse o retrato e o contexto da posição do empresariado canavieiro no primeiro período de lutas, entre 1988 e 1994, na defesa intransigente da queima da cana-de-açúcar.

## A mudança de postura tática em 1995: defesa da proibição gradativa

Se a defesa intransigente da queima foi a estratégia do empresariado canavieiro até 1994, a partir de 1995 uma série de fatores contextualiza a adoção de novas táticas de enfrentamento dos opositores da queima. Essas novas táticas, desenvolvidas em relações específicas, dividem espaço durante o segundo período de lutas com ações ainda vinculadas ao método adotado no primeiro período, caracterizando a ação do empresariado canavieiro entre 1995 e 2006 (segundo período de lutas) como dotada de intensa complexidade estratégica. Desse modo, se em alguns espaços relacionais, como os processos judiciais e as esferas de produção do conhecimento científico, a tática de defesa intransigente da queima continuou sendo adotada por alguns atores durante esse período, ela dividiu espaço com uma nova estratégia aplicada em alguns desses mesmos ambientes e com outros sujeitos políticos por outros atores do empresariado. A nova tática foi a defesa da eliminação gradativa da queima da cana.

Principal característica do segundo período de lutas, situado entre 1995 e 2006, a disputa pela eliminação gradativa da queima objetivava demarcar uma suposta aceitação do empresariado da eliminação da queima da cana-de-açúcar, o que tinha como objetivo prioritário – entretanto – garantir o prolongamento máximo da utilização politicamente segura da técnica agrícola. Era a racionalidade dos donos de terras e destinos novamente imperando; por meio de suas ações objetivava-se garantir a prolongação temporal da utilização da prática.

A eliminação gradativa foi buscada e conquistada entre 1995 e 2002 pelo empresariado canavieiro em instâncias estaduais e federais por intermédio da edição de leis e decretos feitos sob medida para atender aos interesses da lavoura. Um documento do início do período sintetiza as demandas do empresariado canavieiro na negociação da "eliminação gradativa" da queima da cana-de-açúcar e é indispensável para entender os objetivos da ação desse grupo social. Trata-se de um conjunto de reivindicações subscritas por Leontino Balbo Júnior em 1994 e referentes à globalidade do empresariado canavieiro no estado de São Paulo.

No trabalho *Estudos, Levantamentos Técnicos e Ambientais sobre Queimada de Cana-de-açúcar*, de autoria de Leontino Balbo Júnior, há um tópico intitulado "Contraproposta ao Ministério Público"[17]. Essa "contraproposta" é a síntese de um primeiro conjunto de exigências do empresariado canavieiro para buscar uma solução "conciliatória" para o problema da queima da cana-de-açúcar, pela suposta eliminação gradativa da prática. Pela proposta de Leontino Balbo Júnior, a queima da cana-de-açúcar deveria ser "eliminada" nos seguintes termos: prazo de doze anos para eliminá-la nas áreas em que é possível a mecanização (calculadas, segundo o documento, em 70% da ocupação canavieira em São Paulo), com carência de três anos para início do cômputo; permissão indiscriminada para queima nos outros 30% da ocupação canavieira, áreas que, segundo o documento, "ainda poderão ser colhidas sem queima no futuro, em consequência da evolução dos sistemas de colheita hoje conhecidos"; e eliminação da restrição de queima a um quilômetro do perímetro urbano[18].

Estes três itens são a síntese das exigências do empresariado canavieiro, no início do segundo período das lutas, para discutir a eliminação gradativa da queima da cana: prazos longos de eliminação nas áreas

---

17. L. Balbo Júnior, *Estudos, Levantamentos Técnicos e Ambientais sobre Queimada de Cana-de-açúcar*.
18. Idem, ibidem.

mecanizáveis (quinze anos: 2009); permissão irrestrita de queima nas áreas não mecanizáveis; e permissão de queima na faixa de um quilômetro do perímetro urbano.

As exigências do setor canavieiro para "eliminar" a queima significariam, caso atendidas, a continuação da utilização da prática. O caráter essencial da eliminação gradativa proposta pelo empresariado é, desse modo, afirmar que se quer extinguir a queima para legitimar a sua utilização. As reivindicações estão assim formuladas porque, segundo a racionalidade proprietário-capitalista, a alternativa para manter a lucratividade setorial sem a queima da cana é mecanizar a colheita, substituindo trabalhadores por colheitadeiras, com o que se compensa o aumento de custos vinculado à não adoção da queima prévia pela diminuição de custos ligada à colheita mecânica. Tudo isso deveria ocorrer, segundo o empresariado, em prazos suficientemente longos, no tempo e ao modo dos "proprietários" da região. Em virtude dos altos custos iniciais para mecanização da colheita, era do interesse do empresariado que a transição ocorresse lentamente, sem onerá-lo. Nesse período, era do interesse do empresariado, também, que a cana continuasse sendo queimada no estado.

Um primeiro fator a se elencar para entender essa nova postura do empresariado canavieiro, anteriormente descrita, é a intensidade da disputa contra a queima da cana vivida entre 1988 e 1994. Com uma série de derrotas sofridas em múltiplos espaços relacionais – graças ao ajuizamento de dezenas de ações judiciais, em razão da existência de decisões condenatórias de primeira e segunda instâncias, da existência de novos estudos científicos associando a queima da cana a problemas socioambientais, entre outros fatores –, o empresariado canavieiro percebeu que precisava modificar o cenário da disputa, que parecia favorável aos opositores (ou, ao menos, instável), em múltiplos aspectos.

Essa perspectiva de modificação do cenário de disputa adquiriu, contudo, uma formulação específica, e a proposta de condicionamento da eliminação da queima à mecanização da colheita ocorreu porque, em 1995, a tecnologia para realização economicamente rentável da colheita mecanizada da cana crua, cujos estudos haviam sido iniciados na década de 1980, já estava desenvolvida e começava a ser implantada de maneira estatisticamente perceptível nos canaviais paulistas. Esse desenvolvimento tecnológico permitiu, assim, que o empresariado canavieiro cedesse na disputa com os opositores da queima no sentido de admitir a não utilização (futura e parcial) da prática, condicionada à mecanização da colheita, que foi tornada tecnicamente possível nos anos anteriores e garantia a manutenção e a ampliação de sua lucratividade em vista da redução de custos que gerava.

Uma característica importante do período da redemocratização brasileira que impactou na escolha do empresariado canavieiro em relação à perspectiva de sua reorganização produtiva foi, também, a necessidade de melhorias técnicas e de diminuição dos custos de produção da agricultura canavieira, o que tornava tanto a mecanização da colheita quanto a diversificação produtiva ligada aos subprodutos desperdiçados com o sistema de colheita queimada extremamente interessantes. Num momento econômico marcado pela transição rumo à maior desregulamentação do mercado e à inexistência de garantias estatais de preços, a diversificação produtiva gerada com a "cana crua", bem como a diminuição de custos vinculada à colheita mecanizada, passou a ser um diferencial setorial[19].

Outro fator, no mesmo sentido, que ajuda a entender a racionalidade do empresariado no momento de proposição da eliminação gradativa da queima da cana-de-açúcar no estado, a partir de 1995, é o fortalecimento do movimento sindical dos trabalhadores rurais, com as respectivas conquista e ampliação de direitos e o correlato aumento do custo e da autonomia da classe trabalhadora em relação ao patronato. Esse processo, já iniciado durante a década de 1980, foi intensificado com a redemocratização brasileira e estava bastante vivo na década de 1990. Em resposta à maior articulação trabalhista, a mecanização da colheita tornava-se cada vez mais atrativa

19. Isso ocorre porque a utilização da colheita mecanizada se insere numa estratégia produtiva de automatização para redução de custos (além de ser uma importante resposta do patronato ao movimento trabalhista rural), enquanto a cana crua permite a diversificação produtiva com o incremento de novos produtos relacionados a palha e folhas (adubo orgânico e produção energética). Num momento econômico delicado, tanto a redução de custos quanto a diversificação produtiva são importantes estratégias econômicas a ser adotadas, objetivando a adequação a uma nova realidade político-econômica.

a um patronato desejoso de não se sujeitar à crescente autonomia do movimento sindical e de ver os crescentes custos da mão de obra diminuírem.

Foi, portanto, este conjunto de fatores que criou o substrato relacional da proposição pelo empresariado canavieiro da tática da eliminação gradativa da queima da cana-de-açúcar: derrotas na luta contra a queima da cana em múltiplos espaços relacionais; desenvolvimento técnico da colheita mecanizada da cana crua; necessidade de diminuição de custos e diversificação produtiva graças à mecanização e à melhoria do aproveitamento econômico da cana com o uso lucrativo da palha; aumento da luta e da conquista de direitos pelo movimento trabalhista. No contexto desse ambiente relacional, o empresariado mudou em 1995 sua tática, objetivando manter a utilização da queima da cana-de-açúcar no estado, e passou a lutar por uma permissão camuflada de proibição.

*Nova mudança de postura em 2007: em busca de um colorido "verde"*

O terceiro período de lutas, situado entre 2007 e 2012, caracteriza-se por uma nova mudança na postura do empresariado canavieiro, que acelera a eliminação da queima e busca a associação entre a imagem da produção canavieira e a imagem ambiental. Tal como ocorre no período anterior, o terceiro período também é marcado pela coexistência de ações de defesa incondicional da queima em alguns ambientes relacionais (em especial nos processos judiciais) com ações adotadas segundo novas racionalidades táticas. Também como ocorre no período anterior, as explicações para a mudança de postura tática vinculam-se a complexos contextos relacionais.

Um primeiro fator destacável para entender a mudança de postura do empresariado é a centralidade atribuída ao etanol (subproduto da produção canavieira) no combate às consequências do aquecimento global. Essa centralidade possui raízes na década de 1990, quando teve início um processo de crescente atribuição de importância social e política à problemática ambiental, em nível internacional, em especial por meio da discussão do chamado "efeito estufa", associado à potencial deterioração das condições climáticas do planeta em virtude da intensidade da presença de poluentes na atmosfera terrestre. Já nesse momento, a atribuição da causa da deterioração climática ao uso de combustíveis fósseis teve início e alguns passos no sentido da regulamentação política dessa questão foram dados. Como exemplo, podemos citar a Convenção-Quadro das Nações Unidas sobre Mudança do Clima, de 1992, e o Protocolo de Kyoto, discutido no ano de 1997.

Foi a partir da década de 2000, contudo, que essa atribuição de importância intensificou-se, ganhando centralidade a perspectiva de substituição da matriz energética global pela redução do uso dos combustíveis fósseis e pelo aumento do uso de combustíveis de fontes consideradas renováveis. Entre os marcos dessa intensificação da importância social e política da temática, podem-se citar: a divulgação, em 2001, do terceiro relatório do Painel Intergovernamental sobre Mudanças Climáticas (IPCC), confirmando o fenômeno do aquecimento global do planeta e associando este à ação humana; a entrada em vigor, em 2005, após a ratificação do número mínimo de países exigido, do Protocolo de Kyoto, que estabelecia ações de combate ao aquecimento global; o lançamento, em 2006, do filme *An Inconvenient Truth*, sobre o aquecimento global, do diretor Davis Guggenheim, com participação de Al Gore; a divulgação, em 2007, da primeira parte do quarto relatório do IPCC, que, pela primeira vez, relacionou como "muito provável", com mais de 90% de certeza científica, a vinculação entre a ação humana e o aquecimento global; e a atribuição, em 2007, do Prêmio Nobel da Paz a Al Gore e ao IPCC em virtude de suas ações relacionadas ao aquecimento global.

Com a confirmação, desse modo, da deterioração das condições climáticas e da necessidade de aumento do uso de combustíveis de fontes consideradas renováveis, um dos subprodutos da agroindústria canavieira passou a situar-se no primeiro plano entre as possibilidades de substituição da matriz energética global: o agrocombustível derivado da cana-de--açúcar (etanol ou álcool). Os holofotes internacionais voltaram-se, assim, para o combustível brasileiro desenvolvido durante a década de 1970, que passou a ser tido como uma das principais alternativas para resolução dos problemas do aquecimento global.

Essa mudança das conjunturas econômica e política proporcionou ao empresariado canavieiro a ampliação dos horizontes de inserção produtiva, e diversas ações normativas foram marcos das possibilidades de revitalização econômica da produção canavieira, associada ao aquecimento global. Na esfera internacional, em 2003, a União Europeia fixou diretiva de incorporação obrigatória de 5,75% de agrocombustíveis na gasolina até 2010, sendo de 2% a taxa para o ano de 2005[20]. Outros países, igualmente, adotaram a mesma direção política, o que garantia boas possibilidades de aumento das exportações para o setor. No ambiente político brasileiro, objetivando beneficiar a produção energética canavieira a partir de 2001, leis que estabeleciam maior tributação da gasolina em comparação com o etanol foram aprovadas, garantindo também a obrigatoriedade da presença do agrocombustível na gasolina em percentual superior a 20%[21].

Além da motivação "ambiental", ligada ao consenso crescente sobre a necessidade de substituição da matriz energética, essas ações normativas tiveram como fundamento o gradativo aumento do preço do petróleo durante toda a década de 2000.

De todo modo, o conjunto dos acontecimentos da década de 2000 contribuiu para inscrever, irremediavelmente, a "questão ambiental" no horizonte comercial do empresariado canavieiro, por meio da abertura e da ampliação de mercados em virtude da associação entre o etanol e as perspectivas de solução para o aquecimento global. Como consequência disso, uma nova postura comercial passou a ser adotada pelo empresariado, objetivando associar a imagem da produção canavieira à imagem do "socioambientalmente correto". Nesse processo, a temática da queima da cana-de-açúcar ganhou centralidade, por ser um problema ecossocial de grande visibilidade e em razão das lutas ecossociais contra a queima, que envolveram a consolidação dos estudos científicos caracterizando a

---

20. L. Estival, "Manger ou conduire, faudra-t-il choisir?", *Alternatives Économiques*, n. 316--bis, 2012, p. 4.
21. A Lei Federal n. 10.336/2001, que criou uma Contribuição de Intervenção no Domínio Econômico (Cide), e a Lei Federal n. 10.453/2002, a "Lei do Álcool", garantiram que a gasolina ficaria submetida à maior tributação em relação ao etanol. A Lei Federal n. 10.203/2001, por sua vez, determinou que o percentual de álcool anidro misturado à gasolina deveria ser de 20% e 24% (cf. J. G. Baccarin, J. J. Gebara e C. O. Factore, *op. cit.*, p. 17).

degradação ambiental da prática e o posicionamento público de antagonismo de cidadãos, grupos e sujeitos políticos em relação à prática agrícola.

Uma vez que a abertura e a ampliação de mercados para a cana-de-açúcar estavam ligadas (ao menos formalmente) à inserção do etanol como solução para os problemas de poluição ambiental, não podia estar o seu processo produtivo amparado justamente em práticas poluidoras. Além de um contrassenso lógico entre ser solução para a poluição e ser poluidor, o etanol passou a conviver, também, com a fixação de barreiras comerciais para o ingresso em mercados mais protegidos, baseadas na necessidade de comprovação da conformação socioambiental do produto[22]. Com isso, a necessidade de dissociação entre a imagem do produto e a imagem da queima da cana-de-açúcar revelou-se iminente. Os "novos interesses da lavoura" vinculavam-se ao perfil "verde" dos novos negócios, e, em vista disso, o empresariado canavieiro precisou "esverdear-se".

Em março de 2007, o então presidente Luiz Inácio "Lula" da Silva pronunciou um famoso discurso em que sintetizou a perspectiva de transição comercial do empresariado canavieiro: "Os usineiros de cana, que há dez anos eram tidos como se fossem os bandidos do agronegócio neste país, estão virando heróis nacionais e mundiais, porque todo mundo está

---

22. A União Europeia foi o primeiro mercado a exigir certificação dos agrocombustíveis, obrigando os produtores a cumprirem uma série de exigências socioambientais para admitir o ingresso do produto em seu mercado (cf. H. P. M. Cavalcanti, "Aspectos Jurídicos Relativos ao Etanol Brasileiro e as Barreiras Não Tarifárias à Sua Importação", *Direito E-nergia*, vol. 2, n. 2, 2010, p. 18). Em relação especificamente ao etanol brasileiro, Fonseca e Paixão anotam que há alegação de *dumping* social e ambiental por causa das precárias condições de trabalho no setor canavieiro e da realização de práticas não conservacionistas, como a queima da cana, dificultando o ingresso desse produto no mercado europeu (cf. M. Fonseca e M. Paixão, "Exportações de Etanol Brasileiro, Integração Regional e a Questão Ambiental: Uma Análise Empírica", em *Encontro da Associação Nacional de Pesquisa e Pós-graduação em Ambiente e Sociedade*, pp. 2-5). Francisco Alves anota, ainda, que em junho de 2008 a chanceler alemã, em visita ao Brasil e falando em nome da Comunidade Europeia, afirmou que a inclusão do etanol na matriz energética europeia dependeria da demonstração dos produtores sobre a existência de práticas sociais e trabalhistas justas e ambientalmente corretas (cf. F. J. da C. Alves, "Políticas Públicas Compensatórias para a Mecanização do Corte da Cana Crua: Indo Direto ao Ponto", *Ruris*, vol. 3, n. 1, 2009, p. 154).

de olho no álcool"[23]. Como "heróis nacionais e mundiais" da luta contra o aquecimento global que passaram a ser, os empresários canavieiros não podiam mais sustentar seu sistema produtivo numa prática agrícola geradora de poluição atmosférica. Mais importante que eliminar a prática, contudo, era a necessidade de dissociar a imagem da queima da imagem do empresariado, uma vez que, numa realidade capitalista, a aparência possui centralidade, em detrimento dos conteúdos.

A década de 2000 foi marcada, assim, pela pujança econômica do setor canavieiro, em oposição à década de 1990, caracterizada por dificuldades econômicas. O acúmulo dessas mudanças econômicas entre 2001 e 2007 também foi importante para que o empresariado canavieiro alterasse sua postura em face da queima, uma vez que lhe permitiu a realização de intensos investimentos produtivos no setor. Esse beneficiamento econômico é, portanto, o segundo fator de destaque para compreender a mudança tática do empresariado canavieiro no terceiro período de lutas (situado entre 2007 e 2012).

O gradativo aumento do preço do petróleo durante toda a década de 2000 assegurou horizontes rentáveis para o uso do álcool combustível. O consumo nacional de álcool passou em 2001 a apresentar significativo e constante crescimento, o que foi intensificado com o lançamento dos veículos movidos a álcool e gasolina, os chamados bicombustíveis[24]. Nesse mesmo período, as exportações de açúcar contaram com câmbios bastante favoráveis entre 2001 e 2004 e atingiram, em 2005 e 2006, preços elevados, na faixa de US$ 200,00/t e US$ 300,00/t, respectivamente. As exportações

23. "Presidente Lula Chama Usineiros de Heróis", *Folha de S.Paulo*, 20 mar. 2007.
24. O lançamento dos veículos bicombustíveis ("flex-fuel") em 2003 fez com que o total de veículos passíveis de mover-se com combustível agrocarburante (incluindo tanto os exclusivamente a álcool quanto os "flex-fuel") passasse de 4,3% do total de veículos vendidos no Brasil em 2002 para um índice entre 80% e 90% do total vendido em 2007 (cf. J. G. Baccarin, J. J. Gebara e C. O. Factore, *op. cit.*, p. 17). No mesmo sentido, Ficarelli e Ribeiro anotam que entre 2004 e 2007 o número registrado de veículos bicombustíveis novos no país saltou de 278 764 para 1 780 876 (cf. T. R. de A. Ficarelli e H. Ribeiro, "Queimadas nos Canaviais e Perspectivas dos Cortadores de Cana-de-açúcar em Macatuba, São Paulo", *Saúde e Sociedade*, vol. 19, n. 1, 2010, p. 49).

de açúcar cresceram e chegaram a 70% da produção nacional do açúcar nesses dois anos[25].

O período entre 2001 e 2007 foi marcado no setor canavieiro, também, por uma intensa capitalização e pela realização de inúmeras fusões e aquisições entre os grupos econômicos do setor. Afirmam Baccarin e colaboradores que, se entre 1996 e 1999 ocorreram em média duas fusões/aquisições por ano, entre 2000 e 2007 o número foi de oitenta, média de dez aquisições/fusões por ano[26]. A capitalização foi outra característica do período, com a entrada intensa de capitais estrangeiros, entre os quais os de grandes conglomerados petrolíferos e da indústria de alimentos[27].

A realidade econômica entre 2001 e 2007 foi extremamente benéfica para o empresariado canavieiro, e isso se refletiu no aumento da área de cana-de-açúcar plantada no estado de São Paulo de 2,56 milhões de hectares em 2001 para 3,79 milhões em 2007. Toda essa pujança econômica forneceu ao empresariado condições financeiras suficientes para realizar tranquilamente grandes e novos investimentos produtivos, como os necessários para mecanização da colheita e os exigidos pela nova realidade econômico-política do setor.

As condições que permitiram e condicionaram o empresariado canavieiro à mudança tática em 2007 foram, então, as seguintes: reunião de

---

25. J. G. Baccarin, J. J. Gebara e C. O. Factore, *op. cit.*, pp. 17-18.
26. *Idem, ibidem*, p. 23.
27. A intensa capitalização, a ocorrência de inúmeras fusões e aquisições e a entrada de investidores estrangeiros, entre os quais grandes grupos petrolíferos, não alteraram, contudo, a configuração básica do empresariado canavieiro. Esse grupo continua sendo composto por proprietários de terra que são usineiros. Segundo D. L. C. Bini ("Concentração Produtiva na Atividade Canavieira?", *Análise e Indicadores do Agronegócio*, vol. 7, n. 9, 2012, p. 3), apenas 20% das agroindústrias brasileiras estão concentradas nas mãos de doze grupos empresariais, enquanto os outros 80% continuam compostos pelos mesmos atores políticos (e famílias) que dominam o setor há diversas décadas. Se o número de 20% das agroindústrias nas mãos de grandes grupos implica consequências significativas nas novas racionalidades e direcionalidades da produção canavieira, ele não pode mascarar a configuração majoritária do setor, formada ainda por grupos econômicos locais. Do mesmo modo, ainda hoje, mais de 60% da área plantada com cana-de-açúcar de cada projeto agroindustrial está sob controle direto da matriz industrial.

boas condições econômicas em vista do intenso crescimento ocorrido entre 2001 e 2007; perspectivas de mercados certos e de ampla expansão produtiva; capitalização do setor; consolidação do horizonte de eliminação da queima em virtude das lutas sociais; demandas mercadológicas de dissociação da imagem da produção canavieira de qualquer tipo de degradação ambiental, em especial graças ao abandono da queima da cana; consolidação técnica da colheita mecanizada da cana crua; além dos ainda vigentes fatores ligados ao aumento do controle da mão de obra, à diminuição dos custos de produção e ao aumento do potencial de aproveitamento da matéria-prima. São esses, assim, os fatores contextuais da decisão do empresariado canavieiro de acelerar o processo de redução da queima da cana-de-açúcar, em parte já iniciado no período anterior, e principiar movimentos de associação entre sua imagem e uma imagem "ambientalmente correta".

## UMA IMPORTANTE ALIANÇA CONTRA A QUEIMA

Opor-se à queima da cana-de-açúcar não era uma tarefa simples. A supremacia do empresariado canavieiro no estado de São Paulo tem como uma de suas bases um amplo convencimento sobre a dependência regional em relação a ele e suas práticas, entre as quais desde a década de 1960 estava a queima pré-colheita dos canaviais. Opor-se a essa orientação demandava a presença de fortes sujeitos político-jurídicos e, mais do que isso, de uma sólida aliança entre eles. No decorrer das disputas, diversas alianças foram formadas entre os múltiplos indivíduos e coletividades envolvidos. Uma delas merece destaque, contudo, pela importância e durabilidade: trata-se da aliança entre movimento ambientalista, Ministério Público, comunidade científica e setores do movimento sindical dos trabalhadores rurais.

A primeira aproximação para formação dessa aliança deu-se entre promotores de justiça do meio ambiente (primeira instância do MP-SP) e entidades de defesa ambiental, sendo responsável, segundo Goulart[28], pela abertura do debate público no nordeste paulista sobre a queima da cana

28. M. P. Goulart, *Ministério Público e Democracia*, pp. 175-176.

e os problemas ambientais dela derivados. Esse debate foi intensificado com os acontecimentos de 1988, em especial com a promulgação e a alteração do Decreto Estadual n. 28.848/1988, que proibia a queima. Afirma Manoel Tavarez[29], importante figura do movimento ambientalista regional e presidente da Associação Cultural e Ecológica Pau-Brasil (ACE-Pau--Brasil), que "essa parceria com o Ministério Público tem constituído um dos maiores defensores da sociedade" na região de Ribeirão Preto (SP).

No final de 1989, com o surgimento do primeiro estudo científico caracterizando a degradação ambiental gerada com a queima da palha da cana-de-açúcar, de autoria de Edith Marinho e Volker Kirchhoff, do Instituto Nacional de Pesquisas Espaciais (Inpe), ocorreu a aproximação com a comunidade científica. Essa aproximação foi intensificada a partir do segundo semestre de 1991, quando o Centro de Estudos Regionais da Universidade de São Paulo (CER-USP) começou a promover, no *campus* de Ribeirão Preto, uma série de reuniões para tratar a temática da queima. Afirma Goulart: "esse fórum de debates [...] estimulou os professores da medicina a desenvolver pesquisas e elaborar estudos sobre os efeitos da poluição provocada pelas queimadas dos canaviais na saúde humana"[30]. Entre os professores partícipes das reuniões do CER-USP que se destacaram na produção de estudos científicos sobre a temática estiveram Antônio Ribeiro Franco e José Carlos Manço.

Entre 1989 e 1991, ocorreu, também, a aproximação com parcela do movimento sindical dos trabalhadores rurais, em especial com aquela vinculada à Federação dos Empregados Rurais Assalariados do Estado de São Paulo (Feraesp), que havia sido formada no curso das lutas trabalhistas dos anos 1980. Segundo Goulart, a Feraesp,

[...] no que diz respeito especificamente à questão das queimadas, aliou-se à luta do movimento ecológico e do Ministério Público, por entender que essa causa interessa ao conjunto da sociedade, indo além dos aspectos ambientais,

---

29. Manoel Tavarez, entrevista concedida ao autor para elaboração de trabalho de conclusão de curso, 2010.
30. M. P. Goulart, *Ministério Público e Democracia*, p. 179.

perpassando as questões do trabalho, da produção e da distribuição da riqueza social na região[31].

Na síntese do promotor de justiça Marcelo Goulart:

[...] o Ministério Público se associa às entidades ambientalistas nessa questão [luta contra a queima da cana-de-açúcar]. Nesse período, o Ministério Público tem uma ação junto com os sindicatos dos empregados rurais assalariados [...] para defender o transporte de trabalhadores em ônibus [à época, o transporte de trabalhadores pelo empresariado canavieiro era realizado de forma ilegal em caminhões "pau de arara"] [ocorre] então uma aproximação nossa com uma parte mais independente dos sindicalistas [...]. Então, a gente faz associação com esse setor mais progressista, eu debato essa questão com eles e eles também se associam nessa luta contra a queima. E aí, também, a comunidade científica, através do Departamento de Medicina Social, de Clínica Médica da USP, professores Franco e Manço, também fazem levantamentos de dados e comprovam que no período da safra há um aumento significativo de internação nos hospitais da região em decorrência da queima. Nós promovemos um grande seminário no final de [19]91, aqui em Ribeirão, sobre trabalho, saúde e meio ambiente. Foi onde reunimos todas essas forças sociais no combate à queimada, e, já com os estudos do Kirchhoff, mais esses estudos dos professores da Medicina, isso deu margem a que o Ministério Público [...] ingressasse com as primeiras ações civis públicas, que eu ajuizei em Sertãozinho[32].

Também sobre as alianças, em especial com o Ministério Público, explica Manoel Tavarez:

Foi uma grande parceria [...] Tinha denúncias, e naquela época a gente realmente ia a campo. Tinha milhares de processos contra eles aqui na região. E causou um grande transtorno. Esse resultado, embora não fosse o ideal, mais a movimentação de toda a sociedade, estimulou também o trabalho científico. Foi a primeira vez que a USP começou a discutir isso. Ficaram horrorizados com essa história, porque muitos lá dentro não queriam se comprometer. Então, aí, alguns professores da USP começaram a pesquisar. Eu acho que Ribeirão foi muito forte

---

31. *Idem, ibidem*, p. 177.
32. Marcelo Pedroso Goulart, entrevista concedida ao autor para elaboração de trabalho de conclusão de curso, 2010.

nessa questão do movimento ambientalista, Ministério Público, nós da sociedade civil. Conseguimos desencadear uma ação que teve reflexos no Brasil inteiro[33].

A aliança entre Ministério Público, movimento ambientalista, movimento sindical dos trabalhadores rurais e comunidade científica forneceu importantes bases para sustentação das lutas contra a queima da cana durante os 25 anos em que ela vem ocorrendo.

Cada um dos sujeitos partícipes dessa articulação foi responsável por contribuir a seu modo na disputa, e foi justamente a complementaridade entre as perspectivas e ações que garantiu a intensidade dos primeiros anos de combate e o grande fôlego da luta, a despeito das inúmeras derrotas sofridas. Em relação aos professores universitários e pesquisadores que se posicionaram contra a queima, suas análises foram para evidenciar os prejuízos socioambientais da prática agrícola e embasar a tomada de uma série de outras decisões políticas contra a queima da cana. Foram eles que forneceram os fundamentos para demonstrar o caráter degradante da prática agrícola e contribuir para o entendimento popular sobre o tema. As lideranças do movimento sindicalista dos trabalhadores rurais que se associaram à luta, por sua vez, foram imprescindíveis para levar o debate ao proletariado canavieiro em oposição à visão propagada pelo patronato, mostrando as raízes da queima e as possíveis soluções para o problema do desemprego. Foram importantes, também, para o entendimento popular da temática, por evidenciar que o discurso do empresariado de que a queima era demanda trabalhista não era verdadeiro. As entidades ambientalistas, por sua vez, foram responsáveis por inúmeras manifestações públicas e outras importantes articulações sociais. Tentaram e conseguiram levar a luta às ruas e levar as ruas aos fóruns de decisão quando necessário. Quanto ao MP-SP, por fim, destaca-se sua prática de articulação dos diversos sujeitos, tal como a utilização de seu instrumental judicial e extrajudicial para efetuar importantes batalhas, em especial por meio

---

33. Manoel Tavares, entrevista concedida ao autor para elaboração de trabalho de conclusão de curso, 2010.

do ajuizamento de ações civis públicas contra a queima, levando a luta ao Judiciário.

## MOVIMENTO AMBIENTALISTA: ARTICULAÇÃO LOCAL E LUTA NAS RUAS

Sobre o conceito de "movimento ambientalista", Henri Acselrad afirma que ele tem sido utilizado no Brasil para designar um espaço social de circulação de discursos e práticas ligados à proteção ambiental, incluindo uma gama bastante variada de entidades e grupos, com diferentes graus de estruturação formal[34]. Na região de Ribeirão Preto (SP), berço das lutas pela eliminação da queima da cana no estado, foi em meados da década de 1980 que ocorreu o fortalecimento do movimento ambientalista, com a formalização das primeiras entidades de defesa ecológica na região[35]. O estopim para a organização desse sujeito político foi a tentativa de alteração de uma lei estadual que protegia a bacia do rio Pardo. Esse movimento, contudo, desde o início de sua articulação, teve na problemática da queima da cana-de-açúcar um componente unificador.

Sem dúvida, conforme explica Daniel Bertoli, o incômodo visual causado pela queima da cana contribuiu para a mobilização social em prol de sua proibição[36]. Essa visibilidade, quando não caracteriza outras demandas socioambientais, torna a mobilização social em torno delas mais difícil. No que tange à luta contra a queima da cana é preciso não esquecer, contudo, que o incômodo não é apenas visualmente percebido, mas também é sentido nos pulmões, peles e corpos das comunidades residentes em regiões canavieiras. A característica dessa degradante prática, nociva ao mesmo tempo à natureza e à saúde pública, e a abundância da área canavieira queimada nessa região do estado contribuíram, assim, para o

---

34. H. Acselrad, "Ambientalização das Lutas Sociais: O Caso do Movimento por Justiça Ambiental", *Estudos Avançados*, vol. 24, n. 68, 2010, p. 103.
35. M. P. Goulart, *Ministério Público e Democracia*, p. 147.
36. D. B. Gonçalves, *A Regulamentação das Queimadas e as Mudanças nos Canaviais Paulistas*, p. 1.

desenrolar da organização social que teve lugar a partir da década de 1980 contra a queima.

Uma primeira ação de destaque do movimento ambientalista regional, no que tange à luta contra a queima da cana-de-açúcar, foi a organização de um abaixo-assinado entregue ao governo estadual de São Paulo em 1988 contendo, segundo Manoel Tavarez[37], "quase cem mil assinaturas". Esse abaixo-assinado protestava contra a queima da cana num momento em que uma grande estiagem assolava o estado, e essa interessante movimentação social e manifestação de força política foi um dos principais propulsores para a edição do Decreto n. 28.848/1988 pelo, à época, governador Orestes Quércia. Esse decreto proibiu integralmente a queima da cana no estado, tendo sido revogado após vinte dias em virtude da pressão do empresariado canavieiro. Essa mobilização social e essa articulação diante do Executivo de São Paulo contra a queima da cana são consideradas, por nós, o ato político inaugural da luta pela proibição da degradante prática agrícola.

Durante os anos posteriores e até o presente momento, várias foram as atuações e posturas dos diversos sujeitos individuais e coletivos que compõem o movimento ambientalista na luta contra a queima da cana. Entre as mais importantes, destacamos as articulações que tiveram lugar em diversos municípios canavieiros para debate e promulgação de legislações municipais proibitivas da queima, em especial no período situado entre 2003 e 2006. Essas articulações contaram com a participação decisiva do movimento ambientalista, que além de levar a luta paras as ruas com apoio da mobilização social, conseguiu levar as ruas para as câmaras municipais, obtendo êxito na aprovação de leis em municípios com vereadores tradicionalmente submetidos ao poderio do empresariado canavieiro.

No início das lutas, mais precisamente em 1991, outra ação importante do movimento ambientalista foi a realização de um plebiscito popular sobre a queima da palha da cana-de-açúcar no município de Ribeirão Preto. Articulado por um conjunto de entidades aliadas na denominada

---

37. Manoel Tavarez, entrevista concedida ao autor para elaboração de trabalho de conclusão de curso, 2010.

"Assembleia Popular Permanente de Ribeirão Preto", o plebiscito foi realizado com o uso de quarenta urnas itinerantes, que passaram por associações de bairro, escolas e outros lugares públicos, e encerrou-se em uma apuração aberta em um local de grande visibilidade no município. Seu resultado mostrou que, num universo de 5 659 votantes, 90,86% dos consultados (5 142 pessoas) eram contrários à prática de queima da cana. Essa organização, que teve intensa repercussão na mídia local, foi importante para legitimar as ações de oposição ao empresariado canavieiro na nascente luta contra a queima da cana-de-açúcar. O movimento ambientalista caracterizou-se, assim, por uma interessante articulação e pela intensa participação nos debates locais e estaduais, realizando um grande número de manifestações e canalizando a pressão social em momentos decisivos. Trata-se de um sujeito central na luta pela proibição da queima da cana.

Uma entidade de destaque do movimento ambientalista da região canavieira de Ribeirão Preto (SP) que desde sua formação assumiu como bandeira principal a luta pelo fim das queimadas na região, é a já mencionada ACE-Pau-Brasil. Tendo iniciado suas atividades em 1987 e se formalizado em 1988, a entidade contribuiu com inúmeras ações na luta pela proibição da queima da cana, além de participar da organização do plebiscito e do abaixo-assinado anteriormente referidos. Desde 2001, segundo Daniel Bertoli, a entidade realiza uma campanha anual intitulada "Basta de queimadas: queremos respirar!", que objetiva dialogar com os residentes da região sobre os problemas ambientais vinculados à queima da cana, por meio da realização de palestras e da distribuição de um grande número de adesivos pela cidade[38]. A entidade já protagonizou, também, por dois anos, um programa numa rádio local tratando dessa temática. A ACE-Pau-Brasil, que se encontra em atividade há mais de 25 anos, participou, ainda, da criação do Conselho Municipal de Defesa do Meio Ambiente (Comdema) em Ribeirão Preto.

Se é um fato que a mobilização popular não foi suficientemente intensa para de forma efetiva obter a eliminação imediata da queima, é

---

38. D. B. Gonçalves, *Mar de Cana, Deserto Verde? Os Dilemas do Desenvolvimento Sustentável na Produção Canavieira Paulista*, p. 217.

preciso enxergar que a luta não esteve ausente das ruas e que, mesmo pontual, a mobilização foi existente. Importantes lições devem ser tiradas das vitórias e das derrotas havidas na organização do movimento ambientalista nessa primeira luta ecossocial da região.

MINISTÉRIO PÚBLICO DE SÃO PAULO: ARTICULAÇÕES, AÇÕES E DISPUTAS INTERNAS

Importante instituição na arquitetura do sistema de justiça brasileiro e remodelado em suas orientações gerais com a redemocratização do país no final da década de 1980, o Ministério Público passou a desempenhar um papel destacado na defesa jurídica e judicial dos direitos difusos, intensificando uma tendência institucional construída durante as décadas anteriores. Trata-se de um sujeito político-jurídico marcado pela conciliação contraditória de uma atuação democratizante de parcela de seus membros, em especial na temática ambiental, com práticas conservadoras de outra parcela, sobretudo no que tange à criminalização dos movimentos sociais. Na temática da queima da cana, essa tendência contraditória manifestou-se, mesmo que com um posicionamento majoritário em favor da proibição. Ainda assim, as práticas realizadas por seus membros foram essenciais durante todo o percurso das lutas, e durante parte desses 25 anos de disputa o MP-SP esteve no centro da articulação de oposição à queima da cana-de-açúcar, em especial durante a década de 1990.

Uma importante figura da luta e membro do MP-SP é o promotor de justiça Marcelo Pedroso Goulart. Ele afirma que, originário de outras regiões do estado, assustou-se com a realização da queima da cana no nordeste paulista e, após a realização de debates públicos com a comunidade de Jardinópolis (SP), região canavieira de Ribeirão Preto (SP), onde trabalhava, comprometeu-se, em 1986, a "tomar providências com o Ministério Público para combater essa prática"[39]. Promovido para Sertãozinho (SP), o promotor foi um dos principais artífices da articulação anteriormente

---

39. Marcelo Pedroso Goulart, entrevista concedida ao autor para elaboração do trabalho de conclusão de curso, 2010.

descrita, formadora de uma das alianças contra a queima da cana. Ele é retratado pela mídia paulista, durante toda a primeira metade da década de 1990, como "líder do movimento contra as queimadas", fato que evidencia tanto o seu empenho pessoal na disputa quanto a importância e o destaque do MP-SP no processo.

Entre os principais instrumentos disponíveis para o MP-SP realizar o enfrentamento da queima da cana, destacaram-se a execução de investigações administrativas (por meio de inquérito civil) e o ajuizamento de ações civis públicas. As primeiras ações pleiteando a proibição judicial da queima da cana-de-açúcar foram ajuizadas em dezembro de 1991, em Sertãozinho (SP), pelo referido promotor de justiça.

No início do enfrentamento judicial, estava vigente o Decreto Estadual n. 28.848/1988[40], que estabelecia a proibição da queima da cana-de-açúcar no estado de São Paulo, na faixa de um quilômetro do perímetro urbano. Em virtude dessa proibição expressa (mas não aplicada), a tática processual escolhida pelos opositores da queima nesse momento inicial de disputas foi a de realizar o enfrentamento dos empresários canavieiros que descumpriam o decreto, realizando a queima da cana nas proximidades dos núcleos urbanos. Esse enfrentamento deu-se por meio do ajuizamento de ações individualizadas, demandando a proibição imediata da queima da cana em cada imóvel rural que fosse flagrado pela polícia florestal descumprindo as determinações do decreto. Solicitava-se, além disso, o pagamento de indenização por danos ambientais. Cada ação judicial referia-se a uma propriedade específica, em relação à qual se pedia a condenação do proprietário de abster-se de queimar cana no imóvel.

A tática foi iniciar a disputa judicial pelas áreas protegidas pelo decreto, em relação às quais o amparo juspositivo era mais sólido, objetivando, contudo, intensificar o debate e permitir o avanço da luta para a totalidade do território canavieiro. Apesar de ser uma luta difusa, imóvel a imóvel, seu objetivo foi desde o início a eliminação integral da queima da cana-de-açúcar. Mesmo englobando inicialmente somente áreas situadas na proximidade do perímetro urbano, a fundamentação juspositiva

---

40. São Paulo, Decreto n. 28.848, 30 ago. 1988.

dessas ações não se vinculava somente ao Decreto Estadual n. 28.848/1988, incluindo uma complexa articulação referencial entre a legislação constitucional e infraconstitucional.

Na referenciação juspositiva constitucional, destacavam-se na demanda a fundamentação no direito ao meio ambiente ecologicamente equilibrado e a defesa da necessidade de cumprimento da função social da propriedade, inclusive sob pena de desapropriação do imóvel[41]. A referenciação juspositiva infraconstitucional, por sua vez, versava sobre a obrigação de não poluir, modulada a partir da definição legal de poluição; sobre a proibição de utilização do fogo em florestas e outras vegetações; e sobre a responsabilidade objetiva do poluidor[42]. A base de referenciação não juspositiva da demanda era a constatação concreta de realização de queima

41. Em relação ao direito constitucional ao meio ambiente ecologicamente equilibrado, fazia-se menção textual expressa ao *caput* do artigo 225 da Constituição Federal (CF), que diz: "Todos têm direito ao meio ambiente ecologicamente equilibrado, bem de uso comum do povo e essencial à sadia qualidade de vida, impondo-se ao Poder Público e à coletividade o dever de defendê-lo e preservá-lo para as presentes e futuras gerações". Afirmava-se, também, que a função social é cumprida quando a propriedade rural atende, entre outros requisitos, à utilização adequada dos recursos naturais e à preservação do meio ambiente (artigo 186, inciso II da CF), declarando susceptível de desapropriação para fins de reforma agrária o imóvel rural que não cumpre sua função social (artigo 184, *caput*, da CF); cf. Brasil, *Constituição da República Federativa do Brasil*, 5 out. 1988.
42. Em relação à definição de poluição, a referência era feita ao artigo 3º da Lei Federal n. 6.938/1981 (Lei da Política Nacional do Meio Ambiente), que afirma que degradação da qualidade ambiental é a alteração adversa das características do meio ambiente, e poluição é uma modalidade de degradação da qualidade ambiental resultante de atividades que direta ou indiretamente: *a*. prejudiquem a saúde, a segurança e o bem-estar da população; *b*. criem condições adversas às atividades sociais e econômicas; *c*. afetem desfavoravelmente a biota; *d*. afetem as condições estéticas ou sanitárias do meio ambiente; *e*. lancem matérias ou energia em desacordo com os padrões ambientais estabelecidos (cf. Brasil, Lei n. 6.938, 31 ago. 1981). A proibição de queima de florestas e demais vegetações é referência textual ao artigo 27 do antigo Código Florestal (Lei Federal n. 4.771/1965). A responsabilidade objetiva retoma, por fim, a Lei da Política Nacional do Meio Ambiente, que afirma em seu artigo 14, § 1º, que o poluidor é obrigado, independentemente da existência de culpa, a indenizar ou reparar os danos causados ao meio ambiente ou a terceiros afetados por sua atividade (cf. Brasil, Lei n. 4.771, 15 set. 1965).

pela polícia florestal e o estudo científico de Edith Marinho e Volker Kirchhoff, do Inpe, suficientes, segundo os opositores, para comprovar a degradação ambiental oriunda da queima da cana-de-açúcar. Utilizava-se, também, para o cálculo da indenização por dano ambiental, uma fórmula proposta pelo professor Marcelo Pereira de Souza, da USP.

Segundo Goulart[43], a adesão dos colegas do MP-SP da região à luta ecossocial contra a queima "foi uma coisa muito tranquila", e rapidamente outros promotores de primeira instância começaram a ajuizar as ações pleiteando a proibição imediata das queimadas em propriedades rurais individualizadas. A partir de então, dezenas de ações civis públicas passaram a ser ajuizadas. Paralelamente ao avanço das disputas na esfera judicial, o MP-SP enfrentou internamente, a partir de 1993, uma importante contenda relacionada à temática. Nesse ano, um membro famoso do MP-SP publicitou uma posição contrária à dos promotores de justiça que se opunham à queima da cana-de-açúcar, iniciando um conflito interno na instituição paulista.

O renomado jurista Nelson Nery Júnior, à época membro da segunda instância (procurador) do MP-SP, redigiu em 1993 um artigo acadêmico em que defendia a inexistência de norma jurídica proibitiva da queima da cana-de-açúcar, a ilegalidade do Decreto Estadual n. 28.848/1988, a legalidade das leis municipais permissivas da queima e a necessidade de comprovação específica do dano ambiental deflagrado em cada plantação canavieira para sua caracterização, sustentando a impossibilidade de confirmação do dano por meio de um estudo científico que não versasse sobre a propriedade rural em que a queima foi constatada[44]. O artigo orientava os promotores de justiça a realizarem perícias para atestar e dimensionar o eventual dano ambiental de cada imóvel rural e a firmarem

---

43. Marcelo Pedroso Goulart, entrevista concedida ao autor para elaboração de trabalho de conclusão de curso, 2010.
44. Segundo Nelson Nery, deveria haver comprovação do "nexo de causalidade" entre a prática do empresário canavieiro de queimar determinado canavial e o dano ambiental constatado especificamente em relação àquele canavial queimado.

Compromissos de Ajustamento de Conduta (CAC) específicos para cada propriedade, vinculados às constatações periciais realizadas.

Como se pode observar, a tese defendida por Nery Júnior era frontalmente contrária à adotada pelos promotores de primeira instância, que consideravam possível comprovar o dano ambiental por um estudo científico não individualizado; julgavam inconstitucionais as leis municipais permissivas; consideravam válido o Decreto Estadual n. 28.848/1988; e defendiam que o conjunto do ordenamento jurídico constitucional e infraconstitucional brasileiro vedava a queima da cana. A tese de Nelson Nery Júnior, símbolo da oposição interna do MP-SP à demanda proibitiva, foi publicada pela *Revista dos Tribunais* em 1993, no artigo "Compromisso de Ajustamento de Conduta: Solução para o Problema da Queima da Palha da Cana-de-açúcar". Antes disso, contudo, em julho do mesmo ano, ela já aparecia nos processos judiciais referentes à queima no formato de "parecer de renomado jurista"[45], assinada e rubricada folha a folha, juntada pelos advogados do empresariado canavieiro.

A "doutrina de Nery" sobre a questão da queima da cana-de-açúcar, como a denominam alguns juízes e juristas, teve inúmeros adeptos, especialmente no Tribunal de Justiça de São Paulo (TJ-SP), tornando-se o fundamento de inúmeras decisões e manifestações jurídicas permissivas da queima da cana. No mesmo ano da publicização do posicionamento antagônico de Nery Júnior em relação à primeira instância do MP-SP, outros membros da segunda instância do MP-SP passaram, também, a se manifestar pela permissão da queima, solicitando o julgamento de improcedência da ação nos processos judiciais em que o próprio MP-SP demandava a proibição imediata da queima.

---

45. É prática comum juntar nos processos judiciais a manifestação subscrita por algum famoso jurista sobre a temática tratada no processo, objetivando influenciar o convencimento do Judiciário pela apresentação do posicionamento de um nome conhecido nos círculos jurídicos. Aqui, trata-se não de um parecer de Nelson Nery Júnior, como procurador do MP-SP em um caso no qual eventualmente atue, nem de um artigo acadêmico, mas de um autêntico "parecer de renomado jurista", rubricado página a página e juntado pelos advogados do empresariado canavieiro.

Uma primeira resposta a essa oposição interna veio, segundo Marcelo Goulart[46], por meio da edição de uma Súmula pelo Conselho Superior do MP-SP (CSMP-SP), de autoria do, à época, conselheiro Luiz Antônio Marrey. Trata-se da Súmula n. 22[47], que determina e justifica a propositura de ação civil pública para impedir a queima da cana. Tal movimento não foi suficiente, contudo, para impedir que os procuradores de justiça continuassem emitindo pareceres contrários à tese dos promotores de justiça, sendo possível observar sua existência, no mínimo, até o ano de 1998[48].

Embora minoritários dentro da instituição, esses pareceres consubstanciaram importante posicionamento político de um grupo favorável à queima da cana no interior do MP-SP, traduzindo-se em manifestações políticas relevantes, largamente utilizadas pelos advogados do empresariado canavieiro para deslegitimar a argumentação sustentada pelos promotores de justiça contra a queima. Segundo Marcelo Goulart[49], a

46. Marcelo Pedroso Goulart, entrevista concedida ao autor para elaboração de trabalho de conclusão de curso, 2010.
47. A referida súmula encontra-se assim redacionada: "SÚMULA n. 22. 'Justifica-se a propositura de ação civil pública de ressarcimento de danos e para impedir a queima de cana-de-açúcar, para fins de colheita, diante da infração ambiental provocada, independentemente de situar-se a área atingida sob linhas de transmissão de energia elétrica, ou estar dentro do perímetro de um quilômetro de área urbana. (Pts. n$^{os}$ 34.104/93, 22.381/94, 16.399/941 e 02.184/94; Ap. Cível n. 211.501-1/9, de Sertãozinho, 7ª Câm. Cível do TJ-SP, por votação unânime, 8.3.95).' Fundamento: Os mais atuais estudos ambientais têm demonstrado a gravidade dos danos causados pela queimada na colheita da cana-de-açúcar ou no preparo do solo para plantio. Assim, em sucessivos precedentes, o Conselho Superior tem determinado a propositura de ação civil pública em defesa do meio ambiente degradado". Cf. CSMP-SP, Súmula n. 22.
48. Entre os procuradores que emitiram tais pareceres, destacamos: Maria do Carmo Ponchon da Silva, em agosto de 1995 (AP 265.345-1/1-00, comarca de Matão) e maio de 1996 (AP 11.328.5/0, comarca de Sertãozinho); José Campos Malachias Júnior, em julho de 1996 (AI 16.389.5/4, comarca de Lençóis Paulista); João Francisco Moreira Viegas, em agosto de 1996 (AP 19.100.5/9-00, comarca de Sertãozinho) e outubro de 1998 (EI 11.328.5/2-01, comarca de Sertãozinho); e Edson Ramachoti Ferreira Carvalho, em março de 1998 (AP 66.479.5/6, comarca de Ribeirão Preto).
49. Marcelo Pedroso Goulart, entrevista concedida ao autor para elaboração de trabalho de conclusão de curso, 2010.

existência de posicionamento contrário dentro da instituição foi invertida quando o, à época, promotor de justiça Herman Benjamin assumiu a coordenação do Centro de Apoio do Meio Ambiente (CAO-UMA) e propôs uma reunião entre a primeira e a segunda instâncias do MP-SP.

Como representante da primeira instância, Marcelo Goulart participou dessa reunião, na qual, segundo ele, decidiu-se que as ações judiciais de proibição da queima, quando em segunda instância, seriam dirigidas "a um procurador que tinha a nossa [promotores de primeira instância] visão do problema"[50]. Essa movimentação interna foi suficiente para unificar o posicionamento do MP-SP sobre a temática, e, a partir de então, somente procuradores contrários à queima passaram a atuar nos processos judiciais.

Nesses mais de vinte anos de lutas contra a queima da cana-de-açúcar, foram ajuizadas pelo MP-SP centenas de ações civis públicas nos mesmos moldes: individualizadas, demandavam a determinação judicial de abstenção de queima da cana em propriedades rurais específicas (situadas no raio de um quilômetro do perímetro urbano e fora dele, uma vez que a tática de direcionamento para essas áreas foi usada somente nos primeiros anos da disputa judicial, substituída posteriormente pelo enfrentamento geral).

Esse tipo de ação constitui uma das principais fontes de jurisprudência do TJ-SP na temática ambiental, pela imensidão de manifestações do Judiciário sobre o tema. Se durante a década de 1990 essas ações tiveram um grande peso na luta contra o empresariado canavieiro e constituíram a principal forma de manifestação dos opositores da queima, nas décadas de 2000 e 2010 essa movimentação tática encabeçada pelo MP-SP perdeu força, embora se mantenha até hoje vigente na ação de alguns promotores de justiça. No mesmo sentido, se entre 1991 e 2002 a disputa no sistema judiciário foi intensa e concorrida, a partir de 2003 o MP-SP conheceu uma imensidão de derrotas. As movimentações do empresariado canavieiro no âmbito do Executivo e Legislativo estadual e Executivo federal entre 1995 e 2002, que culminaram na promulgação da Lei Estadual n. 11.241/2002 e de outras leis e decretos que consagravam a eliminação gradativa da

---

50. *Idem, ibidem.*

queima da cana-de-açúcar, foi exitosa em hegemonizar o posicionamento do Judiciário contra a tese do MP-SP, a partir de 2003.

Além do ajuizamento de ações civis públicas nos moldes descritos e da articulação entre as diversas forças sociais, o MP-SP teve outras ações importantes na luta contra a queima da cana-de-açúcar. Saíram de membros do MP-SP outras formas de disputa contra o empresariado canavieiro, a exemplo da primeira utilização da tese do condicionamento da queima da cana-de-açúcar à realização do EIA-Rima. Outra atuação importante do MP-SP nessa disputa esteve relacionada às leis municipais aprovadas sobre a temática da queima da cana. Em relação às leis municipais permissivas da queima, promulgadas no início da década de 1990, o MP-SP foi responsável pelo ajuizamento de ações diretas de inconstitucionalidade, e, em relação às leis municipais proibitivas, julgadas durante a década de 2000, manifestou-se a segunda instância do MP-SP em todas as ocasiões a favor da constitucionalidade das leis. Em relação a uma lei municipal proibitiva julgada inconstitucional pelo TJ-SP, foi o MP-SP o autor do recurso especial objetivando a modificação dessa decisão.

Explica o promotor de justiça Marcelo Goulart[51] que a tática do MP-SP foi de pulverizar a disputa contra o empresariado canavieiro para evitar a ocorrência de uma eventual derrota definitiva, caso fosse adotada uma ação concentrada do tipo "tudo ou nada". Deriva daí, por exemplo, a inexistência de questionamento direto e específico dos diversos textos aprovados estabelecendo a proibição gradativa da queima da cana, entre os quais o principal é a Lei Estadual n. 11.241/2002. Em nossa opinião, essa tática teve bons resultados durante a década de 1990, mas mostrou-se não efetiva em relação às disputas travadas a partir de 2003, após a aprovação da Lei Estadual n. 11.241/2002. A boa manobra tática do empresariado canavieiro na esfera do Executivo e Legislativo estaduais assegurou o convencimento do Judiciário paulista em torno da proibição gradativa da queima da cana-de-açúcar, tornando bastante frágeis os resultados diretos da ação do MP-SP a partir de 2003.

---

51. *Idem, ibidem.*

A adoção de uma nova estratégia nesse período, incluindo, por exemplo, maior abrangência territorial no objetivo de cada ação civil pública, poderia tornar as raras vitórias judicialmente existentes um pouco mais significativas, diminuindo a imobilidade gerada pela hegemonização de um posicionamento contrário no TJ-SP. Isso poderia ser feito, por exemplo, por meio de ajuizamento de ações demandando a proibição da queima em todo um município ou em toda uma região de municípios canavieiros, em lugar de demandar em cada ação judicial a proibição da queima da cana em um único imóvel rural. Evitar-se-ia, assim, a estratégia arriscada do "tudo ou nada", obtendo-se, contudo, maior aproveitamento da vitória eventualmente conquistada.

De todo modo, o destaque do MP-SP na disputa é evidente e revela as potencialidades da articulação entre a disputa popular e as diversas formas de disputa institucional, dentre as quais aquela realizada junto ao sistema de justiça.

## COMUNIDADE CIENTÍFICA E A DISPUTA(DA) VERDADE SOBRE A QUEIMA DA CANA

No vasto campo da comunidade científica travou-se uma das batalhas mais interessantes do processo de lutas contra a queima da cana-de-açúcar. Tal batalha objetivou, para os opositores da prática, comprovar que esse procedimento agrícola gerava consequências deletérias ao ambiente e à saúde pública e, para os defensores, demonstrar que da queima não resultaria nenhum tipo de contaminação, ou que não existiriam provas das consequências danosas da prática. Na descrição que segue, pretendemos narrar alguns dos mais relevantes episódios dessa batalha travada junto e dentro da comunidade científica. Não é nosso objetivo adentrar profundamente nas discussões médicas e biológicas sobre a queima da cana e sobre os estudos realizados, propondo-nos, sobre isso, apenas emitir pequenas considerações analíticas indispensáveis[52].

---

52. Outros estudos sobre a queima da cana, além dos ora citados por nós para esta discussão,

A batalha na comunidade científica iniciou-se no estado, de fato, em 1989[53], quando o primeiro estudo abordando especificamente a temática foi elaborado por Edith Marinho e Volker Kirchhoff, pesquisadores do Inpe, aparentemente de forma desconexa às articulações que já ocorriam no nordeste paulista na época. Afirma esse estudo, resumidamente, que as concentrações de gases tóxicos aumentam na atmosfera da região canavieira no período da queima da cana, em virtude da execução dessa prática agrícola[54].

A publicação desse trabalho acadêmico inaugurou uma nova frente de lutas na disputa contra a queima da cana, vinculada à produção do conhecimento científico. Ao saber, pela divulgação midiática, da existência do trabalho de Kirchhoff e Marinho, o promotor de justiça Marcelo Goulart[55] dirigiu-se a São José dos Campos para se reunir com o pesquisador Volker Kirchhoff, formulando quesitos sobre a queima da cana com base em seus estudos para que este respondesse. As respostas de Kirchhoff[56] a esses quesitos datam de outubro de 1989 e reafirmam a vinculação entre a queima e

foram realizados, e sua não menção deve-se ao nosso eventual desconhecimento ou desconsideração de sua importância relativa na história das lutas contra a queima.

53. Existem, todavia, alguns antecedentes destacáveis, entre os quais um estudo que, embora não sendo propriamente do campo das ciências biológicas ou naturais, foi realizado pela Cetesb em 1984. Trata-se de manifestação do advogado Nichéas Bueno Godoy defendendo a ilegalidade da queima da cana (N. B. Godoy, "Queima da Cana e Legislação", em *Simpósio sobre Queima da Palha de Canaviais*).
54. Coletando amostras por meio de um avião instrumentalizado, Marinho e Kirchhoff demonstraram que as concentrações de monóxido de carbono (CO) e ozônio ($O_3$) aumentavam, respectivamente, de cem partes por bilhão por volume para até seiscentas (ppbv) e de vinte ppbv para até oitenta ppbv na época das queimadas, mesmo a vários quilômetros de distância da fonte poluidora (cf. V. W. J. H. Kirchhoff e E. V. A. Marinho, "Projeto Fogo: Um Experimento para Avaliar Efeitos das Queimadas de Cana-de-açúcar na Baixa Atmosfera", *Revista Brasileira de Geofísica*, vol. 9, n. 2, 1991, p. 107). O trabalho foi inicialmente publicado em inglês em 1989, em conjunto com outros autores, no texto "$O_3$ and CO from Burning Sugar Cane", da revista inglesa *Nature*. Posteriormente, foi publicado em português, na versão que se encontra citada por nós.
55. Marcelo Pedroso Goulart, entrevista concedida ao autor para elaboração de trabalho de conclusão de curso, 2010.
56. V. W. J. H. Kirchhoff, *Resposta a Quesitos do Ministério Público sobre a Queima da Cana-de-açúcar*.

a geração de poluição. O objetivo do promotor de justiça, ao formular os quesitos e ao entrar em contato pessoal com os pesquisadores, era angariar aliados e documentação probatória para judicialização do conflito pela eliminação da queima.

Ainda no primeiro semestre de 1991, em resposta à incipiente articulação entre MP-SP e Inpe, o empresariado canavieiro fez um movimento político em direção ao mesmo instituto de pesquisa, por meio da realização de um *workshop* intitulado "Queima da Cana" em São José dos Campos, nas dependências do Inpe. Nesse evento, que contou com a palestra, dentre outros, de Leontino Balbo Júnior, a prática da queima da cana foi defendida por uma série de conferencistas. Foram publicizados ali, também, dados de análises realizadas pela Cetesb relatando a existência de baixos índices de contaminação atmosférica nas regiões canavieiras do estado. Ao final do encontro, segundo noticiado, foi formado um grupo de trabalho, sob a coordenação do professor Kirchhoff, para continuar os estudos sobre a queima.

No segundo semestre de 1991, um novo movimento em direção à comunidade científica foi realizado, dessa vez pelos opositores da queima da cana-de-açúcar, com a aproximação do movimento ambientalista e do MP-SP ao Centro de Estudos Regionais da Universidade de São Paulo (CER-USP). Uma primeira reunião entre CER-USP, MP-SP e movimento ambientalista foi realizada em agosto de 1991, intitulada "Queimadas da Cana-de-açúcar na Região de Ribeirão Preto e Implicações para a Saúde da População", contando com a presença de seis pessoas: Marcelo Goulart (MP-SP), Manoel Tavarez e Reinaldo Romero (ACE-Pau-Brasil), Paulo César Lins Ferraz (Federação Pardo-Grande de Entidades Ecológicas e Ambientalistas) e os professores Antônio Ribeiro Franco e José Marcelino de R. Pinto (USP).

Nessa reunião, segundo sua ata[57], o promotor de justiça declarou que procurou o CER-USP em virtude da ausência de dados estatísticos comprovando os prejuízos da queima da cana à saúde pública. A essa declaração,

---

57. CER-USP, *Queimadas da Cana na Região de Ribeirão Preto e Implicações para a Saúde da População*.

respondeu o professor Ribeiro Franco que a sobrecarga de poluentes decorrente das queimadas provocava ou agravava doenças respiratórias, afirmando ser possível fazer um trabalho de coleta de dados por meio da entidade, objetivando comprovar essa vinculação. O professor teria afirmado, também, ter preocupações quanto aos efeitos nocivos do problema da queima na saúde populacional. A partir daí, desenrolaram-se reuniões mensais do CER-USP sobre o tema, contando com presença média de 25 pessoas e com a participação de diversos outros docentes da USP, entre os quais o professor José Carlos Manço. O início das investigações sobre as consequências da queima da cana pelo CER-USP representou a tomada consciente de posição de alguns pesquisadores no sentido da interferência da orientação científica para as ações políticas.

Em dezembro de 1991, o MP-SP ajuizou as primeiras ações civis públicas demandando a proibição imediata da queima da cana-de-açúcar. As ações contavam com um único amparo científico: o trabalho de Marinho e Kirchhoff, juntamente com as questões respondidas por este último ao MP-SP. Em resposta a essas ações civis públicas, o empresariado canavieiro juntou aos processos os relatórios da Cetesb apresentados no *workshop* anteriormente referido, um estudo em inglês intitulado *Cane Burning: Environmental and Health Impacts* [Queima da Cana: Impactos Ambientais e de Saúde] e estudos realizados por pessoas próximas ao setor, como o gerente-geral da Coopersucar, Manoel Sobral Júnior[58], e o empresário (e engenheiro agrônomo) Leontino Balbo Júnior[59]. Tais trabalhos, realizados durante o ano de 1991, eram uníssonos em afirmar, em defesa da prática, que a queima da cana não trazia prejuízos ambientais negativos.

Do lado dos opositores da queima, por sua vez, as reuniões do CER--USP prosseguiram durante todo o ano de 1992. Nesse ano, duas importantes palestras foram proferidas. Em março, Ribeiro Franco[60] discutiu o tema "Aspectos Médicos e Epidemiológicos da Queimada de Canaviais

---

58. M. Sobral Júnior, *Considerações sobre "A Verdade sobre as Queimadas"*.
59. L. Balbo Júnior, *Queima da Palha da Cana-de-açúcar*.
60. A. R. Franco, *Aspectos Médicos e Epidemiológicos da Queimada de Canaviais na Região de Ribeirão Preto*.

na Região de Ribeirão Preto", no CER-USP, e, em julho, no "I Encontro sobre Incêndios Florestais" de Botucatu (SP), Carlos Manço[61] falou sobre "Efeitos das Queimadas na Saúde Humana: Aparelho Respiratório". Em ambas as palestras, os professores da USP defenderam uma perspectiva comum: a necessidade de discutir a queima da cana a partir de um raciocínio epidemiológico, em detrimento do raciocínio clínico, o que significa analisar o conjunto de dados e informações ambientais e de saúde pública de determinado período para evidenciar relações, em lugar de buscar respostas de causa-efeito[62]. Com base em estudos de avaliação atmosférica da Cetesb e do Inpe, e em dados estatísticos de internações por problemas respiratórios na região de Ribeirão Preto (SP) no período das queimadas, eles concluíram que a queima da cana causava poluição atmosférica e trazia consequências deletérias para a saúde pública. Em dezembro de 1992, responderam a questões elaboradas pelo promotor Marcelo Goulart (MP-SP), explicitando, em suas respostas, a associação entre queima da cana-de-açúcar e problemas socioambientais[63].

Pelo lado do empresariado canavieiro, entre 1991 e 1994 novos estudos foram produzidos em defesa da queima, por pessoas próximas a esse grupo. Técnicos da Coopersucar e Leontino Balbo Júnior foram

---

61. J. C. Manço, "Efeitos das Queimadas na Saúde Humana: Aparelho Respiratório", em *Encontro sobre Incêndios Florestais*.
62. Cf. A. R. Franco, *Aspectos Médicos e Epidemiológicos da Queimada de Canaviais na Região de Ribeirão Preto*; e J. C. Manço, "Efeitos das Queimadas na Saúde Humana: Aparelho Respiratório", em *Encontro sobre Incêndios Florestais*.
63. Antônio Ribeiro Franco afirmou, em resposta às perguntas: "Não tenho nenhuma dúvida em afirmar que a poluição atmosférica (constituída por gases e material particulado) provocada pela queima dos canaviais que circundam as cidades da região canavieira de Ribeirão Preto põe em risco a saúde, o bem-estar e a qualidade de vida das pessoas e da coletividade. [...] reputo como irresponsável e leviana a afirmação tão frequentemente utilizada de que 'não há provas e/ou estudos científicos de que a queimada dos canaviais prejudica a saúde'. Eu pergunto, qual ar impuro faz bem à saúde?" (cf. A. R. Franco, *Parecer sobre os Efeitos de Poluição Provocada pela Queimada dos Canaviais na Saúde da População de Nossa Região*).

novamente acionados, posicionando-se em defesa da inexistência de consequências prejudiciais[64].

No mesmo período, entretanto, o movimento mais importante do empresariado canavieiro foi feito em direção à Empresa Brasileira de Pesquisa Agropecuária, por meio de seu Núcleo de Monitoramento Ambiental (NMA-Embrapa). Com isso, um importante aliado do empresariado canavieiro entrou na disputa científica: o pesquisador Evaristo Eduardo de Miranda. Um marco importante da aproximação entre o empresariado canavieiro e Evaristo de Miranda é o ano de 1993, no qual foi realizada uma visita de empresários (entre os quais Leontino Balbo Júnior) à sede do NMA-Embrapa, seguida de uma entrevista coletiva à imprensa, da qual participaram empresários e pesquisadores. Nessa entrevista, segundo noticiado na época, Evaristo de Miranda teria finalizado o encontro declarando: "nenhuma atividade agrícola enfrenta tantos problemas, resolve tantos problemas e tem trazido tantos benefícios para o meio ambiente como a cultura da cana"[65].

Entre 1994 e 1997, diversos estudos e eventos científicos realizados sob a coordenação de Evaristo de Miranda foram divulgados: em junho de 1994, foi realizado o *workshop* "Fatores Ambientais *x* Doenças Respiratórias", em que o cientista divulgou o resultado de estudos de análise atmosférica realizados; no mesmo ano, foi lançado, em coautoria com outros dois pesquisadores, o trabalho "Doenças Respiratórias Crônicas

---

64. Em novembro de 1991, Isaias Carvalho de Macedo, da Coopersucar, publicou o trabalho *Agroindústria da Cana-de-açúcar: Participação na Redução de Carbono Atmosférico no Brasil.* Em setembro de 1994, com "a colaboração do Sr. Moacyr Castro (Imagem – Relações Públicas)"[!], Leontino Balbo Júnior escreveu *Estudos, Levantamentos Técnicos e Ambientais sobre Queimada da Cana-de-açúcar*, em que concluiu: "Sob o aspecto ambiental, em função do exposto neste trabalho, não se vê motivos para alarme em relação aos efeitos da queima da cana no meio ambiente, e principalmente para o ser humano" (cf. L. Balbo Júnior, *Estudos, Levantamentos Técnicos e Ambientais sobre Queimada de Cana-de-açúcar*). Não é à toa que o auxiliar de Balbo Júnior na elaboração desse trabalho tenha sido um profissional de relações públicas: a temática da queima, conforme se tornaria mais notório a partir de 2007, é imageticamente importante para o empresariado canavieiro.
65. "Os Satélites a Serviço do Meio Ambiente", *A Cidade*, mar. 1993.

em Quatro Municípios Paulistas"; em 1997, foi divulgada circular técnica da Embrapa, feita em coautoria com outros pesquisadores, intitulada "Considerações sobre o Impacto Ambiental da Palha da Cana-de-açúcar". Os primeiros trabalhos, comparando dados de análise atmosférica realizada em quatro municípios paulistas (Atibaia, Campinas, São José dos Campos e Ribeirão Preto), afirmavam que Ribeirão Preto possuía a melhor qualidade atmosférica entre eles[66]. O último estudo, divulgado em circular técnica da Embrapa, sustentava que as considerações sobre a degradação local eventualmente relacionada à queima da cana deveriam ser inseridas numa análise mais geral do processo produtivo canavieiro, objetivando avaliar a totalidade dos ganhos e das perdas ambientais, e que, dada a inexistência desse tipo de estudos, seria impossível considerar a queima degradante. Afirmava o trabalho, ainda, que, em âmbito nacional, o potencial degradador da queima da palha da cana era irrelevante[67].

Nesse mesmo período, ainda em benefício das teses defendidas pelo empresariado canavieiro, outro importante fato político teve lugar. Nos anos de 1996 e 1997, Volker Kirchhoff, o primeiro cientista a constatar a existência de degradação ambiental oriunda da queima da cana, alterou publicamente sua posição e sustentou em jornais de grande circulação que das queimadas não resultava o aumento da concentração de gases poluentes na atmosfera. Defendeu publicamente, além disso, o etanol (à época chamado de "álcool") como combustível não poluente e combatente do efeito estufa. Ele afirmou, na *Folha de S.Paulo*, em junho de 1996:

> Fui um dos primeiros que durante criticaram os grandes plantadores de cana pela poluição que se cria no campo na época da colheita, que é feita pela queima da palha da cana-de-açúcar. Sabemos hoje que as queimadas da cana não provocam nenhum alerta quanto à produção excessiva de gases tóxicos na atmosfera do interior paulista, embora ainda haja o incômodo das cinzas – o

---

66. E. E. de Miranda, A. J. Dorado e J. V. de Assunção, *Doenças Respiratórias Crônicas em Quatro Municípios Paulistas.*
67. E. E. de Miranda *et al.*, *Considerações sobre o Impacto Ambiental das Queimadas da Palha de Cana-de-açúcar.*

chamado carvãozinho –, que perturba principalmente as donas de casa das regiões mais próximas[68].

Não temos informações sobre os fundamentos da modificação do posicionamento do pesquisador, sabendo somente que, entre 1991 e 1995, ele coordenou pesquisas de avaliação da qualidade atmosférica da região canavieira[69].

Em 1997, agora em benefício dos opositores da prática agrícola, uma dissertação de mestrado intitulada *Investigação da Fuligem Proveniente da Queima de Cana-de-açúcar com Ênfase nos Hidrocarbonetos Policíclicos Aromáticos (HPAs)* foi apresentada, no Instituto de Química de Araraquara, por Gisele Zamperlini. Esse estudo concluiu que a queima da cana emite na atmosfera mais de quarenta tipos diferentes de HPAs, substâncias cancerígenas e mutagênicas, consideradas de controle ambiental prioritário por agências internacionais de proteção[70]. Imediatamente após sua divulgação, em agosto de 1997, o promotor Marcelo Goulart formulou quesitos para resposta de Gisele Zamperlini, criando documento que passou a compor o material utilizado pelos opositores da queima na disputa.

Em setembro do mesmo ano, no *JornalCana*, veículo de comunicação ligado ao setor canavieiro, o diretor do Centro de Assistência Toxicológica da Faculdade de Medicina da USP, Anthony Wong, subscreveu um artigo criticando o trabalho de Zamperlini e as associações entre queima da cana e aumento de doenças respiratórias. Ele afirmou, durante, na introdução do texto: "A manipulação de teses científicas para atender a interesses diversos é uma prática que acontece no mundo todo. [...] Agora

68. V. W. J. H. Kirchhoff, "Proálcool: Em Defesa da Tecnologia", *Folha de S.Paulo*, 5 jun. 1996.
69. Essa informação encontra-se em trabalho divulgado em abril de 1996, realizado sob financiamento da Associação das Indústrias de Açúcar e Álcool (AIAA). Esse trabalho, em seus agradecimentos, consigna: "Agradecemos também a boa vontade e entusiasmo dos empresários da família Balbo, especialmente a Jairo Balbo, que sempre recebe muito bem, e com muito zelo, os novos resultados de pesquisas na área" (cf. Ecoponto, *Emissão de Gases de Queimadas nas Regiões Canavieiras*).
70. G. C. M. Zamperlini, *Investigação da Fuligem Proveniente da Queima de Cana-de-açúcar com Ênfase nos Hidrocarbonetos Policíclicos Aromáticos (HPAs)*.

estamos assistindo a um caso semelhante. Trata-se da queima da palha da cana-de-açúcar"[71]. Anthony Wong e Carlos Roberto Ribeiro de Carvalho (professor da Faculdade de Medicina da USP) subscreveram, em seguida, pareceres analíticos sobre o trabalho de Gisele Zamperlini, objetivando descredenciar as conclusões apresentadas pela mestra[72].

Viveu-se, assim, entre 1989 e 1997, um período extremamente tumultuado e caracterizado por múltiplas e complexas aproximações dos agentes em disputa em direção à comunidade científica, objetivando a formação e o fortalecimento de aliados. Vários estudos foram realizados, e estes foram alvos de múltiplos questionamentos dos combatentes em questão. Pesquisadores científicos foram incentivados a desenvolver trabalhos sobre a temática da queima da cana, por influência direta dos agentes políticos envoltos nas lutas ecossociais, tanto opositores quanto defensores da prática. Por parte dos opositores houve, assim, aproximações diretas à comunidade científica para fomentar a realização desses trabalhos, como ocorrido entre o movimento ambientalista e o MP-SP em relação ao CER-USP. No mesmo sentido, a cada novo trabalho divulgado contra a queima, o MP-SP aproximou-se do autor para integrá-lo à disputa, graças a respostas a quesitos que eram, posteriormente, juntados nas ações judiciais. Por parte dos defensores da queima, da mesma forma, houve a aproximação direta à comunidade científica pelo empresariado canavieiro por meio do Inpe e da Embrapa. Igualmente, a cada posicionamento público de pesquisador em defesa da queima, o empresariado aproximava-se dele para formação de alianças.

O ano de 1998, contudo, inaugurou uma nova etapa da disputa realizada na esfera relacional de produção do conhecimento científico sobre as consequências socioambientais da queima. Não temos informação, a partir dessa data, sobre a divulgação de nenhum trabalho científico em defesa dessa prática. Desde então, em contrapartida, a constatação da

---

71. A. Wong, "Apagar o Fogo dos Canaviais", *JornalCana*, set. 1997.
72. Cf. A. Wong, "Considerações sobre Queimadas nos Canaviais e uma Avaliação Crítica da Tese da Sra. Gisele Cristiane Marcomini Zamperlini", *JornalCana*, set. 1997; e C. R. R. de Carvalho, *Parecer sobre Carcinogênese e a Fuligem da Queima da Cana-de-açúcar*.

existência de consequências deletérias da queima foi reforçada por inúmeros estudos, construindo o consenso em torno da associação entre queima da cana e poluição ambiental.

Data de 2001, por exemplo, a defesa da tese de doutorado do médico pneumologista Marcos Arbex[73], que concluiu, em estudo epidemiológico realizado no município de Araraquara (SP), que a fuligem produzida com a queima da cana tem consequências danosas sobre a saúde dos habitantes da cidade, relacionando a ampliação do número de pessoas com problemas respiratórios com o aumento da quantidade de material particulado gerado pela queima da cana ("relação causal dose-dependente"). Marcos Arbex, desde 1989, figurava no noticiário regional associando a queima dos canaviais com os altos índices de doenças respiratórias na região, inclusive com base em levantamentos estatísticos por ele realizados. Somente em 2001, contudo, ele finalizou e publicou um trabalho estruturado sobre o assunto.

Em 2003, em novo estudo epidemiológico realizado, agora no município canavieiro de Piracicaba (SP), José Cançado[74] concluiu que a queima da palha da cana era a principal fonte de poluição atmosférica na cidade, e que os poluentes gerados pela prática eram os principais responsáveis pelos efeitos adversos à saúde humana observados na região. Tratava-se de nova tese de doutorado em medicina. A partir de 2004, Marcos Arbex e José Cançado, em análises conjuntas com outros pesquisadores, produziram uma série de importantes trabalhos relacionando problemas de saúde pública das regiões canavieiras com a prática agrícola de queima da cana[75]. Paterlini concluiu em 2007, por sua vez, que a queima da cana contribuía significativamente para o aumento da concentração do material

---

73. M. A. Arbex, *Avaliação dos Efeitos do Material Particulado Proveniente da Queima da Plantação de Cana-de-açúcar sobre a Morbidade Respiratória na População de Araraquara.*
74. J. E. D. Cançado, *A Poluição Atmosférica e Sua Relação com a Saúde Humana na Região Canavieira de Piracicaba – SP.*
75. Cf. M. A. Arbex *et al.*, "Queima de Biomassa e Efeitos sobre a Saúde", *Jornal Brasileiro de Pneumologia*, vol. 30, 2004; J. E. D. Cançado *et al.*, "The Impact of Sugar Cane-Burning Emissions on the Respiratory System of Children and the Elderly", *Environmental Health Perspectives*, vol. 114, n. 5, 2006; J. E. D. Cançado *et al.*, "Repercussões Clínicas da Exposição à Poluição Atmosférica", *Jornal Brasileiro de Pneumologia*, vol. 32, 2006.

particulado no município canavieiro de Araraquara (SP), atingindo índices superiores aos limites estabelecidos pela Organização Mundial de Saúde[76].

Nesses estudos, foi identificada na atmosfera regional a existência de partículas poluentes exclusivamente características da biomassa da cana, que funcionam como "marcadores" da origem da poluição encontrada. Não há dúvida, assim, sobre a origem da poluição atmosférica dos municípios canavieiros estudados: trata-se de poluição ligada à queima da palha da cana-de-açúcar. Novos trabalhos, abordando outros aspectos dos problemas ligados à queima da cana, foram, também, realizados[77].

Desse modo, após a divulgação desse vasto repertório de estudos científicos caracterizando a degradação socioambiental oriunda da queima da cana-de-açúcar, e em vista do extenso lapso temporal desde o último trabalho que defendia a ausência de consequências deletérias da queima da cana (realizado em 1997), pode-se afirmar que um consenso foi construído na comunidade científica em torno da associação entre queima da cana e degradação socioambiental. Outros estudos identificando e caracterizando os problemas socioambientais vinculados à queima da palha da cana, por sua vez, continuaram sendo divulgados desde 2008, reforçando o consenso construído sobre o caráter degradante da prática agrícola, prejudicial à natureza e à saúde pública em virtude da poluição gerada[78].

---

76. W. C. Paterlini, *Fontes e Composição das Partículas Atmosféricas na Área Urbana e Rural da Região Central do Estado de São Paulo*.
77. Cf., entre outros: M. N. V. Roseiro, *Morbidade por Problemas Respiratórios em Ribeirão Preto (SP), de 1995 a 2001, segundo Indicadores Ambientais, Sociais e Econômicos*; M. P. Colombini, *Exposição Aguda ao Material Particulado Total em Suspensão Proveniente de Diferentes Fontes e Suas Repercussões nas Respostas Inflamatórias, Sistêmica e Local, em Ratos*.
78. Destacamos, entre eles, o trabalho de J. Cristale, *Influência da Queima da Cana-de--açúcar na Presença de HPAs em Ambiente Residencial*, que identificou a presença das substâncias cancerígenas originadas da queima da cana-de-açúcar (HPAs) no interior das residências da zona rural de um município canavieiro (Araraquara-SP), e o trabalho de H. Ribeiro, "Queimadas de Cana-de-açúcar no Brasil: Efeitos à Saúde Respiratória", *Revista de Saúde Pública*, vol. 42, n. 2, 2008, que cita estudo internacional em que se revelou que os trabalhadores canavieiros são os mais expostos a problemas relacionados à queima da cana-de-açúcar.

Assim, uma disputada verdade científica prevaleceu no fim desse processo de lutas: a queima da cana prejudica a natureza e a saúde pública. A disputa da verdade científica, por sua vez, revelou a permeabilidade dos profissionais ligados à produção do conhecimento aos interesses em questão, no direcionamento tanto das ações investigativas quanto das análises.

## A DISPUTA NO SEIO DO MOVIMENTO SINDICAL DOS TRABALHADORES RURAIS

Travou-se, no seio do movimento sindical dos trabalhadores rurais da região, uma importante disputa entre o empresariado canavieiro e seus opositores, mostrando-se extremamente valiosa a conquista de aliados nesse campo, em virtude da associação comumente realizada, sob a égide dos interesses patronais, entre a queima da cana-de-açúcar e a vontade dos trabalhadores, ou entre a eliminação da queima da cana-de-açúcar e a geração de desemprego. O empresariado canavieiro afirmava publicamente que a queima da cana-de-açúcar era um desejo dos trabalhadores e que queimava a cana para satisfazer esse desejo. Tal afirmação não reproduz, contudo, a verdade dos fatos, embora não se possa considerá-la de todo falsa.

De fato, era no sentido de afirmar que a queima da cana era boa para o trabalhador canavieiro que se conduzia oficialmente parcela do movimento sindical, mais especificamente aquela ligada à Fetaesp. Os sindicatos dos trabalhadores rurais de Sertãozinho, de Jaboticabal, de Ribeirão Preto e de Guariba, todos filiados à Fetaesp, por exemplo, em março de 1991, enviaram ao (à época) governador Orestes Quércia cartas solicitando a revogação do Decreto n. 28.895/1988 e defendendo a queima da cana-de-açúcar. Extremamente semelhantes, elas replicam, em síntese, o seguinte conteúdo, extraído do documento enviado pelo sindicato de Ribeirão Preto:

A proibição em tela prejudica sensivelmente todos os segmentos da lavoura canavieira, principalmente os trabalhadores rurais, pois que, além de reduzir substancialmente o seu rendimento diário, ainda ficam eles expostos aos riscos de saúde ocasionados pelos animais peçonhentos que habitam naturalmente a lavoura como escorpiões, cobras etc. Aliado a isto, a proibição da queima certamente estimulará a colheita mecanizada, o que gerará desempregos no setor e aumentará ainda mais os problemas sociais que já vivemos[79].

Conforme demonstra esse documento, esses sindicatos defendiam publicamente a queima da cana, reproduzindo a totalidade do discurso do empresariado canavieiro sobre o tema, seja quanto à geração de desemprego com a mecanização, seja quanto ao beneficiamento do trabalhador com a queima[80]. Essa forma de os sindicatos ligados à Fetaesp encararem a queima ignorava, assim, outras possibilidades de resolução dos supostos problemas da colheita[81]. Esses sindicatos ignoravam, também, que era o trabalhador canavieiro o principal prejudicado pelos problemas de saúde pública ligados à queima da cana, por ter contato mais direto com o material queimado: era ele a mais direta vítima das queimadas. Eles reproduziam, com isso, o discurso aterrorizador sobre a mecanização da colheita, sem enxergar as outras perspectivas de amenização do desemprego no campo, por exemplo, por meio da reforma agrária.

Em oposição a esse sindicalismo cuja proximidade aos interesses patronais se manifestava de múltiplas outras formas, durante a década de 1980 foi criada outra federação de sindicatos de trabalhadores rurais:

---

79. S. D. Palvequeres, *Carta de Reivindicações do Sindicato de Trabalhadores Rurais de Ribeirão Preto para o Governador de São Paulo*.
80. Durante o ano de 1991, no mesmo sentido, um acordo coletivo de trabalho foi judicialmente assinado entre sindicatos de 26 municípios do estado de São Paulo, a Federação dos Trabalhadores nas Indústrias de Alimentação do Estado de São Paulo e o Sindicato da Indústria do Açúcar do Estado de São Paulo (Siaesp). Esse acordo vedava, em um dos seus itens, a colheita da cana sem queima, afirmando que: "A cana-de-açúcar destinada à industrialização será obrigatoriamente queimada antes do corte" (cf. São Paulo [Estado], *Acordo Judicial Firmado entre Siaesp e Sindicatos de Trabalhadores*).
81. O problema dos animais peçonhentos, por exemplo, poderia ser tratado com a proteção dos trabalhadores com equipamentos adequados. O problema da diminuição dos rendimentos com o corte sem queima, por sua vez, poderia ser resolvido com o aumento do ganho monetário por hectare de cana crua cortada, ou com o pagamento de salário fixo em vez de ganho por produção.

a Feraesp. Em relação à disputa pela eliminação da queima da cana-de-açúcar, a Feraesp optou pela tomada pública de posição ao lado dos opositores da queima, defendendo a eliminação da prática. Assim, em documento de reivindicações enviado ao (à época) governador de São Paulo Luiz Antônio Fleury Filho em 17 de maio de 1991, durante visita à região de Ribeirão Preto (SP), e assinado pelo presidente da Feraesp Élio Neves, afirmava-se:

> Somos solidários à iniciativa de coibir a queimada dos canaviais, como forma de proteção ao meio ambiente [...] Mentirosa a afirmação de que os trabalhadores não cortam cana sem queimar, até porque este trabalho é feito para o corte da cana destinada ao plantio, o que não aceitamos na verdade é que sejamos obrigados a cortar cana sem queimar nas mesmas condições impostas pelos usineiros ao corte da cana queimada. Podemos cortar cana sem queimar, entretanto exigimos que todos nós cortadores de cana sejamos tratados como qualquer outro trabalhador brasileiro [...] que não sejamos obrigados a deixar a nossa vida no trabalho por produção em troca de minguado salário. O trabalho por produção é escravagista por sua própria natureza, o empresário que fica com a riqueza, distribui os riscos aos trabalhadores[82].

Define Goulart que o movimento pela proibição da queima da cana foi fortalecido pela presença do "sindicalismo rural de vanguarda", ganhando "novo impulso"[83]. O alinhamento da Feraesp aos sujeitos opositores à queima foi, de fato, muito importante para diminuir a força argumentativa do discurso aterrorizador do empresariado canavieiro sobre a eliminação da queima e para aproximar a massa de trabalhadores rurais de uma ótica mais crítica sobre a mecanização da colheita e os problemas socioambientais da produção canavieira. Trata-se, de fato, de um sindicalismo combativo, que defende com solidez os interesses trabalhistas e transcende o limite das disputas corporativistas. Exemplo disso é a própria carta reivindicatória referida, que faz menção, também, à luta pela regularização do transporte dos cortadores de cana e à luta pela reforma agrária

82. E. Neves, *Carta de Reivindicações da Feraesp ao Governador de São Paulo.*
83. M. P. Goulart, *Ministério Público e Democracia*, p. 178.

na região, demandando o assentamento de acampados ligados à Feraesp em programas de reforma agrária.

Salvo essa tomada pública de posições de duas partes do movimento sindicalista dos trabalhadores rurais, no decorrer das disputas pela queima da cana-de-açúcar pouco se viu de ações diretas do movimento trabalhista sobre essa temática. Vítimas do desemprego estrutural gerado pela mecanização da colheita desde a década de 1980, os trabalhadores foram praticamente ignorados na maioria das ações do poder público sobre o tema da queima da cana, salvo raras exceções muito mais textuais do que efetivas.

## AS LUTAS NO ÂMBITO DO EXECUTIVO E LEGISLATIVO PAULISTAS

O trecho cuja narrativa é oferecida a seguir objetiva descrever algumas das principais práticas da disputa realizada pelos opositores da queima da cana e pelo empresariado canavieiro no âmbito de duas instâncias estatais estaduais: o Executivo e o Legislativo de São Paulo. Para facilitar o desenvolvimento da narrativa, dividimos a exposição em dois tópicos. No primeiro será englobado o período situado entre 1988 e 2001, no qual o Executivo de São Paulo caracterizou-se por um posicionamento favorável ao empresariado canavieiro, mas com elementos de discordância em relação aos interesses integrais desse sujeito político. No segundo período abordado, entre 2002 e o momento presente, o comportamento do Executivo paulista foi modificado e este passou a atender integralmente aos interesses do empresariado. O posicionamento do Legislativo e os movimentos dos sujeitos em disputa em relação a ele serão, também, analisados quanto aos respectivos períodos.

### *Com (e contra) o empresariado canavieiro: o período entre 1988 e 2001*

É um movimento em direção ao Executivo estadual em 1988 o marco inaugural em São Paulo da luta político-jurídica pela proibição da queima da cana-de-açúcar. Na época, uma intensa estiagem assolava o estado de São Paulo, sendo sensivelmente sentida na região de Ribeirão Preto em virtude da combinação de seus efeitos adversos com aqueles advindos da queima da cana-de-açúcar. Nesse contexto, uma importante articulação social do movimento ambientalista do nordeste paulista foi realizada, capitaneada por entidades de defesa ambiental. Essa articulação objetivou manifestar a oposição popular à prática agrícola de queima da cana-de-açúcar. Com significativa adesão da população local, essa articulação culminou na entrega de um abaixo-assinado ao governo de São Paulo, demandando o fim da queima da cana-de-açúcar em 1988. Afirma Manoel Tavarez[84], da ACE-Pau-Brasil:

[Tratou-se de] um abaixo-assinado com quase cem mil assinaturas que mandaram para o governo do estado, que na época era do Quércia, e chegando lá montou um estardalhaço. Na época estava uma seca muito grande, tinha um problema de saúde muito grande aqui na região, devido às queimadas do estado de São Paulo. E ele [Quércia] proibiu as queimadas. Aí, depois, gradativamente ele retornou às queimadas. Mas que foi uma manifestação muito grande, foi.

Em resposta à articulação promovida pelo movimento ambientalista regional, o Executivo estadual, à época vinculado ao PMDB de Orestes Quércia, editou o Decreto n. 28.848/1988, promulgado em 30 de agosto de 1988, proibindo a realização de queimadas em todo o estado, com menção expressa à queima da cana. Afirmava o artigo 1º do decreto estar "totalmente proibida qualquer forma de emprego de fogo para fins de limpeza e preparo do solo no estado de São Paulo, inclusive para o preparo do plantio e para a colheita da cana-de-açúcar"[85]. Em seus "considerandos", o decreto não fez referência à mobilização social contra a queima, justificando sua promulgação em virtude do aumento de riscos de incêndios em florestas públicas em período de grande estiagem. A menção direta à colheita da cana em seu artigo 1º, contudo, deixa claro ter se tratado de uma resposta do Executivo de São Paulo à mobilização social realizada.

A promulgação desse decreto traduziu-se em ação do governo estadual que atingiu frontalmente – e em plena safra – os interesses do empresariado canavieiro. À época, a integralidade da colheita da cana era realizada

---

84. Manoel Tavarez, entrevista concedida ao autor para elaboração de trabalho de conclusão de curso, 2010.
85. São Paulo, Decreto n. 28.848, 30 ago. 1988.

com queima prévia, por meio do uso de máquinas ou manualmente. Sua proibição afetava, portanto, a totalidade do empresariado canavieiro paulista. A insatisfação desse grupo aumentou ainda mais quando, em seguida à promulgação, iniciaram-se as atuações repressivas e preventivas das agências ambientais nas propriedades canavieiras e usinas do estado.

Em resposta à ação do movimento ambientalista e à promulgação do Decreto n. 28.848/1988, imediatamente o empresariado canavieiro iniciou um forte movimento de pressão política sobre o governo de São Paulo objetivando revogar a proibição. Como conteúdo dessa pressão política, o empresariado canavieiro passou a afirmar que, caso houvesse eliminação da queima, realizaria a mecanização da colheita da cana, o que causaria intenso desemprego nas regiões canavieiras. O empresariado alegava, ainda, que a queima visava atender a demandas dos trabalhadores, sendo estes os responsáveis e beneficiados pela prática agrícola.

Reportagem jornalística publicada no jornal *O Estado de S. Paulo*, em 3 de setembro de 1988, ilustrou bem o momento histórico. Intitulada "Agricultores Desobedecem ao Governador", a reportagem narrava a ocorrência de queima da cana em várias regiões do estado (em desobediência ao decreto); a ação preventiva da Companhia de Tecnologia de Saneamento Ambiental de São Paulo (Cetesb) em propriedades canavieiras; e a pressão exercida pelo empresariado canavieiro contra o Executivo estadual, pelo envio de telegramas ao governador comunicando-o que as empresas canavieiras "trocariam vinte trabalhadores por uma colheitadeira"[86].

A reportagem terminava mencionando a realização de uma reunião na qual os empresários canavieiros "ouviram das autoridades a promessa de que, segunda-feira, em nova reunião, o decreto de Quércia poderá ser regulamentado, para se adaptar às necessidades da lavoura"[87]. Na terça-feira (6 de setembro), já se lia nos jornais que Orestes Quércia havia cedido às pressões, no sentido de permitir a queima[88]. Em 20 de setembro

---

86. "Agricultores Desobedecem ao Governador", *O Estado de S. Paulo*, 3 set. 1988, p. 22.
87. *Idem, ibidem, loc. cit.*
88. "Decreto Vai Permitir Queimadas para Culturas de Algodão e Cana em SP", *Folha de S.Paulo*, 6 set. 1988.

de 1988, após somente vinte dias de queima legalmente proibida e existente em São Paulo, a prática agrícola voltou a ser permitida no estado graças a novo decreto (28.895/1988), que regulamentou o Decreto n. 28.848/1988, alterando seu conteúdo e adaptando-o às "necessidades da lavoura"[89]. Entre as restrições estabelecidas nesse novo decreto, estava a vedação da queima "em uma faixa de 1 (um) quilômetro do perímetro urbano das cidades"[90].

O início das lutas ecossociais contra a queima deu-se, assim, por meio desse duplo movimento de pressão sobre o governo de São Paulo, originado pelo movimento ambientalista e contrariado pelo empresariado canavieiro, terminando o Executivo paulista por ceder aos interesses do empresariado, a despeito de um posicionamento inicial de defesa dos interesses ecossociais contra a queima. Os fatos ocorridos entre 30 de agosto de 1988 e 20 de setembro do mesmo ano mostram um Executivo paulista dividido entre posicionar-se de acordo com os interesses da população das regiões canavieiras e de acordo com os interesses do empresariado canavieiro. Primeiramente contra o empresariado canavieiro, ao proibir a queima, e posteriormente com o empresariado, por meio da permissão da queima, foram as posições políticas do Executivo estadual nesse momento.

A despeito do veto, entre 1988 e 1991 a queima ocorreu constantemente na referida faixa de um quilômetro dos perímetros urbanos. Em vista disso, a partir de 1991, em alguns municípios da região canavieira, as agências ambientais e a Polícia Florestal, a partir de uma articulação conjunta com o movimento ambientalista e o MP-SP, começaram a autuar os infratores da vedação, empresários rurais que realizavam a queima na faixa de um quilômetro dos perímetros urbanos. Em virtude dessas autuações pela queima da cana nessa faixa, o empresariado canavieiro fez novo movimento de pressão sobre o governo estadual, agora para que revogasse

---

89. A mudança do decreto e a permissão de queima agrícola no estado de São Paulo objetivavam, também, atender aos interesses dos plantadores de algodão, que utilizavam a prática em sua estruturação produtiva.
90. São Paulo, Decreto n. 28.895, 20 set. 1988.

a proibição de queima nas proximidades das cidades. Sob a gestão de Luiz Antônio Fleury Filho (PMDB), o Executivo resistiu à pressão do empresariado canavieiro e manteve a vedação aprovada por Quércia (PMDB) e inserida no Decreto 28.848/1988.

A partir daí, entre 1991 e 1994, a luta entre os opositores da queima e o empresariado canavieiro se intensificou: foram protestos, manifestações públicas, estudos científicos, ações judiciais, decisões judiciais, entre outros. O período entre 1991 e 1994 foi marcado por intensa conflitualidade. Se a defesa intransigente da queima foi a estratégia do empresariado até 1994, a partir de 1995 esse grupo social modificou sua posição tática. Desde então, ele passou a articular uma suposta aceitação condicionada da eliminação da queima, que tinha como objetivo prioritário garantir o prolongamento da utilização politicamente segura dessa técnica agrícola: a defesa da proibição gradativa.

Estes três itens são a síntese das exigências do empresariado canavieiro, à época, para discutir a eliminação gradativa da queima da cana: prazos longos de eliminação nas áreas mecanizáveis (quinze anos: 2009); permissão irrestrita de queima nas áreas não mecanizáveis; e permissão de queima na faixa de um quilômetro do perímetro urbano.

Oficialmente, a negociação entre empresariado e opositores para eliminação da queima da cana-de-açúcar começou pela criação da Câmara Setorial Sucroalcooleira Paulista durante a gestão do governador Mário Covas (PSDB) no Executivo de São Paulo (governador desde 1995). Essa Câmara passou, após sua criação, a reunir as múltiplas partes em confronto em torno da problemática da queima da cana-de-açúcar. O promotor de justiça Marcelo Goulart, representante do MP-SP na Subcâmara do Meio Ambiente, explica que, sob a égide das negociações iniciadas na Câmara Setorial, os opositores da queima da cana apresentaram uma nova contraproposta ao empresariado canavieiro e ao Executivo de São Paulo. Eles concordavam com uma eliminação gradual da queima, mas em termos diversos da oferecida pelo empresariado canavieiro.

Na perspectiva dos opositores, a dilação temporal da utilização da queima seria possível desde que houvesse contrapartidas do governo e do empresariado, entre as quais um amplo programa de reinserção profissional dos trabalhadores desempregados com a mecanização da colheita da cana e a destinação de áreas públicas e privadas para assentamento de trabalhadores não reinseridos no sistema de produção canavieiro. Explica o promotor de justiça Marcelo Goulart[91]:

> Eu, pelo Ministério Público, representante de ambientalistas, mais o setor sindical (os trabalhadores mais combativos), nós apresentamos uma proposta: que a gente até concordaria com um prazo para o final da queimada [em lugar da proibição imediata] desde que houvesse contrapartida, e essas contrapartidas incluiriam a questão da mão de obra, ou seja, preparo de parte da mão de obra para ser aproveitada no corte da cana mecanizado [...]. E propusemos o seguinte: que também fossem destinadas áreas públicas e privadas para assentamento dos trabalhadores que não fossem aproveitados no corte da cana, que não era um número significativo. [...] aqueles que sobrassem [trabalhadores que não fossem reinseridos na cadeia produtiva canavieira] seriam então encaminhados, dentro da nossa proposta, para assentamentos de trabalhadores [...].

Pressionado, de um lado, pela demanda de eliminação imediata da queima da cana-de-açúcar ou pela eliminação gradual associada à reforma agrária e à reinserção profissional (proposta dos opositores da queima), e de outro pela demanda de uma eliminação gradativa da queima que, na verdade, mascarava a permissão dessa prática agrícola, o governo de São Paulo optou, em 1997, por uma proposta de solução intermediária para o problema, e regulamentou a questão desagradando a todos.

Foi essa a recepção do Decreto Estadual n. 42.056/1997[92], editado por Mário Covas (PSDB), que previa a eliminação da queima da cana no prazo de oito anos nas áreas mecanizáveis à época ocupadas com agricultura canavieira (2005, portanto), e no prazo de quinze anos nas áreas não mecanizáveis então ocupadas (2012); mantinha a proibição da queima na faixa de um quilômetro do perímetro urbano, prevista no decreto editado por Quércia;

---

91. Marcelo Pedroso Goulart, entrevista concedida ao autor para elaboração de trabalho de conclusão de curso, 2010.
92. São Paulo, Decreto n. 42.056, 6 ago. 1997.

e determinava que qualquer expansão territorial canavieira, a partir de então, deveria dar-se com colheita de cana sem a utilização da queima.

O caráter de "meio-termo" do decreto era expresso no seu conteúdo, uma vez que permitia a queima da cana-de-açúcar no estado (concessão ao empresariado canavieiro), mas diminuía os prazos para sua eliminação em relação às datas pretendidas pelo empresariado canavieiro, acrescentava a perspectiva de eliminação nas áreas não mecanizáveis, mantinha a proibição de queima na faixa de um quilômetro do perímetro urbano e acrescentava a proibição da expansão canavieira combinada com utilização da queima da cana (tudo isso contra os interesses do empresariado). Foi feito, portanto, com e contra o empresariado canavieiro, por permitir a queima da cana, acrescentando restrições não sintonizadas ao interesse do empresariado.

O caráter dúbio do decreto era expresso, também, em suas considerações iniciais, nas quais se afirmou que a mecanização da colheita seria a alternativa produtiva adotada pelo setor canavieiro em resposta à eliminação da queima (formulando, assim, uma solução nos moldes advogados pelo empresariado), mas admitiu-se que a queima da cana-de-açúcar causava degradação ambiental (num momento histórico em que o empresariado canavieiro ainda negava sistematicamente essa afirmação).

Tratava-se, assim, de um decreto ambíguo, orientado ao mesmo tempo a favor e contra o empresariado canavieiro, sem atender às demandas dos opositores da queima. Não logrou obter, por isso, grande aceitação pelos sujeitos em disputa. A resposta dos opositores da prática agrícola veio na continuidade do movimento iniciado em 1991: manifestações públicas, autuações, ações civis públicas. A resposta do empresariado canavieiro, por sua vez, veio em dois movimentos, levando a disputa para novos espaços relacionais.

Primeiro, em 1998, a proximidade com o Executivo federal garantiu--lhe a aprovação de um decreto "do seu agrado": o Decreto Federal n. 2.661/1998, que permitia a queima a um quilômetro do perímetro urbano[93]; liberava a queima nas áreas de expansão canavieira; permitia

---

93. Inicialmente, o decreto estabelecia a permissão da queima nessas áreas nos cinco anos

irrestrita e indefinidamente a queima da cana nas áreas não mecanizáveis; e, em relação às áreas mecanizáveis, previa sua eliminação gradativa em longos vinte anos (2018, portanto)[94]. Todos os pontos contidos na proposta do empresariado foram, assim, contemplados, com prazos mais longos que os defendidos por Balbo Júnior em 1994.

Em 2000, quando os prazos iniciais do Decreto n. 42.056/1997 (do governador Mário Covas) venceriam, foi realizado o segundo movimento do empresariado, por meio da aprovação, na Assembleia Legislativa de São Paulo, do Projeto de Lei n. 491/1999, de autoria do deputado estadual Arnaldo Jardim[95]. O projeto de lei possuía o mesmo conteúdo do decreto federal: permitia a queima a um quilômetro do perímetro urbano; autorizava a queima nas áreas de expansão produtiva; permitia irrestritamente a queima da cana nas áreas não mecanizáveis; e, em relação às áreas mecanizáveis, estabelecia sua eliminação gradativa e lenta em vinte anos.

Esse segundo movimento do empresariado canavieiro, de oposição ao Decreto n. 42.056/1997, esbarrou, contudo, na figura do governador de São Paulo. Sendo projeto de lei estadual, necessariamente teve de passar pela sanção do chefe do Executivo paulista para tornar-se lei. O então governador Mário Covas, em lugar de sancionar o projeto aprovado, vetou-o integralmente. A oposição do Executivo ao conteúdo do projeto, manifestada em seu veto integral, não foi, entretanto, suficiente para vencer os interesses ligados ao empresariado canavieiro. De volta à Assembleia Legislativa, o projeto de lei teve o veto derrubado, contando para isso, inclusive, com o apoio da base governista[96]. Foi promulgada,

> seguintes à sua promulgação (até 2003), tempo após o qual ela estaria proibida. Depois, em dezembro de 1998, a alteração no inciso referente a tal permissão, feita pelo Decreto n. 2.905/1998, estabeleceu que a queima estaria proibida a um quilômetro de conglomerado urbano e a quinhentos metros do perímetro urbano, o que fosse superior.
> 94. Brasil, Decreto n. 2661, 8 jul. 1998.
> 95. A. Jardim, Projeto de Lei n. 491, de 1999.
> 96. É o deputado Arnaldo Jardim quem afirma que a banca governista participou da derrubada do veto do governador Mário Covas à referida lei. A ata da 57ª sessão ordinária da Assembleia Legislativa de São Paulo, ocorrida no dia 27 de abril de 2000, mostra somente que não houve oradores inscritos durante a discussão do veto e que o projeto foi aprovado com rejeição do veto. A ausência de oradores mostra que não

assim, em 2000, a Lei Estadual n. 10.547/2000[97], segundo movimento do empresariado na reformulação da "eliminação gradativa" da queima da cana, inicialmente prevista no Decreto n. 42.056/1997, que passou a estar estruturada a fim de atender aos interesses do patronato sucroenergético.

A resistência do Executivo paulista ao conteúdo da "eliminação gradativa" pretendida pelo empresariado canavieiro prosseguiu, contudo. O governador Mário Covas recusou-se a regulamentar, mediante decreto, a lei aprovada, dando-lhe operacionalidade. Tratou-se de uma nova oposição aos interesses do empresariado canavieiro. Em 2001, após o falecimento de Mário Covas e com a posse de Geraldo Alckmin, uma nova ação do Executivo paulista foi desencadeada contra o empresariado canavieiro: suspendeu-se a queima da cana no estado, negando-se, por meio da Secretaria do Meio Ambiente, todas as autorizações de queima solicitadas. A alegação do então secretário do meio ambiente, Ricardo Tripoli, foi de que a queima foi suspensa em vista da ausência de regulamentação da Lei Estadual n. 10.547/2000. Ele afirmou, também, que um acordo deveria ser feito entre o governo de São Paulo e o empresariado canavieiro para eliminar a queima da cana em 35% das áreas plantadas, já em 2001[98]. Segundo o então deputado estadual Arnaldo Jardim, nesse momento o Judiciário foi acionado e o Executivo estadual foi obrigado, por decisão judicial, a editar um decreto regulamentador[99].

Em 22 de junho, o Executivo estadual editou o Decreto Estadual n. 45.869/2001[100]. Regulamentando a Lei n. 10.547/2000, o decreto trouxe uma restrição nova, não contida naquele diploma legal, estabelecendo que, no ano de 2001, 13,35% das áreas não mecanizáveis deveriam ser colhidas sem queima; e, num texto ambíguo, passou a poder admitir a eliminação gradativa da queima da cana também nas áreas não mecanizáveis. No mesmo dia 22 de junho de 2001, o governo paulista enviou à

houve disputa entre os parlamentares (cf. A. Jardim, "Que se Cumpra a Lei das Queimadas", *Folha de S.Paulo*, 23 maio 2002).
97. São Paulo, Lei n. 10.547, 2 maio 2000.
98. "Governo Proíbe Queimada de Cana em SP", *Folha de S.Paulo*, 11 maio 2001.
99. A. Jardim, "Que se Cumpra a Lei das Queimadas", *Folha de S.Paulo*, 23 maio 2002.
100. São Paulo, Decreto n. 45.869, 22 jun. 2001.

Assembleia Legislativa de São Paulo a Mensagem n. 105/2001, acompanhada do Projeto de Lei n. 380/2001, que tratava da problemática da eliminação gradativa da queima no estado.

Não à toa, decreto e mensagem têm a mesma data; os dois são complementares. Se o Decreto n. 45.869/2001 é um novo desagrado ao setor canavieiro, vem acompanhado de um pequeno alento. A Mensagem n. 105/2001 é clara: ao enviar um novo projeto de lei regulamentando a questão da queima da cana-de-açúcar, sinalizou a disposição do Executivo estadual de reiniciar a discussão sobre a regulamentação da queima da cana na Assembleia Legislativa. O decreto, portanto, mesmo contrário aos interesses canavieiros, não era para ser cumprido, sendo seu objetivo respaldar o interesse do Executivo em reabrir a discussão sobre a regulamentação da queima.

Ficou claro que, para esse novo Executivo paulista, seria a Assembleia Legislativa quem teria a palavra final no que tange à decisão sobre a queima da cana. A edição desse decreto encerrou, assim, um ciclo de ações consecutivas do Executivo de São Paulo em desacordo parcial com o empresariado canavieiro, no que se referisse à regulamentação normativa da queima da cana. Primeiro, pela edição, por Mário Covas, de decreto que traz uma série de elementos avessos aos interesses do setor. Depois, ainda em sua gestão, no veto integral ao projeto de lei aprovado em 2000 e, após a derrubada do veto, na recusa em regulamentá-lo por decreto durante os anos de 2000 e 2001. Já na gestão Geraldo Alckmin, o desacordo manifestou-se na suspensão da queima e na edição de um decreto com novas restrições à prática, não previstas na lei regulada.

Se a vontade do empresariado canavieiro não foi atendida em sua integralidade, a vontade dos opositores da queima da cana-de-açúcar foi completamente ignorada nas discussões normativas: esteve absolutamente fora de questão a eliminação imediata da queima da cana-de-açúcar; não se falou em garantia de pleno emprego (nem nada do gênero) em relação aos trabalhadores desempregados pela mecanização canavieira; a requalificação profissional desses trabalhadores surgiu, apenas textualmente, no Projeto n. 380/2001, não tendo havido, até então, nenhuma ação efetiva do Executivo estadual em relação a esse grupo social; e esteve sempre absolutamente fora de questão fazer reforma agrária no contexto da transição produtiva canavieira. Somava-se a esses acontecimentos contrários aos interesses dos opositores da queima, ainda, o fato de que no período referido a fiscalização das agências ambientais foi frágil, permitindo que se utilizasse livremente a queima da cana, em violação às poucas restrições existentes. Se foram soluções intermediárias que o Executivo estadual buscou, o meio-termo que encontrou até 2001 esteve bem mais próximo dos interesses do empresariado canavieiro, mesmo que o tenha desagradado parcialmente. A partir de 2002, os desagrados terminaram, contudo, e o Executivo paulista passou a trabalhar integralmente a serviço dos interesses da lavoura canavieira.

*A serviço dos interesses da lavoura: o período entre 2002 e hoje*

O Projeto de Lei n. 380/2001[101], enviado pelo Executivo paulista à Assembleia Legislativa de São Paulo, foi alvo de intenso debate legislativo, e, durante a sua tramitação na Comissão de Defesa do Meio Ambiente, um deputado estadual organicamente ligado ao empresariado canavieiro da região de Ribeirão Preto (SP) subscreveu o Parecer n. 1.154/2002[102], pelo qual foi aprovado um substitutivo ao texto apresentado pelo Executivo estadual. Tratava-se de Duarte Nogueira Júnior, que substituiu, na ocasião, o relator da referida Comissão, atuando como "relator especial".

O substitutivo aprovado nessa Comissão, a despeito dos protestos populares e de manifestações públicas, foi a base da lei aprovada e promulgada após sanção governamental: Lei n. 11.241/2002[103]. Esse diploma legal encontra-se até hoje vigente, e é ele que rege a eliminação gradativa da queima da cana-de-açúcar no estado de São Paulo. Segundo suas disposições, os prazos de permissão na utilização da queima da cana foram ampliados: vinte anos em áreas mecanizáveis (até 2021), e "trinta anos" em áreas não mecanizáveis (até "2031")[104]. Em relação à eliminação da queima

---

101. G. Alckmin, Projeto de Lei n. 380, de 2001.
102. D. Nogueira, Parecer n. 1.154, de 2002.
103. São Paulo, Lei n. 11.241, 19 set. 2002.
104. O deputado estadual Rodolfo Costa e Silva, relator do Congresso das Comissões de

nas áreas não mecanizáveis, contudo, supostamente estabelecida para longos "trinta anos", as disposições transitórias da lei aprovada trazem uma importante manobra para evitar a obrigatoriedade de cumprimento desse prazo: o artigo 2º condiciona a obrigatoriedade do cumprimento dos prazos estabelecidos para eliminação da queima em áreas não mecanizáveis à disponibilidade de colheitadeiras mecânicas que operem nessas áreas em "condições econômicas"[105].

A condição, portanto, inserida no texto para tornar obrigatórios os prazos de eliminação da queima nas áreas "não mecanizáveis" é que, pelo desenvolvimento tecnológico, elas se tornem mecanizáveis. E não só isso: que sejam mecanizáveis de maneira economicamente atrativa. Caso não haja desenvolvimento tecnológico economicamente satisfatório, portanto, não haverá proibição de queimar nessas áreas.

Trata-se da máxima estratégica do empresariado canavieiro, desde o início das disputas pela proibição da prática, encontrando abrigo no texto de redação do deputado Duarte Nogueira Júnior: a eliminação da queima condicionada à mecanização da colheita, para que o alto rendimento e lucratividade do setor sejam mantidos, mesmo que em prejuízo

Constituição e Justiça, Meio Ambiente, Finanças e Orçamento, afirma no Parecer n. 281/2002: "para se chegar aos atuais valores [percentuais de cana colhida sem queima prévia em cada ano] houve ampla discussão junto aos segmentos interessados, sendo aceitos por consenso". O ambientalista Manoel Tavarez, contudo, tem posição diferente (Manoel Tavarez, entrevista concedida ao autor para elaboração de trabalho de conclusão de curso, 2010): "estava sendo feita uma negociação, até que de repente [...] o governo estadual definiu a data de 2030. E então eles retrocederam, demagogicamente, sem controle nenhum, pois na verdade atenderam tudo que o setor queria e pararam de conversar com a sociedade. E por trás disso houve o desmantelamento de todos os órgãos ambientais. E então eles põem algumas limitantes, como a umidade do ar, mas sem fiscalização. [...] Imagino que essa mudança tenha ocorrido por motivos econômicos".

105. Afirma o artigo 2º das disposições transitórias da Lei n. 11.241/2002: "artigo 2º – O cumprimento dos prazos para eliminação da queima em áreas não mecanizáveis, estabelecidos no artigo 2º desta lei, fica condicionado à disponibilidade de máquinas e equipamentos convencionais que permitam o corte mecânico em condições econômicas nas áreas cultivadas com cana-de-açúcar, sem restrições de declividade superior a 12% (doze por cento) ou de estruturas de solos" (cf. São Paulo, Lei n. 11.241, 19 set. 2002).

da sociedade e do ambiente. Assim, áreas "não mecanizáveis" serão colhidas sem queima somente se elas tornarem-se lucrativamente "mecanizáveis", segundo a lei estadual. Enquanto forem "não mecanizáveis", continuarão eternamente queimadas...

A lei aprovada estabelece, também, em relação à expansão canavieira, que as novas áreas plantadas com cana, a partir da data da publicação da lei, cumprirão os prazos de eliminação estabelecidos pela lei que foi promulgada. Ela admite, portanto, a queima da cana nessas áreas. A única concessão feita em relação ao projeto do governo, em relação às demandas contidas em todas as ações do empresariado canavieiro desde 1995, foi quanto à restrição de queima na faixa de um quilômetro do perímetro urbano, contida já em 1988 no decreto de Quércia e mantida no substitutivo aprovado.

A Lei n. 11.241/2002[106] estabelece, assim, prazos longos para a eliminação da queima em áreas mecanizáveis (2021); prevê a desobrigação de eliminação em áreas não mecanizáveis (que somente são suscetíveis à eliminação obrigatória da queima em 2031, caso se tornem mecanizáveis); afirma que nas expansões canavieiras ocorridas entre 1997 e 2002 se pode queimar normalmente a cana-de-açúcar, tal como nas novas expansões do plantio; e proíbe a queima na faixa de um quilômetro do perímetro urbano (em relação ao que o empresariado finalmente cedeu). Tal lei encerrou um ciclo de disputa nos âmbitos Executivo e Legislativo estaduais, iniciado na criação, em 1995, por Covas, da Câmara Setorial Sucroalcooleira Paulista. Exceto pela proibição da queima a um quilômetro do perímetro urbano, as outras duas principais reivindicações do empresariado canavieiro, contidas no documento subscrito em 1994 por Leontino Balbo Júnior, foram atendidas.

Primeira: o prazo para eliminação da queima em áreas mecanizáveis é extremamente longo (Balbo Júnior falava, em 1994, em encerrar a queima nessas áreas em 2009; a Lei n. 11.241/2002 fala em eliminar a queima nessas áreas somente em 2021). Segunda: a obrigatoriedade legal da eliminação da queima em áreas não mecanizáveis foi condicionada a um avanço tecnológico que garanta a lucratividade empresarial e que até o momento

---

106. São Paulo, Lei n. 11.241, 19 set. 2002.

não ocorreu. Ou seja: não há obrigatoriedade legal de eliminar a queima em áreas não mecanizáveis, conforme a Lei 11.241/2002.

As principais reivindicações dos opositores, por sua vez, foram ignoradas. Em lugar de proibir a queima, o que a Lei n. 11.241/2002 faz, de fato, é permiti-la; não há programa governamental de requalificação e reinserção profissional estruturado em relação aos empregados do setor canavieiro (embora existam algumas iniciativas isoladas e a previsão textual no referido diploma legal); não há reforma agrária para os desempregados não aproveitados pelo empresariado canavieiro. O saldo geral do que se convencionou chamar de "proibição gradativa da queima da cana-de-açúcar" é, assim, bastante desfavorável aos opositores, uma vez que houve a submissão do ritmo previsto para a eliminação da queima aos interesses produtivos do empresariado, inclusive com o condicionamento da obrigatoriedade de eliminação da queima em áreas "não mecanizáveis" ao desenvolvimento técnico da mecanização. No fim desse ciclo de disputas, o empresariado conquistou em relação às "áreas mecanizáveis" o que, ainda na década de 1990, o promotor de justiça Marcelo Goulart afirmava que era seu objetivo: "concentrar exclusivamente em suas mãos as decisões concernentes ao tempo e ao modo de implantação do projeto de mecanização, subtraindo dos trabalhadores rurais e da sociedade como um todo a possibilidade de debater e apresentar alternativas que atendam ao interesse geral"[107].

Em relação às áreas "não mecanizáveis", por sua vez, o setor conquistou o que Leontino Balbo Júnior afirmava em seu documento de 1994 ser a demanda do empresariado: torná-las áreas que "ainda poderão ser colhidas sem queima no futuro, em consequência da evolução dos sistemas de colheita hoje conhecidos"[108]. E que, até lá, serão colhidas queimadas. Atendendo aos interesses do empresariado, as disputas travadas no

---

107. M. P. Goulart, "Ministério Público e Práticas Rurais Antiambientais: O Combate às Queimadas da Cana-de-açúcar no Nordeste Paulista", *Revista de Direito Ambiental*, n. 5, jan. 1997.
108. L. Balbo Júnior, *Estudos, Levantamentos Técnicos e Ambientais sobre Queimada de Cana-de-açúcar*.

Executivo e Legislativo paulistas culminaram em 2002 na permissão da queima da cana, a título de proibi-la, por meio de "leis" feitas sob medida para os interesses da lavoura canavieira. O ano de 2002 não marcou, contudo, o fim da intervenção do Executivo estadual em prol do empresariado canavieiro. Suas ações não se encerraram na promulgação da referida lei, continuando nos anos seguintes, embora sob nova roupagem.

Conforme anteriormente descrito, a partir de 2007 uma nova postura tática passou a ser capitaneada pelo empresariado canavieiro, por meio da aceleração da eliminação da queima e da dissociação imagética entre seus produtos e a queima da cana. Um dos instrumentos dessa tentativa de associação da imagem da produção canavieira à imagem do "socioambientalmente correto" foi o Protocolo Agroambiental do Setor Sucroalcooleiro Paulista, assinado em 2007 entre o governo de São Paulo (governador José Serra, do PSDB, secretário do Meio Ambiente Francisco Graziano Neto e o secretário de Agricultura e Abastecimento João de Almeida Sampaio Filho) e o empresariado canavieiro (Única, por Eduardo Pereira de Carvalho)[109]. Esse documento prevê a eliminação da queima da cana-de-açúcar nas áreas mecanizáveis em 2014, e nas áreas não mecanizáveis em 2017, estabelecendo metas parciais de redução para o ano de 2010.

Em contrapartida a essa "diminuição de prazos" de eliminação em relação à Lei n. 11.241/2002, o governo estadual ofereceu, entre outros feitos, a concessão do "Certificado de Conformidade Agroambiental aos produtores agrícolas e industriais de cana-de-açúcar que aderirem ao Protocolo e atenderem às diretivas técnicas". A natureza jurídica desse documento é a de um "protocolo de cooperação", de adesão voluntária e sem previsão de sanções no caso de descumprimento. Não se trata de uma lei, mas

---

109. Afirma-se nos considerandos do Protocolo: "Considerando que [...] as mudanças climáticas exigem medidas de responsabilidade entre agentes públicos e privados para evitar o agravamento das condições ambientais e a consequente queda da qualidade de vida da população, entre as quais o estímulo ao uso de combustíveis de fontes renováveis; [...] O etanol é energia de fonte renovável, sendo opção economicamente viável para a mitigação do efeito estufa e importante instrumento para a prevenção e controle da poluição atmosférica" (cf. São Paulo [Estado], *Etanol Verde*).

de um acordo, pelo qual o Executivo passou a certificar a produção canavieira como dotada de "conformidade agroambiental".

O Protocolo Agroambiental de 2007 foi direcionado à adesão das usinas de produção canavieira, contando, segundo um relatório de 2009, após dois anos de sua assinatura, com participação de 80% das unidades paulistas, num total de 157 usinas signatárias[110]. No ano seguinte, em 2008, um novo "protocolo de cooperações" foi assinado pelo Executivo de São Paulo, agora com os representantes dos proprietários rurais fornecedores de cana-de-açúcar, por meio da Organização dos Plantadores de Cana da Região Centro-Sul do Brasil. Segundo o mesmo relatório de 2009[111], com um total de 24 associações signatárias, esse novo protocolo abarcou 587 462 hectares de área plantada com cana-de-açúcar no estado.

Visando cumprir o objetivo de associação entre a imagem do etanol e a imagem do "socioambientalmente correto", um dos mecanismos principais passou a ser a dissociação entre a imagem da produção canavieira e a imagem da queima da cana. Para isso, o Protocolo propagandeou uma suposta iminência da eliminação da queima pela fixação de prazos curtos de eliminação, amplamente divulgados. Segundo Maria Aparecida de Moraes Silva, esse arranjo institucional visou, sobretudo, consolidar a ideologia segundo a qual o etanol é a solução dos problemas ambientais do planeta, uma vez que seu uso permitiria a diminuição dos gases poluentes[112].

Paralelamente à assinatura dos acordos, foi criada também uma política pública objetivando dar credibilidade a essa associação entre preservação ambiental e produção canavieira. O título dessa ação política é bastante ilustrativo de seus propósitos e ambições: trata-se do programa "Etanol Verde". Como parte da estratégia de dissociar a imagem do etanol da imagem da queima da cana, as admissões públicas do caráter degradante da queima passaram a ocorrer. A sede virtual do programa "Etanol Verde", no governo de São Paulo, é clara nesse sentido:

---

110. São Paulo (Estado), Secretaria do Meio Ambiente, *Relatório do Projeto Etanol Verde*.
111. *Idem, ibidem*.
112. M. A. de M. Silva, "O Trabalho Oculto nos Canaviais Paulistas", *Perspectivas*, vol. 39, 2011.

A prática da queima da palha da cana para a colheita manual tem sérios impactos sobre o meio ambiente e a saúde pública. A utilização inadequada do fogo causa impactos negativos sobre a fauna, aprisionando animais silvestres no meio do fogo do canavial, e sobre a flora, com a eventual propagação do fogo para áreas de mata. Além disso, os gases formados durante a queima da cana contribuem para a formação da chuva ácida e para o aquecimento global. A liberação de material particulado e de aerossóis durante a queima tem sérios efeitos danosos ao sistema respiratório humano, afetando principalmente crianças e idosos[113].

Admitindo a danosidade socioambiental da queima da cana, os aliados do empresariado canavieiro confirmam a perspectiva dessa nova fase das disputas: trata-se agora de afastar a imagem da queima da cana da imagem do "etanol verde". É, contudo, mais do mesmo: o Executivo paulista a serviço dos interesses da lavoura.

## AÇÕES EM AÇÃO: O JUDICIÁRIO E A DEMANDA DE ELIMINAÇÃO DA QUEIMA

Nesses 25 anos de lutas contra a queima da cana-de-açúcar, o Judiciário foi chamado de múltiplas formas e sobre variados assuntos a manifestar-se. Ações civis públicas, ações diretas de inconstitucionalidade, mandados de segurança, ações anulatórias, entre outros, foram os instrumentos utilizados para submeter à decisão do Tribunal de Justiça de São Paulo (TJ-SP), dos Tribunais Regionais Federais (TRF), do Superior Tribunal de Justiça (STJ) e do Supremo Tribunal Federal (STF) as questões relativas às disputas sobre a queima. Analisando em outros tópicos as particularidades do posicionamento do Judiciário no que tange a outras demandas judiciais sobre a queima da cana, aqui nos concentraremos em discutir o seu posicionamento nas ações civis públicas propostas desde 1991 pelo MP-SP demandando a proibição imediata da queima da cana-de-açúcar em imóveis rurais específicos.

---

113. São Paulo (Estado), *Etanol Verde*.

Trata-se, sem dúvida, de um dos temas ambientais mais antigos e mais recorrentes na jurisprudência paulista, em vista do imenso número de decisões existentes e da grande distância temporal em relação à primeira manifestação: 1992. Na narrativa que segue, ofereceremos a cronologia do posicionamento do Judiciário sobre a temática referida e sua análise quantitativa e qualitativa.

Em outubro de 1992, a primeira decisão judicial sobre o assunto foi proferida, em primeira instância, numa das ações civis públicas inicialmente propostas pelo MP-SP em Sertãozinho (SP). Tratava-se de uma decisão de improcedência, de autoria do juiz José Maria da Costa, à época titular da segunda vara de Sertãozinho (número de ordem 3/92, cujos réus eram Atílio Balbo S.A. Açúcar e Álcool e Balbo S.A. Agropecuária). Julgava, portanto, no sentido da permissão da queima da cana. A primeira decisão que proibiu a queima, por sua vez, foi proferida em abril de 1993, pelo juiz Alcides Leopoldo e Silva, também em Sertãozinho, agora na primeira vara (número de ordem 1/92, cujos réus eram Beabisa Agricultura Ltda. e Case – Comercial e Agrícola Sertãozinho Ltda.). A partir de então, foram diversas as manifestações da primeira instância do TJ-SP sobre o assunto, em múltiplos municípios canavieiros.

A primeira decisão da segunda instância do TJ-SP veio em junho de 1994, pela permissão da queima. O processo era o mesmo que resultou na primeira manifestação permissiva da primeira instância (renumerado, agora, como AP 207.372-1/0). A primeira manifestação proibitiva, por sua vez, foi de março de 1995 (AP 211.502-1/9). Seguindo a trajetória das decisões de primeira instância, também foram múltiplas as decisões das câmaras e turmas do TJ-SP, advindas de diversas comarcas. Em abril de 1995, foi proferida uma decisão de primeira instância que merece menção, pela completude da análise. Trata-se de sentença proferida por Álvaro Luiz Valery Mirra, renomado jurista e doutrinador na área do direito ambiental, proibindo a queima[114].

---

114. A sentença refere-se ao processo de número de ordem 406/93, da segunda vara de Sertãozinho. Em caso análogo, o jurista replica o conteúdo do julgado ao decidir o processo 780/96, de Jaboticabal.

Pesquisas minuciosas de jurimetria podem ser feitas para quantificação comparativa precisa do resultado das decisões desse período, mas os diversos indícios que recolhemos nos levam a afirmar que, apesar da intensa coexistência de ambos os tipos de decisões – de procedência e de improcedência –, entre 1992 e 1997 a primeira instância manifestou-se majoritariamente pela proibição da queima e a segunda instância predominantemente pela permissão.

Nesse período, os argumentos principais para sustentar as decisões permissivas da queima referiam-se à alegada inexistência de lei proibitiva da queima e à alegada inexistência de prova do prejuízo socioambiental dessa prática. Em relação ao dano ambiental, argumentava-se, também, sobre a existência de prova de que não há prejuízo socioambiental vinculado à queima ou sobre a inexistência de prova do nexo de causalidade entre o dano e a queima da cana no imóvel rural referido na ação judicial. Esta última tese baseava-se em parecer e artigo do jurista Nelson Nery Júnior (do MP-SP), ganhando um número significativo de adesões no TJ-SP e sendo um dos principais argumentos do período contra a proibição da queima da cana-de-açúcar. A problemática dos trabalhadores rurais também era comumente referida, associando uma eventual decisão proibitiva à geração de desemprego nas regiões canavieiras, e elencando esse desemprego entre os motivos decisórios da opção pela permissão da queima.

Em 1997, surgiu o Decreto Estadual n. 42.056/1997, que estabeleceu um primeiro cronograma para eliminação gradativa da queima da cana-de-açúcar. Era uma primeira manifestação oficial do Executivo paulista em uma disputa que havia se iniciado em seu âmbito em 1995 e que se estenderia até 2002. Ainda sem força para alterar a orientação geral das manifestações judiciais do TJ-SP, que continuariam caracterizadas pela intensa disputa entre posições proibitivas e permissivas, a consequência mais importante do decreto foi modificar um dos fundamentos das decisões permissivas no que tangia à problemática legal: tais decisões passaram a declarar que existia ato normativo permissivo da queima da cana. Os argumentos referentes à inexistência de prova do dano ambiental e à problemática do desemprego continuaram presentes. No mesmo sentido, a vinda de outros atos normativos proponentes da eliminação gradativa da queima da cana-de-açúcar, entre 1998 e 2001, interferiu nos processos judiciais, mas sem alterar o sentido geral dos posicionamentos. Foi principalmente a fundamentação das decisões que mudou ligeiramente, passando a dialogar com tais atos, seja para confirmá-los, seja para negar-lhes juridicidade.

A primeira instância manteve-se, entre 1997 e 2002, preponderantemente pela proibição da queima, e a segunda instância manteve-se majoritariamente pela permissão no mesmo período, ainda que sejam muitas – e estatisticamente significativas – as manifestações da segunda instância pela proibição e da primeira instância pela permissão. A regra ainda era, assim, a intensa disputa entre as posições antagônicas, entre as quais se dividiram os magistrados entre 1992 e 2002.

Em 2002, foi promulgada a Lei Estadual n. 11.241/2002, que se traduz num importante marco analítico alterador do posicionamento da segunda instância do TJ-SP. Trata-se da lei que se encontra até hoje vigente e que estabelece um cronograma de eliminação gradativa da queima com prazos finais previstos para 2021 (áreas mecanizáveis) e "2031" (áreas não mecanizáveis). A partir de 2003, sob o impacto direto da promulgação dessa lei, a segunda instância do TJ-SP mudou a orientação geral dos seus julgados, e o que era uma estreita maioria decidindo pela permissão da queima tornou-se um robusto grupo hegemônico. As decisões proibitivas de segunda instância continuaram existindo, mas passaram à excepcionalidade. Todo o período entre 2003 e 2012 desenrolou-se com este novo sentido geral: decisões proibitivas foram exceções na segunda instância do TJ-SP, em face de uma tendência hegemonicamente permissiva.

A fim de evidenciar estatisticamente essa mudança de posicionamento do TJ-SP, selecionamos e analisamos 95 acórdãos sobre a temática, publicados entre 1994 e 2012. A descrição detalhada sobre a forma de seleção das decisões foi feita em outro trabalho[115], sendo importante ressaltar que efetuamos um direcionamento seletivo objetivando priorizar os acórdãos do TJ-SP oriundos de embargos infringentes, e contemplamos um número mínimo de decisões de cada ano analisado (cinco decisões por ano, no mínimo). A seleção direcionada aos embargos infringentes deveu-se ao

---

115. J. R. P. de Andrade Júnior, *Lutas Ecossociais no Contexto do Agronegócio Canavieiro*.

fato de eles permitirem, potencialmente, a análise de um maior número de manifestações da segunda instância do TJ-SP, por fornecerem o acesso informativo ao resultado da decisão tanto da câmara (embargos infringentes) quanto da turma julgadora (apelação).

A contemplação mínima de cinco decisões por ano objetivou, por sua vez, permitir a avaliação relativamente suficiente de todo o período de manifestações judiciais sobre a temática, entre 1994 e 2012. Uma última ressalva importante sobre a construção desse corpo estatístico é que, em relação ao período situado entre 2003 e 2012, a escolha das decisões sofreu um "viés" no sentido contrário da hipótese que pretendíamos comprovar. Desse modo, exatamente para lograr êxito em afirmar que há um número extremamente baixo de decisões proibitivas da queima após 2002, buscamos recolher todas as decisões proibitivas que encontramos nesse período e demonstrar que, ainda assim, esse número é baixo e inferior ao do período situado entre 1994 e 2002.

Assim, construído o corpo de análise estatística segundo as orientações descritas, encontramos, entre 1994 e 2002, 78 manifestações da segunda instância do TJ-SP, entre julgamentos de apelações e de embargos infringentes, sendo cinquenta manifestações permissivas da queima e 28 manifestações proibitivas. Entre 2003 e 2012, por sua vez, encontramos 35 manifestações permissivas contra dez manifestações proibitivas, num total de 45 manifestações. Desse modo, se entre 1994 e 2002 a porcentagem de decisões proibitivas encontradas foi de 35%, entre 2003 e 2012 essa porcentagem foi de 22% entre as decisões elencadas. Inferior, portanto, conforme esperávamos.

A diminuição da porcentagem de manifestações proibitivas no segundo período é bastante significativa, em especial quando se leva em conta o "viés" na construção do material referente a 2003-2012, com a intenção de recolher a totalidade das decisões proibitivas do período. Com a totalidade das decisões proibitivas do período, a porcentagem de decisões proibitivas entre 2003 e 2012 foi de 22%. Com uma escolha aleatória, que não inclui a totalidade das decisões proibitivas, a porcentagem de decisões que proibiram a queima entre 1994 e 2002 foi de 35%. Fica evidente a diminuição de decisões proibitivas da segunda instância do TJ-SP entre 2003 e

2012, em comparação com 1994-2002[116]. Em relação a esse feito, os índices são claros: a segunda instância do TJ-SP mudou sensivelmente seu comportamento a partir de 2003, ano em que se tornou hegemônico o posicionamento permissivo, já antes majoritário. Os Gráficos 1 e 2 ilustram a mudança da tendência, com o aumento da área referente às decisões permissivas e em relação às proibitivas entre 2003 e 2012.

Gráfico 1. Resultado das decisões da segunda instância do TJ-SP entre 1994 e 2002 nas ações ajuizadas para proibição da queima da cana (procedência ou improcedência) – total de manifestações

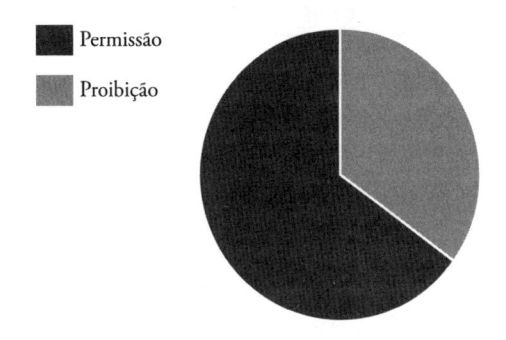

■ Permissão
■ Proibição

Fonte: Tribunal de Justiça de São Paulo, Consulta de Jurisprudência [2013].

116. Que fique claro que a apresentação desses dados não busca mostrar a realidade estatística da porcentagem de decisões proibitivas e permissivas dos dois períodos, mas apenas evidenciar que a comparação entre eles revela uma diminuição significativa das decisões proibitivas no segundo período. A proporção real das decisões proibitivas e permissivas (ou seja: a mensuração estatística sobre o número total de decisões proibitivas, em comparação com o número total de permissivas), objetivando avaliar o posicionamento geral do TJ-SP, não é adequadamente aferida por meio desses índices, que servem somente, em virtude de sua trajetória construtiva, para comparação dos grupos internos de decisões que realizamos.

Gráfico 2. Resultado das decisões da segunda instância do TJ-SP entre 2003 e 2012 nas ações ajuizadas para proibição da queima da cana (procedência ou improcedência) – total de manifestações

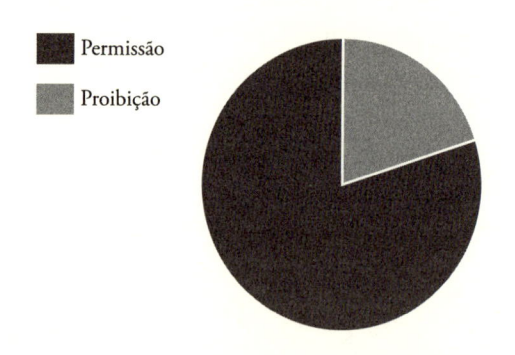

- Permissão
- Proibição

Fonte: Tribunal de Justiça de São Paulo, Consulta de Jurisprudência [2013].

Essa mudança no comportamento da segunda instância fica ainda mais clara quando se isolam as decisões em sede de embargos infringentes. Essas decisões são interessantes porque proferidas por um colegiado mais amplo do que as decisões de apelações, reunindo todos os julgadores de determinada Câmara. São, assim, reflexo de um posicionamento consolidado entre, ao menos, cinco desembargadores. Em relação a elas, no período de 1994-2002, encontramos 28 decisões, sendo quinze permissivas e treze proibitivas. A disputa é evidente e intensa. No período entre 2003 e 2012, por sua vez, são quinze as manifestações em sede de embargos infringentes, permissivas na integralidade. A partir de 2003, não há, portanto, decisão proibitiva em embargos infringentes. Observe a comparação entre os Gráficos 3 e 4.

Gráfico 3. Resultado das decisões da segunda instância do TJ-SP em embargos infringentes entre 1994 e 2002, nas ações ajuizadas para proibição da queima da cana (procedência ou improcedência)

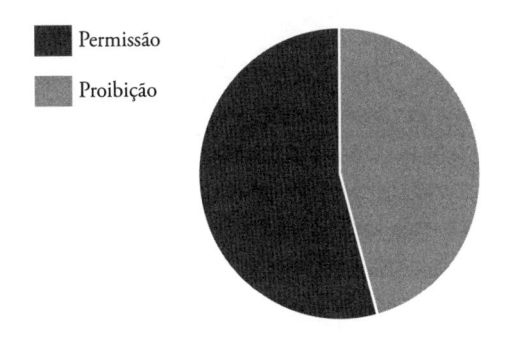

■ Permissão
■ Proibição

Fonte: Tribunal de Justiça de São Paulo, Consulta de Jurisprudência [2013].

Gráfico 4. Resultado das decisões da segunda instância do TJ-SP em embargos infringentes entre 2003 e 2012, nas ações ajuizadas para proibição da queima da cana (procedência ou improcedência)

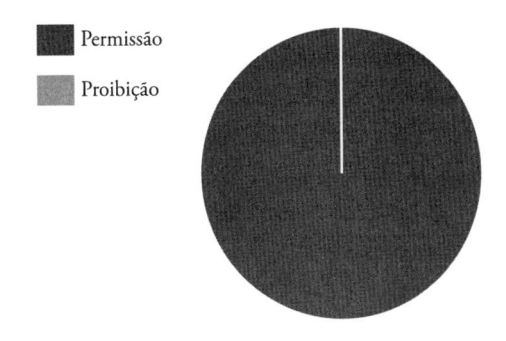

■ Permissão
■ Proibição

Fonte: Tribunal de Justiça de São Paulo, Consulta de Jurisprudência [2013].

Reforça-se que houve o "viés" em prol das decisões proibitivas nesse segundo período e, ainda assim, não se logrou êxito em encontrar nem uma única manifestação do TJ-SP nesse sentido. Não houve manifestação da integralidade de Câmara do TJ-SP, a partir de 2003, pela proibição da queima, sendo que, no período anterior a 2002, esse tipo de manifestação correspondeu a 46% do total de manifestações em embargos infringentes. Utilizamos esses gráficos para ilustrar, visualmente, o avanço da área referente às decisões permissivas em relação à área referente às proibitivas, na comparação do período 1994-2002 com o período 2003-2012. Fica evidente, assim, a mudança no posicionamento da segunda instância do TJ-SP a partir de 2003, com a diminuição das decisões pela proibição imediata da queima.

A análise das fundamentações decisórias, por sua vez, revela a relação direta entre essa mudança na orientação do TJ-SP e a consolidação jurisdicional da proibição gradativa da queima da cana-de-açúcar como escolha do Judiciário para regulação da queima da cana, hegemonizada por meio da Lei Estadual n. 11.241/2002. São a influência e a aceitação na segunda instância do TJ-SP da referida lei estadual que permitem entender essa mudança sensível no posicionamento do órgão jurisdicional.

Outra mudança interessante no comportamento decisório da segunda instância do TJ-SP é identificável, a partir de 2007, dessa vez não na orientação geral da escolha, que se mantém a mesma, mas na fundamentação decisória. Até 2007, de um total de 49 manifestações permissivas da queima que fizeram coisa julgada, 47 utilizaram em sua fundamentação argumentos referentes à inexistência de prova do dano ambiental da queima da cana, enquanto apenas duas abstiveram-se de utilizar esse fundamento, embasando-se somente em argumentos legais. A partir de 2007, contudo, das vinte decisões permissivas (que fizeram coisa julgada) que encontramos, apenas três utilizaram a fundamentação referente à inexistência de prova do dano ambiental, enquanto dezessete não a utilizaram. A alteração da fundamentação das decisões permissivas é notável, tendo em vista que, até 2007, as alegações referentes ao dano ambiental eram, ao lado da fundamentação de referenciação legal, os alicerces mais recorrentes dos julgadores e, após 2007, passaram a estar ausentes da ampla maioria das decisões permissivas. (Ver gráficos 5 e 6.)

Gráfico 5. Presença nas decisões permissivas da segunda instância do TJ-SP de alegação de ausência de prova do dano ambiental da queima da cana-de-açúcar entre os fundamentos decisórios (1994-2007)

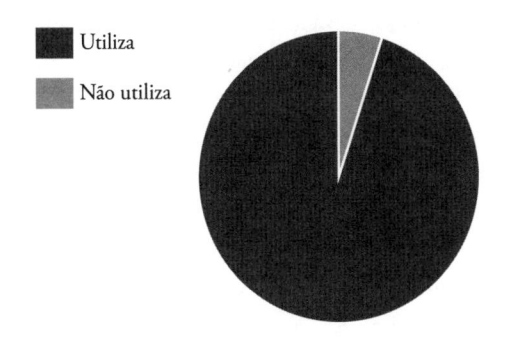

■ Utiliza
■ Não utiliza

Fonte: Tribunal de Justiça de São Paulo, Consulta de Jurisprudência [2013].

Gráfico 6. Presença nas decisões permissivas da segunda instância do TJ-SP de alegação de ausência de prova do dano ambiental da queima da cana-de-açúcar entre os fundamentos decisórios (2007-2010)

■ Utiliza
■ Não utiliza

Fonte: Tribunal de Justiça de São Paulo, Consulta de Jurisprudência [2013].

Assim, a partir de 2007, a alegação de que não existe prova do dano ambiental tornou-se absolutamente marginal na segunda instância do TJ-SP. A correlação de três fatores explica essa mudança. Primeiramente, o ano de 2007 finalizou um ciclo iniciado em 2001 de divulgação de diversos estudos científicos probatórios da relação entre queima da cana e degradação socioambiental, deixando uma década para trás o último estudo em defesa da queima. Estava provado, pois, entre a comunidade científica, que a queima da cana-de-açúcar prejudicava a natureza e a saúde. Segundo: em 2007 foi formulado o Protocolo Agroambiental entre o governo paulista e o setor sucroalcooleiro, e foi iniciada a política pública "Etanol Verde", que objetivava associar a imagem do setor à defesa ecológica. Fez parte dessa orientação política admitir a associação entre queima da cana e poluição e, ao mesmo tempo, trabalhar pela dissociação do vínculo imagético entre produção canavieira e queima da cana. Ficou notório e foi amplamente divulgado o caráter degradante da queima da cana, ao mesmo tempo que se reforçou a imagem de que a queima estava acabando. O terceiro fator explicativo, por fim, foi um "catalisador" que permitiu que os outros dois fatores agissem nesse momento histórico: tratou-se do direcionamento, a partir de 2007, da totalidade das ações civis públicas referentes à proibição da queima da cana, antes dispersas entre as múltiplas Câmaras de Direito Público do TJ-SP, para a Câmara Especializada do Meio Ambiente, criada em 2005.

Com desembargadores especializados na temática ambiental, a afirmação da inexistência de prova do dano ambiental deixou de compor o repertório majoritário das fundamentações permissivas, repercutindo o consenso científico construído ao longo da década anterior na comprovação do caráter degradante da queima da cana. Esse consenso foi reforçado, ainda, pela admissão desse caráter degradante pelo Executivo estadual e pelo próprio empresariado, em declarações públicas na mídia. Tratava-se de importante ruptura da fundamentação permissiva do tribunal, que passou a embasar-se quase exclusivamente nos argumentos de fundo legal, admitindo a existência de dano ambiental, mas optando por manter a queima (algumas decisões associam, ainda, eliminação da queima e geração de desemprego). Admitiam a existência de dano ambiental, mas permitiam a queima da cana, relatando as decisões do TJ-SP, os desembargadores Alcides Amaral Sales, Antônio Celso Aguilar Cortez, Torres de Carvalho, Jacobina Rabello e Samuel Junior.

O desembargador Samuel Junior afirmava, por exemplo, em suas relatorias: "A atividade de queima da palha da cana-de-açúcar, não se pode questionar, é nociva ao meio ambiente (flora, fauna e ser humano), mas nem por isso, à luz das normas vigentes, pode ser considerada ilegal e por isso não se pode proibir o apelante de a utilizar" (exemplo na AP 748.222-5/6). O desembargador Antônio Celso Aguilar Cortez, na mesma linha, iniciava sua avaliação do mérito em seus julgados da seguinte forma (exemplos na AP 994.03.067762-7; e EI 994.09.025609-3/50001):

> A nocividade da queima é evidente, caso contrário a legislação não exigiria a sua redução gradual até a substituição desse manejo. Ainda que se considere haver quem negue qualquer nocividade, ou que a tenha como tolerável, certo é que se trata de manejo que empobrece o solo, mas é mantido em razão da relação custo-benefício imediata, desde que não se levem em conta interesses outros que não o da rentabilidade no curto prazo. Não obstante, essa é apenas mais uma forma de poluição, entre tantas com que convivemos, e deve ser considerada a existência de política pública tendente a eliminar essa "técnica"[117].

Na Câmara Especializada do Meio Ambiente do TJ-SP, que passou a partir de 2007 a concentrar o julgamento das ações civis públicas referentes à proibição da queima da cana-de-açúcar, um único desembargador se notabilizou pelo posicionamento claro em favor da proibição imediata da queima da cana. Tratava-se de Renato Nalini, relator de seis das sete decisões proibitivas encontradas que fizeram coisa julgada no período. Com decisões bem fundamentadas, o referido desembargador – atualmente presidente do TJ-SP – declarava também voto vencido quando a câmara ou turma optavam pelo posicionamento permissivo.

Se a segunda instância do TJ-SP caracterizou-se, desde o início dos julgamentos, pelo posicionamento majoritário em prol da permissão da queima e por uma intensificação desse posicionamento, a partir de 2003, no sentido da hegemonização permissiva, a realidade geral da primeira instância do TJ-SP foi diversa. Desde o início caracterizada pelo posicionamento majoritariamente proibitivo, a primeira instância não alterou esse direcionamento com o advento da Lei Estadual n. 11.241/2002, e o saldo

---

117. Cf. Tribunal de Justiça de São Paulo, Consulta de Jurisprudência [2013].

geral de suas manifestações é visivelmente favorável à tese proibitiva. Em nosso universo empírico de decisões selecionadas, encontramos 47 manifestações proibitivas da primeira instância contra 29 manifestações permissivas. Na segunda instância, em oposição, o saldo geral encontrado é de 42 manifestações proibitivas contra 96 manifestações permissivas. Os gráficos 7 e 8 a seguir ilustram essa realidade:

Gráfico 7. Decisões da primeira instância do TJ-SP (proibitivas ou permissivas) – 1994-2012.

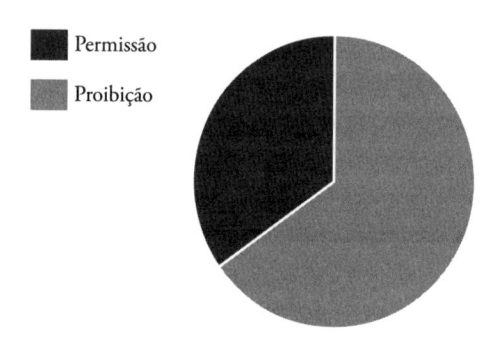

Fonte: Tribunal de Justiça de São Paulo, Consulta de Jurisprudência [2013].

Gráfico 8. Decisões da segunda instância do TJ-SP (proibitivas ou permissivas) – 1994-2012.

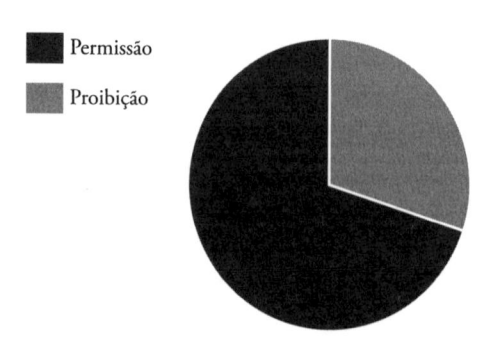

Fonte: Tribunal de Justiça de São Paulo, Consulta de Jurisprudência [2013].

Tivemos, portanto, uma primeira instância do TJ-SP majoritariamente proibitiva e uma segunda instância predominantemente permissiva. Esse comportamento pode ser explicado, principalmente, pela maior proximidade entre os juízes de primeira instância e a vivência cotidiana dos problemas relacionados à queima da cana, que permite a eles um entendimento também sensível sobre o problema, e não estritamente textual. Além disso, o conservadorismo da segunda instância do TJ-SP pode estar vinculado à dinâmica de promoção dos magistrados, relacionada principalmente ao tempo de trabalho, o que gera a presença de inúmeros juízes de formação mais legalista entre os quadros de segunda instância. Havendo lei expressa sobre o tema, portanto, uma segunda instância mais conservadora e legalista tendeu a repetir nas decisões o conteúdo da lei.

O TJ-SP não foi, contudo, o único órgão jurisdicional a manifestar-se sobre a proibição imediata da queima, tendo havido tentativas constantes das partes processuais em disputa – MP-SP e empresariado canavieiro – de levar a questão também para o STF e STJ por meio de expedientes recursais, após a conclusão dos julgamentos no TJ-SP.

Em relação ao STF, todas as tentativas esbarraram nos entraves processuais relacionados à possibilidade de conhecimento de recursos pelo órgão. Tendo admissibilidade recursal restrita, o STF não considerou que as demandas proibitivas atendiam aos requisitos necessários. Na única manifestação do STF disponível sobre a temática, o ministro Nelson Jobim considerou que o recurso extraordinário impetrado contra decisão em processo judicial que requeria a proibição imediata demandava reexame de provas, para avaliar se a queima da cana era ou não danosa ao ambiente, o que é vedado em sede recursal ao STF, segundo entendimento sumulado. Considerou ausente, também, o prequestionamento (Agravo de Instrumento n. 377.119-2/SP). Não temos notícia de nenhum processo sobre a proibição imediata da queima que tenha sido conhecido e julgado, no mérito, pelo STF.

No STJ, a história foi semelhante: a dificuldade de admissibilidade dos recursos impediu que a grande parte dos julgados do TJ-SP fosse reexaminada pelo tribunal, também por motivações referentes ao não preenchimento dos requisitos de admissibilidade recursal[118]. Nesse tribunal, contudo, houve manifestações de mérito sobre a temática, tendo alguns poucos processos obtido êxito no transpassar dos obstáculos processuais. Em nossa pesquisa, encontramos pouco menos de uma dezena de processos julgados pelo STJ, entre 1998 e 2010. No seio do STJ a cisão foi um traço marcante: vemos decisões da segunda turma do STJ pela proibição da queima; decisões da primeira turma pela permissão; e uma única manifestação da primeira seção do STJ (responsável por dirimir controvérsias entre as turmas), no sentido da proibição. São, contudo, muito poucas as decisões, impedindo uma análise aprofundada. Apesar disso, algumas decisões do STJ são bastante ilustrativas do comportamento de parcela do Judiciário brasileiro. Por apresentarem votos em formato de transcrição do discurso oral, nesses votos os juízes são mais claros e sinceros em seus posicionamentos.

O ministro Humberto Gomes de Barros, por exemplo, afirmou em um voto oral ter sido plantador de cana e ser neto de usineiro, acrescentando essa informação poeticamente às suas razões de votar pela permissão da queima. Tratava-se de uma explícita declaração de vinculação de classe em relação ao empresariado canavieiro (REsp n. 294.925-SP – 2000/0138211-0 – rel. Ministro José Delgado)[119]:

> [...] o Brasil nasceu da cana – fala-se isso até em tom de gracejo. Na verdade, também nasci da cana. Sou neto de usineiro e fui, também, plantador de cana [...]. Daí surgiu o Poema XXXII, intitulado "Queimada". Nele, eu digo: "Por causa dos pelos e por ser serrilhada, a cana se corta depois de queimada". Meus versos dissertam, mais adiante, a respeito do carvão, esclarecendo como é o fogo na cana; nada mais que fogo de palha. Dele resulta, realmente, um carvão preto, o qual, em figura poética, denominei "mariposas vestidas de luto". [...] foi a poesia

---

118. Na avaliação dos recursos extraordinário e especial n. 011.328.56-03, por exemplo, o quarto vice-presidente do TJ-SP em exercício afirmou que ambos não preenchiam os respectivos requisitos de admissibilidade pela não apreciação clara dos dispositivos tidos como violados (no caso do recurso especial) e pela ausência de prequestionamento (no caso do recurso extraordinário). A decisão foi confirmada pelo STJ, em agravo de instrumento (n. 275.638-SP) julgado pelo ministro Garcia Vieira.
119. Cf. Superior Tribunal de Justiça, Jurisprudência [2013].

que me levou a falar tanto. Por causa deste assunto, surgiu o livro chamado *Usina Santa Amália*, em que descrevo a saga do coronel Laurentino Gomes de Barros, usineiro que foi meu avô, para minha honra.

As disputas judiciais foram, assim, intensas, envolvendo principalmente a primeira e a segunda instâncias do TJ-SP, mas chegando aos tribunais superiores. Durante todo esse período de mais de vinte anos de lutas judiciais entre o MP-SP e o empresariado canavieiro, este se caracterizou pela constante negação do pleito de eliminação imediata da queima da cana-de-açúcar. Para fundamentar sua negativa, utilizou todos os argumentos possíveis: ausência de lei proibindo a queima; existência de lei permitindo a queima; ausência de prova do dano ambiental; ausência de prova do nexo de causalidade entre o dano e a queima da propriedade; existência de prova de que a queima não causava prejuízo ambiental; geração de desemprego com o fim da queima, entre muitos outros. Todos esses argumentos estiveram presentes, juntos ou separados, durante todo o período de disputas, nas práticas judiciais do empresariado da cana-de-açúcar. Para obter êxito em ver sua negativa em abandonar a queima confirmada pelo Judiciário, o empresariado canavieiro utilizou-se, também, de todos os expedientes processuais possíveis: pedidos de reconsideração; agravos; embargos declaratórios; apelações; recursos extraordinários; especiais; apelações em processos de execução etc. Afirmamos isso para evidenciar que a negativa do empresariado de eliminar imediatamente a queima não foi nem simples nem pontual. Ela foi constante e exaustiva no seio das disputas judiciais[120].

A judicialização da eliminação da queima encontra-se ainda em curso, e, certamente, nos próximos anos o efeito das ações será ainda sentido e discutido. A disputa contra a queima ainda não terminou, e ainda há tempo para mudanças nos posicionamentos, objetivando otimizar os resultados na esfera judicial.

---

120. Justa exceção deve ser feita aos empresários canavieiros que voluntariamente abandonaram a queima da cana-de-açúcar, firmando acordos com o MP-SP para deixar de realizar a prática.

## VITÓRIAS NO LEGISLATIVO, DERROTAS NO JUDICIÁRIO: AS LEIS MUNICIPAIS SOBRE A QUEIMA

O âmbito municipal de disputa teve, também, importante participação no processo histórico de lutas pela eliminação da queima da cana-de-açúcar. Num primeiro momento, a partir de 1991, foi o empresariado canavieiro que se aproximou de grupos legislativos municipais e obteve a aprovação de leis municipais permissivas da prática agrícola. Vigorava, à época, o Decreto Estadual n. 28.848/1991, que proibia a queima à distância de um quilômetro do perímetro urbano, e o conteúdo dessas leis consistia, justamente, em permitir a prática agrícola nessas áreas. Entre os municípios que tiveram esse tipo de lei aprovada estiveram: Sertãozinho, por meio da Lei n. 2.497/1991, cujo projeto foi de autoria do vereador Antonio David (do à época PFL), aprovada por treze votos a três; Barra Bonita, pela Lei n. 1.569/1992; e Dobrada, por intermédio da Lei n. 735/1992. Afirma o promotor de justiça Marcelo Goulart:

[...] a primeira providência que tomaram quando eu ingressei com as ações de Sertãozinho foi aprovar nas Câmaras Municipais dos municípios da região leis municipais permitindo a queima. Foi a primeira forma de reação deles à nossa ação. E conseguiram, porque eles têm o poder político, são financiadores de campanhas, elegem prefeitos, elegem vereadores e, portanto, eles conseguiram isso. Mas não teve um efeito positivo porque depois o Tribunal começou a julgar essas leis inconstitucionais[121].

De fato, a Lei Municipal n. 1.569/1992 (Barra Bonita) foi declarada inconstitucional em fevereiro de 1994, por meio da Ação Direta de Inconstitucionalidade (Adin) n. 17.197-0/7. Sabemos que foi o MP-SP, por meio do procurador-geral de Justiça, que ajuizou a Adin da Lei Municipal n. 2.497/1991 de Sertãozinho (TJ-SP [2013]). Além disso, em sua atuação difusa em prol da proibição imediata da queima da cana, o MP-SP defendeu nos processos judiciais a inconstitucionalidade dessas leis[122].

---

121. Marcelo Pedroso Goulart, entrevista concedida ao autor para elaboração de trabalho de conclusão de curso, 2010.
122. A competência legislativa municipal é determinada pelo artigo 30 da CF, que afirma

Um segundo momento da disputa em nível local deu-se, dessa vez, com a aproximação do movimento ambientalista e dos sujeitos opositores à queima da cana aos grupos de produção legislativa municipais. Um primeiro passo nesse sentido ocorreu já em 1995, em Paulínia, com a aprovação da Lei Municipal n. 1.952, que proibia a queima da cana-de-açúcar nos limites territoriais do município, impedindo a realização dessa prática agrícola. Foi, contudo, a partir de 2003 que essa tendência de levar a disputa para o âmbito municipal intensificou-se no estado de São Paulo, após a derrota dos opositores da queima no âmbito estadual por meio da promulgação da Lei n. 11.241/2002.

Tendo perdido na esfera relacional legislativa de âmbito estadual com a promulgação da lei que estabelecia a proibição gradativa e, assim, permitia a queima, os coletivos locais de oposição à queima da cana passaram a se articular para realizar a disputa com o empresariado canavieiro nas esferas relacionais municipais. Ocorreu, assim, a partir de 2003, a aprovação de leis municipais proibitivas da queima da cana em outros sete municípios, além de Paulínia. Promulgaram leis proibitivas: Americana, em 2003 (Lei n. 3.812/2003); Botucatu, em 2003 (Lei n. 4.446/2003); Ribeirão Preto, em 2004 (Lei n. 1.616/2004); Limeira, em 2005 (Lei n. 3.963/2005); São José do Rio Preto, em 2006 (Lei n. 9.721/2006); Cedral, em 2007 (Lei n. 1.911/2007); novamente Americana, em 2007 (Lei n. 4.504/2007)[123]; e

> competir aos municípios legislar sobre assuntos de interesse local (inciso I) e suplementar a legislação federal e estadual no que couber (inciso II) (cf. Brasil, *Constituição da República Federativa do Brasil*, 5 out. 1988). A tese do MP-SP entendia que a legislação municipal permissiva estava exorbitando sua competência de suplementar a legislação federal e estadual, em vista da existência de norma proibitiva na Lei de Política Nacional do Meio Ambiente e no Código Florestal. Entendia, também, que em matéria de direito ambiental valia a norma mais rigorosa na proteção do meio ambiente, que, no caso, era o Decreto Estadual n. 28.848/1988.
> 123. A Lei Municipal n. 4.504/2007 de Americana, segunda lei proibitiva no município, foi aprovada logo após o julgamento de inconstitucionalidade da Lei Municipal n. 3.812/2003 pelo TJ-SP, ocorrido no ano de 2006. A existência de duas leis proibitivas é um importante traço denotador da grande capacidade de canalização, nesse município, dos interesses contrários à queima da palha da cana, em forma de pressão nos âmbitos legislativo e executivo locais.

Mogi-Mirim, também em 2007 (Lei n. 4.518/2007)[124]. Foram, ao todo, nove leis municipais proibitivas da queima da cana-de-açúcar aprovadas no estado de São Paulo entre 1995 e 2007, a quase totalidade delas (oito) concentradas no curto espaço de quatro anos, entre 2003 e 2007.

A promulgação dessas leis municipais, em cidades tradicionalmente ligadas ao poder econômico e político do empresariado canavieiro, representa relevante conquista do movimento ambientalista da região. Essa conquista exigiu, por certo, forte mobilização e pressão política. Explica Manoel Tavarez, partícipe do processo de disputa pela aprovação da lei municipal proibitiva em Ribeirão Preto (SP):

> [...] foi um processo muito complicado, com muita pressão, fazendo muitos movimentos públicos na própria Câmara Municipal. E vários confrontos, porque no dia da votação os caras traziam um monte de ônibus com trabalhadores para tentar se contrapor. Mas, mesmo assim, perante a imprensa, perante todos os vereadores, sempre [...] a gente conseguiu a maioria dos votos[125].

A história da aprovação da lei proibitiva em Ribeirão Preto é ilustrativa da potencialidade de vitórias da articulação social e da pressão popular, mesmo em um contexto local aparentemente desfavorável. Trata-se, afinal, da capital brasileira do agronegócio. Nessa localidade, a aprovação de texto legal proibindo a queima da cana deu-se junto com a legitimação do Código do Meio Ambiente do município, em 2004. Explica Bertoli que a inclusão desse artigo no projeto do Código foi feita pelo Conselho Municipal de Defesa do Meio Ambiente (Comdema), numa época em

---

124. Além desses municípios, Presidente Prudente teve aprovada, em 2007, uma lei municipal (Lei n. 6.675/2007) que, embora não proibitiva, era mais rigorosa que a legislação vigente à época no estado. Todas essas leis encontram-se referenciadas ao final deste trabalho (cf.: Paulínia, Lei n. 1.952, 20 dez. 1995; Americana, Lei n. 3.812, 28 abr. 2003; Americana, Lei n. 4.504, 27 jun. 2007; Botucatu, Lei n. 4.446, 20 out. 2003; Ribeirão Preto, Lei Complementar n. 1.616, 19 jan. 2004; Limeira, Lei n. 3.963, 22 nov. 2005; São José do Rio Preto, Lei n. 9.721, 14 nov. 2006; Cedral, Lei n. 1.911, 28 ago. 2007; Mogi-Mirim, Lei n. 4.518, 18 dez. 2007; Presidente Prudente, Lei n. 6.675, 19 nov. 2007).
125. Manoel Tavarez, entrevista concedida ao autor para elaboração de trabalho de conclusão de curso, 2010.

que a sua presidência estava a cargo da ACE-Pau-Brasil[126]. Importante conquista, contudo, a aplicação desse texto legal foi postergada mediante expedientes administrativos na Prefeitura de Ribeirão Preto, e, em janeiro de 2007, o artigo foi declarado inconstitucional pelo órgão especial do TJ-SP. Destino semelhante teve a quase totalidade das outras leis municipais proibitivas: conquistas no Legislativo, derrotas no Judiciário.

As disputas travadas no sistema de justiça em torno da constitucionalidade dessas leis proibitivas não tiveram um desfecho satisfatório para os interesses das comunidades locais, embora algumas lutas ainda estejam em curso. A partir de Adins, propostas principalmente pelo Sindicato da Indústria de Fabricação de Álcool de São Paulo (Sifaesp) e pelo Sindicato da Indústria do Açúcar de São Paulo (Siaesp), contra as leis proibitivas, o órgão especial do TJ-SP manifestou-se nove vezes sobre o tema entre maio de 2006 e fevereiro de 2009. Em cinco oportunidades declarou a lei inconstitucional e, em outras quatro ocasiões, considerou a lei constitucional. A divisão no seio do TJ-SP foi evidente. Ver Quadro 1 referente a esses julgamentos:

Quadro 1. JULGAMENTO DAS LEIS MUNICIPAIS PROIBITIVAS DA QUEIMA DA CANA PELO TJ-SP.

| DATA DO JULGAMENTO | MUNICÍPIO – NÚMERO DA LEI | NÚMERO DO PROCESSO | PROPONENTE DA ADIN | POSIÇÃO DO MP-SP | DECISÃO TJ-SP ("PLACAR" DA VOTAÇÃO) |
|---|---|---|---|---|---|
| Maio de 2006 | Americana – Lei n. 3.812/2003 | Adin 125.132.0/4-00 | Sifaesp Siaesp | Constitucional | Inconstitucional (19 x 2) |
| Janeiro de 2007 | Ribeirão Preto – Lei n. 1.616/2004 | Adin 125.060-0/5-00 | Sindicato Rural de Ribeirão Preto | Constitucional | Inconstitucional (13 x 12) |

126. D. B. Gonçalves, *Mar de Cana, Deserto Verde? Os Dilemas do Desenvolvimento Sustentável na Produção Canavieira Paulista*, p. 127.

*cont.*

| DATA DO JULGAMENTO | MUNICÍPIO – NÚMERO DA LEI | NÚMERO DO PROCESSO | PROPONENTE DA ADIN | POSIÇÃO DO MP-SP | DECISÃO TJ-SP ("PLACAR" DA VOTAÇÃO) |
|---|---|---|---|---|---|
| Março de 2007 | Limeira – Lei n. 3.963/2005 | Adin 129.132-0/3-00 | Sifaesp Siaesp | Constitucional | Constitucional (6 x 14) |
| Outubro de 2007 | Paulínia – Lei n. 1952/1995 | Adin 126.780-0/8-00 | Sifaesp Siaesp | Constitucional | Constitucional (9 x 14) |
| Novembro de 2007 | Botucatu – Lei n. 4.446/2003 | Adin 146.999-0/3-00 | Sifaesp Siaesp | Constitucional | Constitucional (4 x 10) |
| Abril de 2008 | São José do Rio Preto – Lei n. 9.721/2006 | Adin 147.007-0/5-00 | Sifaesp Siaesp | Constitucional | Constitucional (9 x 14) |
| Novembro de 2008 | Cedral – Lei n. 1.911/2007 | Adin 163.415-0/4-00 | Sifaesp Siaesp | Constitucional | Inconstitucional (14 x 12) |
| Janeiro de 2009 | Mogi-Mirim – Lei n. 4.518/2007 | Adin 163.815-0/0-00 | Sifaesp Siaesp | Constitucional | Inconstitucional (15 x 3) |
| Fevereiro de 2009 | Americana – Lei n. 4.504/2007 | Adin 163.414-0/0-00 | Sifaesp Siaesp | Não há informação | Inconstitucional (15 x 6) |

Fonte: Tribunal de Justiça de São Paulo, Consulta de Jurisprudência [2013].

Além do caráter controverso da temática no seio da magistratura paulista e da existência de magistrados que alteraram seu posicionamento no decorrer dos julgamentos, a variedade na composição do órgão especial do TJ-SP é um importante fator explicativo da coexistência de decisões antagônicas no mesmo órgão e da coexistência de uma notável disparidade de posicionamentos dos magistrados nas votações, com "placares" como 19 x 2 e outros como 13 x 12 e 14 x 12. Por possuir composição instável, o resultado das decisões depende do perfil dos magistrados que compõem o órgão em cada momento específico[127].

A declaração de constitucionalidade das leis (casos de Limeira, Paulínia, Botucatu e São José do Rio Preto) não foi suficiente, contudo, para garantir sua vigência. Imediatamente após cada derrota no TJ-SP, os sindicatos ligados ao empresariado canavieiro (Sifaesp e Siaesp) impetraram recurso no STF, ajuizando, também, ações cautelares em que requeriam a suspensão liminar da vigência das leis até o julgamento do recurso principal.

Manifestando-se nessas ações cautelares, os ministros Eros Grau, Menezes Direito e Ellen Gracie concederam de forma monocrática a suspensão liminar da vigência das leis, eliminando provisoriamente qualquer efeito das leis municipais de Paulínia, Limeira e Botucatu, respectivamente[128]. O ministro Joaquim Barbosa, por sua vez, considerando ausentes os pressupostos justificadores da concessão da cautelar, indeferiu o pedido (RE 600.967/SP), garantindo validade à única lei municipal proibitiva que se encontra em vigor no estado de São Paulo: a Lei n. 9.721/2006, de São José do Rio Preto. Até 2012, o STF ainda não havia se pronunciado, em definitivo, sobre nenhum dos recursos extraordinários impetrados pelos sindicatos canavieiros. Não havia definido o destino, também, do único recurso impetrado contra decisão do TJ-SP que declarou inconstitucional a lei municipal. Trata-se de recurso extraordinário ajuizado pelo MP-SP contra a decisão referente à lei de Mogi-Mirim (RE 608.478/SP).

Estando ainda em curso, portanto, as disputas judiciais referentes a cinco leis municipais proibitivas, o saldo já era negativo para os opositores da queima: quando não houve derrota definitiva no sistema de justiça, houve derrota provisória. Foram derrotas provisórias as concessões de liminar suspendendo a vigência das leis proibitivas, pois garantiam ao empresariado canavieiro a possibilidade de continuar utilizando

---

127. Observa-se, também, que não houve nenhum posicionamento do MP-SP, por meio de sua procuradoria-geral, pela inconstitucionalidade das leis municipais, repercutindo o posicionamento consolidado na instituição no final da década de 1990 contra a queima da cana-de-açúcar.

128. Em relação à Paulínia: AC 2.071/SP e RE 586.224/SP. Em relação a Limeira: AC 2.237/SP e RE 588.102/SP. Em relação a Botucatu: AC 2.316/SP.

essa prática agrícola deletéria. Foram derrotas definitivas os julgamentos de inconstitucionalidade das leis em relação aos quais não foi impetrado recurso, fazendo coisa julgada contra os interesses das comunidades locais. Essas derrotas certamente desestimularam o aumento do número de leis municipais proibitivas em outros municípios de regiões canavieiras, obtendo êxito, em prol do empresariado canavieiro, na contenção de um importante fluxo de lutas, que acabou historicamente concentrado entre 2003 e 2007. A assinatura do Protocolo Agroambiental, em 2007, e o início da efetiva diminuição da área queimada no estado de São Paulo, a partir de então, foram, também, outros importantes fatores contributivos do esfriamento do ritmo das lutas nesse âmbito.

No único município do estado que possuía, em 2012, a queima da cana provisoriamente proibida por lei municipal – São José do Rio Preto –, a situação não era animadora. Dados do projeto Canasat, do Inpe[129], revelam que, entre 2008 e 2011, houve anualmente a queima de cana-de-açúcar em parcela significativa da cidade. Sendo a decisão do TJ-SP de abril de 2008, desde então a queima da cana já se encontrava proibida. A despeito disso, no período, uma média de 19% da área total de cana plantada no município foi colhida com a utilização da queima da cana-de-açúcar, totalizando 3 977 hectares queimados ilegalmente. A vigência da única lei municipal proibitiva da queima da cana-de-açúcar em São Paulo não garantiu, portanto, a sua efetividade. Longe disso... Em 2015 foi realizado o julgamento, pelo STF, de lei municipal proibitiva da queima. A decisão foi pela inconstitucionalidade da lei. O assunto será abordado detalhadamente no Posfácio deste livro.

## AGÊNCIAS AMBIENTAIS E POLÍCIA FLORESTAL: A AÇÃO REPRESSIVA

A polícia florestal, vinculada à polícia militar de São Paulo, e as agências ambientais vinculadas ao Executivo estadual (Cetesb, DEPRN, CBRN

---

129. *Site* do Inpe, Canasat. Disponível em: <http://www.dsr.inpe.br/laf/canasat>. Acesso em: 13 fev. 2013.

etc.) cumprem uma função cuja importância na construção jurídica é tão grande quanto destratada pelos analistas. São estes os sujeitos encarregados de ações preventivas e repressivas, traduzindo-se nos principais fiscalizadores das determinações legais e judiciais. São eles que contribuem decisivamente para a aproximação das determinações contidas nos preceitos textuais à realidade produtiva imediata do empresariado canavieiro.

Durante todo o processo histórico de lutas pela eliminação da queima, a práxis desses sujeitos esteve condicionada à posição do Executivo de São Paulo em relação à temática. Nos momentos em que o Executivo paulista direcionou-se para efetivar determinadas restrições, esses órgãos agiram nesse sentido. Desse modo, quando da edição do decreto proibitivo de Quércia em sua primeira versão, que estabelecia a proibição da queima em todo o estado, foi real a ação preventiva e repressiva da Cetesb e da polícia florestal, em obediência à determinação governamental. A repercussão dessa ação foi tão significativa que culminou em resposta do empresariado e na modificação do conteúdo do decreto em apenas vinte dias, com a retirada da restrição global da queima justamente para eliminar a ação fiscalizatória.

No mesmo sentido, a partir de 2002 e da promulgação da Lei Estadual n. 11.241/2002, a textualização de restrições climáticas à queima da cana ganhou elementos de efetividade a partir da fiscalização imposta por esses agentes com base nas determinações do Executivo de São Paulo, emitidas por meio de decretos e resoluções. A eficiência dessa ação fiscalizatória em relação às restrições climáticas é retratada, por exemplo, no expressivo número de ações judiciais ajuizadas pelo empresariado canavieiro contra o governo de São Paulo objetivando a anulação de multas impostas pela Cetesb pela realização de queima da cana em descumprimento das normas legais. Se isso não significa necessariamente que a integralidade das disposições legais vem sendo cumprida, deixa claro, contudo, que a ação fiscalizatória existe, amparada na vontade política de fazer valer as restrições climáticas existentes.

Em relação a essa vontade política observa-se, também, que houve uma mudança na intensidade da atuação desses agentes a partir de 2002, em comparação com a década anterior, na qual a ação fiscalizatória foi bastante frágil e concentrada histórica e geograficamente. Desde a reedição do decreto de Quércia, em 1989, até a promulgação da Lei Estadual n. 11.241/2002, a atuação das agências ambientais e da polícia florestal foi satisfatória apenas em algumas localidades específicas, durante algum tempo. Na maior parte do tempo e na maior parte do espaço, contudo, foi insatisfatória. Os principais motivos para isso derivaram da própria ausência de direcionamento do Executivo de São Paulo em efetivar as frágeis restrições existentes. A partir de 2002, todavia, essa ação fiscalizatória ganhou mais coerência e coesão, expandindo-se em qualidade e quantidade pelo território paulista.

Exemplo de eficiência na atuação repressiva entre 1989 e 2002 veio pela aproximação de promotores de justiça do MP-SP e do movimento ambientalista às agências fiscalizadoras a partir de 1991 no nordeste paulista, incentivando e influindo na ação repressiva em cumprimento da restrição de queimar cana na faixa de um quilômetro do perímetro urbano. A partir da articulação desses múltiplos sujeitos, ficou estabelecida estratégia conjunta objetivando a efetivação do preceito legal, com engajamento dos efetivos existentes nos órgãos para o cumprimento do decreto[130].

A atuação desses agentes é, do mesmo modo, extremamente importante no que se refere às decisões judiciais proibitivas da queima da cana-de-açúcar, tendo em vista que cabe também a eles a responsabilidade de zelar pelo cumprimento das sentenças graças a sua ação fiscalizatória. Eventual descumprimento de determinação judicial de proibição de queima é principalmente averiguado por meio da ação desses sujeitos, razão pela qual a efetividade das determinações proibitivas guarda relação direta com a efetividade da atuação das agências ambientais estaduais e da polícia florestal. Trata-se, por tudo isso, de sujeitos político-jurídicos extremamente importantes, cuja ação é determinante em relação à potencialidade da construção jurídica na realidade social.

---

130. M. P. Goulart, *Ministério Público e Democracia*.

## A MÍDIA E A DISPUTA DA "OPINIÃO PUBLICADA"

As disputas travadas nos veículos de comunicação de massa representaram um importante capítulo do processo histórico de lutas pela eliminação da queima da palha da cana-de-açúcar. Desde o final da década de 1980, foram inúmeras as reportagens circuladas sobre a temática em veículos municipais, regionais, estaduais e nacionais. Por intermédio dessas reportagens e das "opiniões publicadas", as ações dos múltiplos sujeitos em luta ganhavam eco e repercutiam. Nesse sentido, resultados dos estudos científicos em andamento ou finalizados, ajuizamento de ações judiciais, realização de ações de fiscalização, declarações de opiniões e perspectivas, divulgação de sentenças judiciais, leis ou decretos, entre muitos outros atos, tinham cobertura midiática e amplo destaque social.

No início dos enfrentamentos judiciais pela proibição imediata da queima da cana-de-açúcar, nas décadas de 1980 e 1990, as informações divulgadas pelos veículos de comunicação desempenharam um papel destacado no direcionamento da ação das partes em disputa e no processo de convencimento de magistrados e outros agentes. Ministério Público de São Paulo e empresariado canavieiro fizeram de suas manifestações processuais, por meio da juntada de uma infinidade de notícias da época, verdadeiros repertórios jornalísticos sobre a queima da cana, e, em vista da ausência, à época, de estudos científicos consolidados e de referências legais específicas, essas notícias de jornal compuseram muitas vezes a parte mais importante das fundamentações de sentenças sobre a temática. Era comum, portanto, a existência de manifestações judiciais durante a década de 1990 utilizando notícias de jornais para justificar suas opções proibitivas ou permissivas.

A mídia era comumente utilizada pelos sujeitos em disputa, também, para anunciar novos movimentos e novas alianças, como a divulgação de determinados estudos científicos ou a aproximação em relação a um sujeito político específico, no governo estadual ou na comunidade científica, por exemplo. Durante todo esse período inicial, entre os jornalistas que se destacaram na cobertura de questões atinentes à queima da cana, mencionamos, a título de exemplo, Galeano Amorim, que, principalmente em notícias publicadas no jornal *A Cidade*, da região canavieira de Ribeirão Preto, trabalhou ostensivamente a temática.

A retratação dos fatos vinculados à disputa pela eliminação da queima da cana continuou, também, após a década de 1990. Entre os inúmeros momentos marcantemente retratados pela mídia, mencionamos um, a título de exemplo: em maio de 2002 dois artigos foram sucessivamente subscritos no caderno "Tendências/Debates" da *Folha de S.Paulo*. No dia 22, o então secretário do Meio Ambiente do estado de São Paulo, José Goldemberg, e, no dia 23, o então deputado estadual Arnaldo Jardim dissertaram sobre a proibição da queima da cana. Entre consensos e contrapontos, um destaque foi dado pelos dois artigos quanto aos motivos que teriam levado o (à época já falecido) governador Mário Covas a vetar a (futura) Lei Estadual n. 10.547/2000. José Goldemberg afirmou que o veto devia-se ao fato de a lei não estabelecer "um cronograma claro para a eliminação das queimadas nem sanções claras para os que não as cumprissem", enquanto Arnaldo Jardim (autor do projeto de lei que originou o referido diploma legal) rebateu que o "governador Covas vetou a lei por influência de uma burocracia que quer sempre governar por decreto e eternizar o poder da caneta". Citamos esse exemplo e essa divergência apenas para ilustrar a utilização dos veículos de comunicação de massa para propagação de determinadas concepções e perspectivas sobre a queima da cana. No caso referido, os respectivos autores duelavam pelo "espólio" de Covas, buscando convencer as pessoas sobre os benefícios e prejuízos de uma lei específica que regulamentava a queima da cana-de-açúcar, por meio da vinculação (ou desvinculação) do veto da lei pelo ex-governador a sua opção pessoal (ou não) de contrariedade ao conteúdo da lei.

Segundo Manoel Tavarez, da ACE-Pau-Brasil, o comportamento dos principais veículos de comunicação de massa da região do nordeste paulista sofreu uma importante mudança no processo de desenvolvimento das lutas pela eliminação da queima. Um primeiro momento, no qual era dada voz aos opositores da queima e era realizada a cobertura das ações realizadas por eles, foi substituído pelo gradativo ocultamento da temática no repertório de assuntos tratados. Afirma o ambientalista:

A Pau-Brasil tinha atividades cobertas por matérias, manifestações... E hoje não cobrem mais, esse assunto é vetado. Ninguém pode falar na EPTV de queimada porque não vai para o ar [...] No começo, quando a Pau-Brasil fazia as campanhas de rua, fazia teatro, eles sempre cobriam e davam um espaço grande. Mas, à medida que foi passando e eles foram sentindo a pressão da população, foram cortando essa participação. Mas sempre tem outros canais, alternativos, que têm dado uma cobertura, o próprio rádio, a imprensa escrita, a internet. Isso está conseguindo furar o bloqueio das grandes emissoras. Um jornal que também sempre deu muito apoio em Ribeirão Preto é o jornal *A Cidade*. Um jornalismo muito bom, mas que foi comprado pela EPTV e, desde então, nunca mais falou de queimada[131].

Um trabalho específico sobre a retratação midiática da queima da cana-de-açúcar pode ser desenvolvido para que possamos pensar criticamente, e com exatidão, o comportamento dos veículos de comunicação de massa em relação ao tema. Diversas são as possibilidades e potencialidades de tal trabalho. Fica clara desde já, contudo, a importância da retratação midiática no processo de disputa e construção do direito, tanto por sua referenciação direta em manifestações político-jurídicas (como as sentenças que citam reportagens jornalísticas) quanto por sua contribuição no processo de construção da opinião popular sobre a temática, por meio da divulgação da "opinião publicada".

## O MINISTÉRIO PÚBLICO FEDERAL E O USO TARDIO DE UMA TESE DÚBIA

A partir de 2010, um novo agente passou a participar das disputas judiciais em torno da queima da cana: o Ministério Público Federal (MPF). Com mais de duas décadas de atraso em relação ao início da disputa contra a queima da palha da cana-de-açúcar e tendo como base uma tese político-jurídica dúbia, em virtude das consequências potencialmente problemáticas para os anseios de eliminação da prática, o MPF passou a demandar

---

131. Manoel Tavarez, entrevista concedida ao autor para elaboração de trabalho de conclusão de curso, 2010.

judicialmente o condicionamento da queima da cana à realização do Estudo de Impacto Ambiental (popularmente referido como EIA/Rima), alegando que a realização dos procedimentos autorizativos da queima ("licenciamento") deveria ser feita por órgãos e agências ambientais federais. Com base nisso, o MPF ajuizou, a partir de 2010, ações civis públicas em diversas regiões do estado de São Paulo, contra o governo de São Paulo e outros réus[132]. Todas as ações ajuizadas pediam liminarmente a suspensão da concessão de autorizações de queima pela Cetesb, até a realização de EIA/Rima pelo empresariado canavieiro, e, em algumas regiões, essas ações foram ajuizadas em litisconsórcio ativo com o MP-SP (a exemplo da região de Franca [SP]).

A tese da necessidade de condicionamento da queima da cana à realização de EIA/Rima surgiu, na verdade, no seio do MP-SP, e foi uma ação deste que deu ensejo à única decisão judicial que fez coisa julgada, determinando o condicionamento da queima da cana à realização de EIA/Rima, até o momento. Trata-se do processo n. 53101-2002-002100-3 (número de ordem n. 1.473/2002), da comarca de Santa Adélia, que determinou a proibição da concessão de autorizações de queima da cana nesse município, sem a apresentação de EIA/Rima. A tese é problemática porque admite, em última instância, a realização da queima, embora a condicione à realização de EIA/Rima.

Condicioná-la significa permiti-la, ainda que mediante condições, e, a depender da perspectiva, essa tese pode até mesmo ser considerada menos restritiva do que a legislação estadual de São Paulo, que estabelece um horizonte de eliminação, mesmo que distante, da queima da cana, elemento ausente da iniciativa de condicionamento da queima ao EIA/Rima.

---

132. Um fundamento de referenciação juspositiva constitucional importante nessa tese é o artigo 225 da CF, § 1º, inciso IV. Afirma-se que é incumbência do poder público "exigir, na forma da lei, para instalação de obra ou atividade potencialmente causadora de significativa degradação do meio ambiente, estudo prévio de impacto ambiental, a que se dará publicidade". Por considerar a queima da cana-de-açúcar "atividade potencialmente causadora de significativa degradação do meio ambiente", os procuradores do MPF entendem que a sua execução deve estar condicionada à realização de EIA/Rima, para que haja cumprimento da determinação constitucional (cf. Brasil, *Constituição da República Federativa do Brasil*, 5 out. 1988).

Embora problemática, a ação do MPF com base nessa tese possui uma dimensão de oposição imediata aos interesses do empresariado canavieiro, em vista do seu pedido liminar de suspensão das autorizações de queima, que, quando concedido, repercutiu na organização produtiva de empresários que ainda utilizavam essa prática agrícola. A tese de condicionamento da queima ao EIA/Rima tem tido uma boa repercussão nos TRF das regiões canavieiras e também, no STJ, já tendo sido concedida uma série de decisões liminares determinando a suspensão da queima da cana em regiões canavieiras até a apresentação de EIA/Rima[133]. Embora problemática, portanto, e mediatamente prejudicial ao interesse social, imediatamente a ação do MPF teve como consequência a prolatação de decisões judiciais de suspensão de queima da cana em alguns municípios canavieiros, o que acrescentou um novo ingrediente na luta pela eliminação dessa prática.

## OPOSIÇÕES E COMPOSIÇÕES DE SUJEITOS COLETIVOS EM MÚLTIPLAS ESFERAS RELACIONAIS: A (RE)ORGANIZAÇÃO SOCIAL EM CURSO

As lutas ecossociais narradas explicitaram a existência de processos político-jurídicos de (re)organização da realidade social, formados por oposições e composições entre os múltiplos sujeitos em disputa. Essa

---

133. Em consulta ao sítio eletrônico da Cetesb no dia 22 de janeiro de 2013, verificamos que a concessão de autorizações de queima da cana estava suspensa, mediante decisão judicial, até a apresentação do EIA/Rima, nos seguintes municípios, integrantes de duas subseções da Justiça Federal (Araçatuba e Piracicaba): Alto Alegre, Andradina, Araçatuba, Avanhandava, Barbosa, Bento de Abreu, Bilac, Birigui, Braúna, Brejo Alegre, Buritama, Castilho, Clementina, Coroados, Gabriel Monteiro, Glicério, Guaraçaí, Guararapes, Lavínia, Lourdes, Luiziânia, Mirandópolis, Muritinga do Sul, Nova Independência, Penápolis, Piacatu, Rubiácea, Santo Antônio do Aracanguá, Santópolis do Aguapeí, Turiúba e Valparaíso, Águas de São Pedro, Americana, Analândia, Araras, Charqueada, Cordeirópolis, Corumbataí, Ipeúna, Iracemápolis, Itirapina, Leme, Limeira, Nova Odessa, Piracicaba, Rio Claro, Rio das Pedras, Saltinho, Santa Bárbara d'Oeste, Santa Gertrudes e São Pedro. Anteriormente, as subseções de Marília, Franca e Araraquara tiveram, também, decisões suspensivas prolatadas, embora elas tenham sido posteriormente revistas por meio de expedientes recursais.

(re)organização social é feita, assim, por meio de oposições e composições. Entre os sujeitos em composição e oposição, por sua vez, os efetivos organizadores da realidade são os agentes coletivos. No devir desses processos de oposição e composição, existiram indivíduos que se enquadravam, pela sua prática nas disputas e pela sua importância histórica, no que Lucien Goldmann chamou de "indivíduos privilegiados"[134]. Tais pessoas, em sua ação prática, possuíram participação determinante no direcionamento dos processos de reorganização em curso.

Nas lutas ecossociais analisadas, por exemplo, Marcelo Goulart (MP-SP), Leontino Balbo Júnior (empresariado canavieiro), Renato Nalini (TJ-SP), Volker Kirchhoff (comunidade científica), Manoel Tavarez (movimento ambientalista), Geraldo Alckmin (Executivo de São Paulo), entre outras pessoas, foram "indivíduos privilegiados" do processo histórico. A despeito desse caráter privilegiado de alguns indivíduos, são os sujeitos coletivos, dos quais os indivíduos fazem parte e que se materializam pela ação prática dessas pessoas concretas e de inúmeras outras, os reais ordenadores da realidade social.

Explica Lucien Goldmann que os sujeitos coletivos não possuem realidade autônoma fora dos indivíduos orgânicos e das consciências individuais, constituindo-se justamente a partir das relações estruturantes em que os indivíduos se engajam mutuamente[135]. O autor esclarece que as ações individuais são as "manifestações empíricas imediatas" de um fenômeno mais complexo, que é a ação histórica dos grupos, inexistente fora – ou ao lado – das ações individuais dos sujeitos. Desse modo, para ele, a história não é resultado da soma acidental de ações individuais sem ligação orgânica, sendo produzida pelas ações coletivas dos grupos humanos, compostos por indivíduos que possuem graus variados de consciência sobre o caráter transindividual de suas ações[136].

As composições e as oposições que conformam o processo de ordenação da realidade social materializam-se, assim, pelas relações sociais em

---

134. L. Goldmann, *Marxisme et sciences humaines*, pp. 255-256.
135. *Idem, ibidem*, p. 249.
136. *Idem, Recherches dialectiques*, pp. 147-148.

que os sujeitos se engajam, vinculando-os a outros sujeitos, individuais e coletivos. Explica Sánchez Vázquez que as relações sociais são "formas necessárias" sob as quais os indivíduos concretos desenvolvem suas atividades[137]. Tais ações práticas dos indivíduos se integram em uma prática comum, cujos resultados transcendem os fins e as consequências das ações individuais. Essa prática comum é a materialização dos sujeitos coletivos. Nas lutas ecossociais narradas, são MP-SP, empresariado canavieiro, TJ-SP, comunidade científica, movimento ambientalista, Executivo de São Paulo e inúmeros outros sujeitos coletivos os efetivos realizadores da (re)organização da produção da vida, sendo os diversos indivíduos – privilegiados ou não – que formam e conformam esses sujeitos apenas "manifestações empíricas imediatas" do fenômeno mais complexo de engajamento dos sujeitos transindividuais em relações estruturais de composição e oposição na disputa político-jurídica.

O pioneirismo de Marcelo Goulart, do MP-SP, como importante articulador das alianças em defesa da eliminação da queima da cana-de-açúcar e primeiro promotor a ajuizar ações demandando a proibição da prática, é claro. Não à toa é denominado pela mídia paulista de "líder do movimento contra as queimadas" durante a década de 1990. Trata-se de um "indivíduo privilegiado" do processo histórico. Foram, contudo, as centenas de ações civis públicas propostas pelo sujeito coletivo MP-SP, com a participação de dezenas de outros promotores de justiça e dezenas de outros funcionários da instituição, os reais modeladores do processo histórico, na perspectiva desse sujeito político-jurídico e de sua atuação. Do mesmo modo, a relevância de Volker Kirchhoff no desenvolvimento dos trabalhos científicos sobre a queima é singular. Primeiro cientista a posicionar-se, com base em um estudo científico, sobre a prática agrícola, ele alterou sua perspectiva no decurso das lutas, saindo da crítica da queima para uma postura de defesa pública da inexistência de danosidade ambiental da prática. Trata-se, em vista de tudo isso, de outro "indivíduo privilegiado" das disputas. Foi, contudo, a totalidade da comunidade científica quem efetivamente interveio na realidade social, modificando-a.

---

137. A. Sánchez Vázquez, *Filosofia da Práxis*, pp. 341-342.

Tal feito é consequência da ação prática de todos os pesquisadores, acadêmicos e auxiliares que desenvolveram, publicaram e divulgaram as pesquisas científicas, debatendo e definindo posições sobre a danosidade da queima. Nesse grupo se inclui Kirchhoff, sem que sua pessoalidade esgote a complexidade do real agente histórico: os sujeitos coletivos da "comunidade científica".

São os sujeitos coletivos os construtores da história. Tais sujeitos vivenciam, além das relações externas de engajamento estrutural de oposição e composição com outros sujeitos coletivos, também relações internas de conformação recíproca entre os diversos indivíduos que os constituem. Em suas dinâmicas internas, os sujeitos coletivos realizam o que Goldmann designa como "relações intrassubjetivas", em referência às "relações entre indivíduos que são, cada um, elementos parciais do verdadeiro sujeito da ação"[138]. Tais relações intrassubjetivas podem ser, tal como ocorre nas relações intersubjetivas, de composição ou oposição, não se caracterizando os sujeitos coletivos pela homogeneidade prática, mas pela unidade estrutural de sua ação.

Na luta contra a queima da cana, por exemplo, uma interessante relação intrassubjetiva de oposição no interior do MP-SP ocorreu durante a década de 1990, opondo promotores de justiça de primeira instância interessados em pleitear a eliminação imediata da queima da cana-de-açúcar a procuradores (membros do MP-SP de segunda instância) que defendiam outras propostas de regulamentação jurídica para essa prática agrícola, com vista à continuação de sua utilização[139]. Relações intrassubjetivas de composição, por sua vez, são amplamente identificáveis nos processos históricos narrados, podendo-se citar, como exemplo, a convergência das ações entre os membros do MP-SP para demandar a proibição judicial da

---

138. L. Goldmann, *Marxisme et sciences humaines*, p. 102.
139. A categorização de uma relação como intrassubjetiva ou intersubjetiva dependerá da unidade estrutural de análise do sujeito coletivo escolhida, ou seja, do nível de totalização proposto para análise do fenômeno relacional. Nesse sentido, essa mesma relação intrassubjetiva sob o nível de totalização do MP-SP poderá ser considerada intersubjetiva se a unidade estrutural de análise do sujeito coletivo a ser considerada forem os agrupamentos políticos internos ao MP-SP.

queima (combinações internas, repartição de tarefas entre os promotores, estabelecimento de ações comuns etc.).

Afora relações intrassubjetivas, os sujeitos coletivos estabelecem, com outros sujeitos coletivos, relações intersubjetivas de composição e oposição. O estabelecimento de relações compositivas entre os sujeitos coletivos tem como consequência a formação de blocos em disputa pela ordenação da realidade social. Cada bloco é formado por um conjunto de sujeitos que dividem uma perspectiva comum. No que tange aos sujeitos coletivos e aos blocos de sujeitos em composição e oposição, um fator importante a ser destacado é o caráter transitório de suas posições. Tais blocos em disputa caracterizam-se por uma dinâmica de composição instável, sendo permeados por disputas internas.

Além de disputar externamente o direcionamento do processo político-jurídico, os blocos em disputa são palcos, também, de confrontos internos pela hegemonia dessas direções, modificando sua conformação conforme as disputas são realizadas. Os próprios sujeitos coletivos, no mesmo sentido, caracterizam-se também pela transitoriedade das posições, modificando seu comportamento como consequência de suas relações intrassubjetivas e das relações estabelecidas com outros sujeitos. Eles estão, desse modo, suscetíveis a mudanças no transcorrer do tempo, em sua conformação, em sua identidade e em sua atuação prática.

O processo político-jurídico de (re)organização social empreendido por esses sujeitos coletivos, em disputa pela ordenação com base em perspectivas de justiça, por sua vez, é caracterizado por interações estabelecidas em múltiplas esferas relacionais. Entendemos por esfera relacional um específico conjunto de relações sociais, nas quais os sujeitos se engajam para ordenação da realidade social, caracterizadas pela identidade de seus atributos e pela unidade material de sua função no processo político-jurídico de (re)organização social. Cada esfera relacional possui uma função específica no processo de (re)ordenação social, englobando o conjunto de relações sociais que visa cumprir ou interferir no cumprimento dessa função.

Partindo da análise das lutas contra a queima da cana, é possível assinalar a existência das seguintes esferas relacionais: legislativa, executiva, judicial, científica e midiática. A função principal da esfera relacional legislativa é, por exemplo, a promulgação de leis e outras modalidades normativas. A função da esfera relacional executiva, por sua vez, é a realização de políticas públicas e de outras ações executivas. A função da esfera relacional judicial é obter e conferir provimentos e decisões judiciais. A função da esfera relacional científica é consolidar uma interpretação sobre a verdade de um fenômeno. A função da esfera relacional midiática, por fim, é cumprida por meio da "opinião publicada", pela qual se disputam os rumos da comunicação de massa na dinâmica social contemporânea. O rol elencado, de funções e de esferas relacionais, é absolutamente não taxativo, exclusivamente derivado da experiência analítica concreta das lutas contra a queima da cana-de-açúcar.

A realização de ações práticas, por qualquer sujeito político-jurídico, buscando cumprir ou interferir em uma dessas funções, representa seu engajamento nessa esfera de relacionamento social organizativo, na disputa pela ordenação social. É importante diferenciar, ainda, as esferas relacionais dos sujeitos político-jurídicos, esclarecendo a diversidade e a proximidade entre essas categorias. Para nós, os sujeitos político-jurídicos são os atores práticos, que se engajam em relações sociais, enquanto as esferas relacionais são conjuntos de relações com uma função específica no processo de (re)organização social.

No caso das lutas ecossociais contra a queima, por exemplo, no que se refere à disputa na esfera relacional judicial, pela qual se objetivou a prolatação de decisões judiciais, o TJ-SP é somente mais um sujeito político-jurídico. Importante sujeito político-jurídico coletivo, ele não se confunde com a materialidade da esfera relacional, composta pelo conjunto das relações cujo objetivo era interferir e realizar o processo de resolução de litígios. Essa esfera relacional foi materializada, no caso dessa luta ecossocial específica, nas relações estabelecidas por MP-SP, movimento ambientalista, empresariado canavieiro, TJ-SP, STF, STJ, entre outros. Incluem-se, assim, também como sujeitos político-jurídicos a atuar nessa esfera relacional, outros órgãos do Judiciário que tiveram ações práticas nessa disputa. Inserem-se, além deles, os múltiplos sujeitos a demandarem ou serem demandados nessas ações, tal como os que nelas interferiram, de qualquer modo.

Nessa mesma luta ecossocial, no que se refere à esfera relacional legislativa de âmbito estadual[140], por sua vez, é possível diferenciar o conjunto de relações sociais engajadas objetivando interferir no processo de promulgação de leis regulamentando a queima da cana, função dessa esfera, dos sujeitos partícipes dessas relações. Os sujeitos político-jurídicos são, assim, os executores dessas práticas relacionais: por exemplo, o empresariado canavieiro (que se aproximou de parlamentares e fez incidir sua proposta), a bancada ruralista estadual (que teve maioria para aprovar as leis), o movimento ambientalista (que fez pressão para que as leis não fossem aprovadas), além da própria Assembleia Legislativa estadual, considerada em sua unidade (que promulgou as leis regulamentando a queima da cana)[141]. A esfera relacional é, por sua vez, a totalidade dessas relações.

Nas lutas ecossociais narradas, nas diversas esferas relacionais em que o processo de (re)organização social se deu, foi notável a participação de sujeitos coletivos ligados ao que comumente se designa como Estado. Para o teórico grego Nicos Poulantzas, o Estado é a "condensação material de uma relação de forças entre classes e frações de classes, tal qual se exprime, de forma sempre específica, no seio do Estado"[142]. Diferenciando-se das concepções que entendem o Estado como um sujeito dotado de vontade racional unificada e autonomia tendencialmente absoluta em relação aos grupos sociais, e distinguindo-se, também, das concepções que veem no Estado um mero instrumento a serviço das classes, Poulantzas entende o Estado como materialização de relações de classe.

---

140. É possível diferenciar, no que tange aos sujeitos político-jurídicos e às esferas relacionais, âmbitos territoriais de abrangência, sendo comum a diferenciação entre os âmbitos municipal, estadual e federal, conforme o regime federativo brasileiro.
141. Em nosso trabalho, consideramos como unidade estrutural de análise do fenômeno subjetivo coletivo da organização social a categoria "movimento ambientalista". Tratou-se de uma opção. Da mesma forma, poderíamos ter caracterizado as múltiplas entidades e coletivos que perfazem o "movimento ambientalista" do estado de São Paulo, caso optássemos por um nível de totalização mais detalhado. Um mesmo sujeito político-jurídico coletivo é (ou pode ser) composto, assim, por inúmeros outros sujeitos coletivos e individuais, como ocorre com o movimento ambientalista, composto por uma infinidade de entidades, coletivos e indivíduos.
142. N. Poulantzas, *L'État, le pouvoir, le socialisme*, p. 141.

Nesse sentido, Poulantzas[143] afirma que há, no Estado, a presença das classes dominadas e de sua luta, caracterizando essa presença não como dualidade de poderes, mas como oposição ao poder das classes dominantes no seio do próprio aparato estatal. Do mesmo modo, segundo o autor, as diversas classes e frações de classe que compõem o bloco hegemônico participam da dominação política, uma vez que estão presentes dentro do aparelho de Estado. Segundo ele, ainda, em lugar de um corpo de funcionários cimentado em torno de uma unidade política homogênea, o que existe no Estado são clãs, vassalos, frações diversas e uma multiplicidade de micropolíticas diversificadas, sendo a política do Estado o resultado do confronto entre essas micropolíticas. Dessa forma, mesmo aparelhos ou ramos do Estado altamente hierarquizados possuem, para Poulantzas, diversos núcleos internos de poder[144].

As lutas ecossociais narradas confirmam a pertinência dos apontamentos de Poulantzas, trazendo à tona também os limites do seu pensamento. Em nossa perspectiva, o que é tradicionalmente entendido como Estado é composto, como aponta Poulantzas, de uma série de cisões e de agrupamentos internos em composição e oposição entre si e com outros grupos. As lutas ecossociais mostraram que não há, de fato, homogeneidade na atuação dos diversos ramos que compõem o aparelho estatal, tendo havido, no processo histórico, posicionamentos díspares no seio do

---

143. *Idem, ibidem*, pp. 155-157.
144. *Idem, ibidem*, pp. 149-153. Para o autor, existe uma unidade no seio dessa ação caótica, representativa de uma política global em favor de uma classe ou fração hegemônica. Ele explica que essa unidade deriva do centralismo e de interações específicas entre as diversas redes de ramos e aparelhos de Estado, com subordinações recíprocas que permitem uma orientação geral – conflituosa e caótica – em torno do projeto de determinado bloco histórico (cf., em especial, *idem, ibidem*, pp. 150-151). Discordando de Poulantzas, em relação à existência de uma suposta orientação geral permanente, entendo que, em alguns contextos históricos específicos, essa orientação pode existir como consequência da bem articulada ação dos sujeitos políticos que representam os interesses de uma classe ou fração hegemônica. Em outros contextos, contudo, creio ser possível que essa situação transcorra de outro modo, não sendo possível afirmar taxativamente que sempre haverá unidade. Essa unidade está, quando existente, histórica e geograficamente situada.

mesmo órgão, e também entre órgãos componentes do Estado, em seus diversos níveis. Em nossa perspectiva, e com base nas lutas ecossociais narradas, cremos ser necessário falar de sujeitos político-jurídicos coletivos – formados na ação dos indivíduos que os compõem – como unidades de análise estrutural da organização social, sendo possível identificar sujeitos político-jurídicos aparentemente vinculados ou aparentemente desvinculados do que é entendido como aparelho estatal.

É na dinâmica relacional entre os sujeitos aparentemente vinculados ao que é tradicionalmente entendido como Estado e os sujeitos aparentemente desvinculados desse "espaço relacional" que é realizada a organização social com base em padrões éticos concretamente ordenados, na disputa político-jurídica[145]. Isso é feito nas múltiplas esferas relacionais que integram o processo. Essas complexidade e multiplicidade de sujeitos nas relações de organização da realidade social evidenciam, em nosso entendimento, a necessidade de avançar na análise sobre os fenômenos políticos, com base na constatação da existência de campos relacionais na disputa político-jurídica, conforme fizemos. Além de falar de Estado, cremos, portanto, ser necessário mencionar as múltiplas esferas relacionais que compõem e perfazem a organização da realidade social concreta. Nas lutas contra a queima da cana, identificamos algumas dessas esferas relacionais concretas: científica, legislativa, judicial, executiva e midiática.

145. Parece-nos, em virtude de nossas pesquisas, que todos os sujeitos político-jurídicos são forjados na dinâmica de relações entre o que comumente se designa de Estado e de não Estado. O empresariado canavieiro, por exemplo, aparentemente caracterizado como um sujeito "não estatal", forjou-se historicamente no Brasil intrinsecamente conectado aos ramos do poder estatal, conforme explica Pedro Ramos, sendo sua relação com o Estado caracterizadora de seu desenvolvimento (P. Ramos, *op. cit.*). O mesmo ocorre com a totalidade dos outros "sujeitos não estatais", forjados e permeados por institucionalidades e institucionalizações estatais. No mesmo sentido, parece-nos que a compreensão dos "sujeitos estatais" somente pode dar-se quando a análise leva em conta os âmbitos e "sujeitos não estatais". A conformação dos parlamentos, por exemplo, dá-se por meio de eleições, caracterizadas pela votação popular. Essas mesmas eleições encontram-se submetidas, na realidade brasileira contemporânea, à influência do grande poder econômico em virtude do financiamento de campanhas, o que revela a vinculação estreita entre os partidos políticos, o Estado e os grandes grupos econômicos. Estado e não Estado compõem, assim, a totalidade das relações sociais, forjando os múltiplos sujeitos.

Graças aos confrontos e às composições nessas esferas, o processo de (re)organização da realidade social pelas lutas ecossociais teve lugar.

É possível entender, ainda, que as múltiplas cisões materiais e funcionais que compõem o Estado contemporâneo fragmentam-no materialmente em unidades de ação de menor abrangência espacial e relacional, que devem ser consideradas em suas singularidade e especificidade nas análises sobre os fenômenos políticos, sob pena de não se compreender adequadamente a realidade social atualmente vivida. São essas unidades sujeitos político-jurídicos. Por exemplo, embora MP-SP e TJ-SP sejam "Estado", suas características funcionais e sua base material própria exigem que sejam tratados em suas distinções e relações. No mesmo sentido, falar simplesmente de Poder Executivo ou Poder Legislativo é, tal como ocorre quando se fala de Estado, um nível importante de análise, mas muitas vezes insuficiente para compreender a complexa rede de composições e oposições que se formam no interior desses espaços[146].

As lutas ecossociais analisadas evidenciam isso com clareza. O posicionamento do MP-SP em relação à queima da cana foi diverso – às vezes oposto, às vezes composto – do posicionamento do TJ-SP. O Executivo e o Legislativo estadual, no mesmo sentido, vivenciaram perspectivas distintas na regulamentação da queima da cana no final da década de 1990, inclusive com embates entre eles. Evidencia-se, assim, com esses múltiplos exemplos, extraídos das lutas ecossociais narradas, que há uma fragmentação evidente e uma materialidade múltipla no interior do que é tradicionalmente entendido como Estado.

---

146. Em nosso trabalho, ao falarmos da esfera relacional legislativa, optamos por não caracterizar detalhadamente os múltiplos sujeitos político-jurídicos que disputam esse conjunto de relações sociais, do ponto de vista dos agrupamentos de interesses que compõem os parlamentos. Falamos, assim, no mais das vezes, do Legislativo (estadual ou municipal) como sujeito político-jurídico, em lugar de falar dos múltiplos grupos de parlamentares que existem em cada Legislativo. Tratou-se de uma opção metodológica, em virtude das limitações desta pesquisa, por um nível de totalização mais abrangente. Diversos níveis de totalização são possíveis na análise dos sujeitos político--jurídicos coletivos, resultando em diferentes unidades estruturais de estudo do fenômeno político.

É importante anotar também que, na realidade contemporânea, os sujeitos políticos que compõem o que é tradicionalmente entendido como Estado estão abertos à ampla disputa pela hegemonia política que ocorre no plano social. Queremos dizer com isso que, contemporaneamente, o avanço das lutas políticas por direitos sociais abriu importantes fendas no âmbito estatal, permitindo que se configurasse uma situação na qual os sujeitos individuais e coletivos que compõem o Estado possuam relativa liberdade para optar por determinadas posições políticas. Os sujeitos ligados ao Estado participam, assim, da dinâmica de disputa pelo que Gramsci chamou de "hegemonia", referindo-se à direção político-ideológica de um grupo sobre outros, fundada no consenso e na adesão voluntária dos sujeitos a determinadas posições e perspectivas[147]. Abertos e sujeitos à disputa pela hegemonia, que é essencialmente uma batalha pelo convencimento, nas lutas ecossociais narradas, diversos agentes ligados ao Estado tomaram posição em defesa das vítimas do agronegócio canavieiro. Nesse sentido, por exemplo, foi o convencimento de membros do MP-SP sobre a pertinência da defesa das vítimas da degradação ambiental nas regiões canavieiras que permitiu sua adesão à disputa pela proibição imediata da queima. Do mesmo modo, magistrados do TJ-SP foram também convencidos, consensualmente, dessa pertinência, atuando concretamente contra os interesses do agronegócio. Um exemplo também significativo dessa abertura à disputa pela hegemonia reside no posicionamento do Executivo paulista no final da década de 1990 e início da década de 2000, no que tange à queima da cana, quando seguidas vezes as ações desse sujeito se deram em contrapontos relativos aos interesses do empresariado canavieiro.

Os sujeitos ligados ao Estado podem, desse modo, uma vez convencidos da pertinência da defesa do ponto de vista das vítimas, direcionar sua ação nesse sentido, respeitada a margem de liberdade política concreta de cada sujeito individual e coletivo, em cada contexto político historicamente determinado. Não há submissão necessária e permanente desses sujeitos a nenhuma classe ou grupo social em disputa na atualidade,

---

147. C. N. Coutinho, "Introdução", em *O Leitor de Gramsci: Escritos Escolhidos 1916-1935*, pp. 19-23.

diferentemente do que defenderam analistas de outras épocas históricas, em discursos que são ainda hoje repetidos sem a devida reflexão. Há liberdade relativa, condicionada pela totalidade das relações sociais.

Conforme adverte Poulantzas, a simples substituição do pessoal do Estado por militantes ligados às massas populares não basta para a efetiva democratização de suas ações, sendo necessária a transformação da relação que o Estado estabelece com as massas populares[148]. Não basta, assim, "ocupar" o Estado, sendo necessário mudar a racionalidade de sua inserção na dinâmica social, no sentido de sua democratização.

Além de esferas relacionais tradicionalmente vinculadas ao processo de disputa política, como a esfera legislativa ou a esfera executiva, já referidas, identificamos também como componentes das lutas ecossociais para (re)organização social uma gama interessante de esferas relacionais relativamente negligenciadas pelas análises científicas sobre o tema, em especial entre analistas do campo jurídico. Entre essas esferas relacionais relativamente negligenciadas, podem-se citar a esfera midiática (relacionada à "opinião publicada") e a esfera científica (relacionada ao posicionamento da comunidade científica sobre determinada questão). No caso das lutas ecossociais contra a queima da cana, o processo de composições e oposições na esfera relacional de produção do conhecimento científico retratou um dos mais importantes campos de disputa entre os sujeitos em confronto, objetivando responder à indagação sobre o caráter poluidor (ou não) da queima.

Em demandas ambientais, as disputas nessa esfera relacional são constantes, uma vez que a comprovação da ação degradante das práticas produtivas exige, habitualmente, muito esforço dos grupos insurgentes, seja em virtude das próprias dificuldades técnicas das questões debatidas, seja pela força política dos grupos enfrentados, capaz de convencer cientistas e outros grupos sociais a se posicionarem em defesa dos interesses da produção econômica degradante. Michael Löwy explica que, entre as ciências naturais e as ciências humanas, existe um "espaço cognitivo intermediário, uma zona de transição onde as esferas se tocam, se interpenetram, se

---

148. N. Poulantzas, *L'État, le pouvoir, le socialisme*, pp. 173-174.

cobrem e se recortam parcialmente". Nesses espaços, que incluem para o autor "certos problemas de biologia vinculados ao meio ambiente", as conclusões científicas são carregadas de "eletricidade ideológica"[149].

Tal carregamento com "eletricidade ideológica" caracterizou, no caso da luta ecossocial contra a queima da cana, as relações estabelecidas na esfera de produção do conhecimento científico sobre a prática. Longe de poder-se dizer produto de uma produção científica neutra, aquilo a que se assistiu foi a uma formulação de blocos de disputa no "interior" da comunidade científica, entre grupos com posições ideológicas e científicas distintas, objetivando influir no processo de organização da realidade social. A produção do conhecimento científico no campo das ciências naturais (ou, mais precisamente, no que Löwy chama de zona intermediária entre as ciências naturais e as ciências humanas, que se encontra atualmente bastante alargada em relação às zonas da ciência natural desideologizada) traduz-se num momento importante do processo político-jurídico de (re)organização da realidade social, sendo as práticas dos sujeitos envolvidos nessa produção também político-jurídicas e organizativas.

Não há organização social em um campo e produção científica em outro, sendo o processo de produção do conhecimento científico elemento integrante do processo de organização social, que é a luta político--jurídica entre os sujeitos. Desse modo, no caso da luta ecossocial contra a queima, o resultado das disputas na esfera relacional científica integrou o processo de disputas pela (re)ordenação social, traduzindo-se num ambiente bastante importante de composições e oposições.

A esfera relacional midiática, embora não abordada com a devida minúcia em nossa narrativa, esteve também presente e permeou todo o processo de embates, caracterizando-se os veículos de comunicação de massa como importantes sujeitos de divulgação das posições dos blocos em disputa em torno da proibição ou permissão da utilização da queima da cana. Habitualmente, não se discute a inserção midiática no processo de organização da realidade social, o que cremos traduzir-se em grave

---

149. M. Löwy, *As Aventuras de Karl Marx contra o Barão de Münchhausen*, pp. 191-192; e idem, *Ideologias e Ciência Social*, p. 89.

negligência dos analistas dos processos políticos e jurídicos, em vista da enorme influência desses veículos.

A esfera relacional legislativa, por sua vez, é instrumento de positivação do direito, sendo um espaço privilegiado da disputa pela (re)ordenação da realidade social. A disputa nessa esfera envolve, também, composições e oposições entre sujeitos coletivos que objetivam a mudança do direito positivo. Direcionando essas composições e oposições, os múltiplos sujeitos em disputa visam positivar textualidades jurídicas que atendam aos seus interesses e às suas demandas organizativas. Na luta ecossocial contra a queima da cana, por exemplo, a regulamentação legal da prática agrícola evidenciou a atuação do empresariado canavieiro e de grupos de parlamentares ligados a ele, na textualização dos seus interesses no direito positivo. Os diversos textos promulgados em âmbito estadual nas décadas de 1990 e 2000 – Leis Estaduais n. 10.547/2000 e n. 11.241/2003, por exemplo – atenderam, em maior ou menor grau, aos interesses políticos concretos do empresariado canavieiro, materializando suas demandas no direito positivo. A positividade do direito não reflete, contudo, somente os interesses de um agrupamento social específico, sendo construída gradativamente no processo de disputas entre os múltiplos grupos por meio de composições e oposições.

Nesse sentido, conforme explica Moraes Silva[150], as leis não estão acima das classes sociais, e sim imbricadas nas relações entre elas. As leis refletem, assim, para a autora, o conjunto da luta de classes. Além do confronto entre classes, as lutas ecossociais narradas evidenciam que as leis – e da mesma forma a totalidade do direito positivo – encontram-se vinculadas à multiplicidade de composições e oposições entre sujeitos coletivos na disputa pela (re)organização social. Essa multiplicidade inclui as classes, sem a elas resumir-se, englobando também uma série de outros agentes.

Na luta contra a queima da cana-de-açúcar, contudo, a despeito da permeabilidade dos parlamentos, em alguns contextos específicos e restritos, à pressão popular e à perspectiva das vítimas, num sentido mais geral,

---

150. M. A. de M. Silva, "Produção de Alimentos e Agrocombustíveis no Contexto da Nova Divisão Mundial do Trabalho", *Revista Pegada*, vol. 9, n. 1, 2008, p. 220.

o resultado da disputa na esfera relacional legislativa (em todos os âmbitos federativos) respondeu aos interesses do empresariado canavieiro e às suas pautas. Objetivando compreender essa permeabilidade mais ampla das esferas relacionais legislativas aos interesses do grande poder econômico, torna-se válida a análise desenvolvida por Vianna e Burgos, em outro contexto, relacionando a crise de representação do Estado ao "modo pelo qual se realiza o financiamento das campanhas, abertas à manipulação e ao controle do poder econômico, inclusive pelos mecanismos, nem sempre visíveis, da compra de votos"[151]. De fato, a submissão das disputas na esfera relacional legislativa aos interesses do agronegócio canavieiro está ligada à permeabilidade dos sujeitos que operam nessa esfera ao poder econômico, sendo o financiamento privado de campanhas um dos instrumentos por meio do qual essa permeabilidade é institucionalizada.

Os conflitos que envolvem o direito positivo não se encerram, contudo, com a positivação dos textos, perpassando, após esse momento, novas disputas na própria esfera relacional legislativa (ou executiva) – por intermédio de confrontos pela (re)positivação legal ou executiva – e em inúmeras outras esferas relacionais, pelas quais se objetiva atribuir significado político material ao texto positivado. Um texto positivado não representa o esgotamento da batalha na esfera relacional legislativa, podendo os sujeitos político-jurídicos se reagruparem para empreender novas disputas pela positivação de novos textos. Na luta ecossocial contra a queima, esse constante retorno de composições e oposições na esfera relacional legislativa mostrou-se evidente, tendo havido sucessivas positivações legais de regimes jurídicos diversos de regulamentação da queima da cana, em virtude da retomada do interesse dos sujeitos em acionar a esfera relacional de promulgação de leis, para (re)ordenar a produção da cana-de-açúcar.

O processo de significação dos textos positivados, por sua vez, envolve conflitos em múltiplas esferas, entre as quais a esfera relacional judicial, que teve papel destacado nos processos históricos descritos nos capítulos anteriores. Nas práticas relacionais materializadas nessa esfera, o MP-SP

---

[151]. L. W. Vianna e M. B. Burgos, "Entre Princípios e Regras: Cinco Estudos de Caso de Ação Civil Pública", *Dados*, vol. 48, n. 4, 2005, p. 779.

cumpriu importantes funções. O principal instrumento processual utilizado pelo MP-SP para atuar nessa esfera relacional foram as ações civis públicas. Graças a essas ações, as demandas de proibição imediata da queima foram levadas a julgamento. Explicam Vianna e Burgos:

> [...] as ações civis públicas têm-se constituído em um lugar em que as regras jurídicas têm merecido uma interpretação à luz dos princípios e valores constitucionais, ampliando o sistema de defesa da cidadania e, em alguns casos, até favorecendo a aquisição de direitos novos [...]. Através delas é possível postular novos direitos, afirmar os já declarados, estabelecer limites ao mercado, controlar a atuação do poder público, reclamar contra sua omissão e denunciar atos de improbidade administrativa[152].

Além das ações civis públicas, as disputas na esfera relacional judicial envolveram a utilização de outros instrumentos processuais, como ações de declaração de inconstitucionalidade (Adin) e ações de reintegração de posse. Contaram com a participação, ainda, de inúmeros sujeitos coletivos, vinculados ou não ao âmbito estatal.

Em sua totalidade, a utilização dessa esfera de disputa traduziu-se em exercício do que é chamado comumente de "judicialização da política". Casagrande define a "judicialização da política" como "a participação ativa de juízes e tribunais na criação e no reconhecimento de novos direitos, bem como no saneamento de omissões do governo", caracterizada pela "publicização do direito, marcada pela ascensão do direito constitucional sobre o direito privado"[153]. Conforme explicam Santos, Marques e Pedroso, nos tempos atuais os tribunais judiciários são chamados ao centro do debate político e passam a ser um ingrediente fundamental na crise de representação política, quer pelo que contribuem para ela ao demitirem-se de sua responsabilidade constitucional, quer pelo que contribuem para sua solução, assumindo essa responsabilidade[154]. Acrescenta

---

152. *Idem, ibidem*, p. 785.
153. C. Casagrande, *Ministério Público e a Judicialização da Política*, p. 16.
154. B. de S. Santos, M. M. L. Marques e J. Pedroso, "Os Tribunais nas Sociedades Contemporâneas", *Revista Brasileira de Ciências Sociais*, n. 30, 1996, p. 41.

Boaventura Santos, ainda, que, contemporaneamente, os efeitos extrajudiciais da atuação dos juízes passam a ser o verdadeiro critério de avaliação do desempenho judicial, que ganha claramente um sólido componente prospectivo, em detrimento da racionalidade lógico-formal e restituidora de uma ordenação predeterminada, que caracterizava a atuação do Judiciário em outros momentos históricos[155].

Carregada de possibilidades e de expectativas, a disputa dessa esfera relacional apresentou vitórias dos múltiplos blocos em confronto, sendo, contudo, notável o posicionamento majoritário dos magistrados pela manutenção e defesa da ordem vigente. Elisabete Maniglia critica a posição do Judiciário em demandas agrárias, afirmando que "as sentenças são proferidas por juízes que, em sua maioria, não cursaram a disciplina direito agrário, que desconhecem a legislação específica sobre o assunto, dando-lhe um enquadramento equivocado de direito civil e, pior, [que] não têm acesso à realidade no campo – à exceção dos que são proprietários rurais"[156].

As composições e oposições na esfera relacional judicial trouxeram à tona uma nova face do Judiciário brasileiro, discutida na literatura científica desde os anos 1990. Não mais uma instituição distante das principais questões políticas da sociedade brasileira, atualmente o Judiciário compõe o cotidiano das mais importantes decisões sobre a organização da realidade social do país. Conforme explicam Vianna e colaboradores, a "magistratura, ademais, além de ser uma instituição é também um ator [...]. E a ele cabe, em interação com os aliados que souber mobilizar em favor da democratização do Judiciário, retocar o acabamento do seu retrato, em uma circunstância de intensa pressão social"[157].

Operaram a esfera relacional judicial os múltiplos sujeitos políticos envolvidos em composições e oposições: empresariado, MP-SP, movimento ambientalista, TJ-SP, STJ, STF, câmaras legislativas etc. Cada esfera

---

155. B. de S. Santos, *Sociología Jurídica Crítica*, p. 90.
156. E. Maniglia, "Terra, Justiça e Democracia", *Revista de Estudos Jurídicos da Universidade Estadual Paulista*, vol. 4, n. 2, 1997, p. 254.
157. L. W. Vianna *et al.*, *Corpo e Alma da Magistratura Brasileira*, p. 322.

relacional não é, assim, monopólio de determinado sujeito ou de determinada perspectiva, caracterizando-se sua materialidade pela multiplicidade de componentes e linhas de ação em disputa. Configuradas pelas oposições e composições em múltiplos campos relacionais, as lutas ecossociais realizaram a (re)ordenação social com base em perspectivas disputantes de justiça. Nessas ações, desempenharam os sujeitos coletivos o papel de efetivos (re)organizadores das relações sociais.

CAPÍTULO 3

# Dados e Construídos sobre a Queima da Cana

A TEMÁTICA DA QUEIMA DA CANA-DE-AÇÚCAR em São Paulo é caracterizada, no que tange ao seu dimensionamento quantitativo e qualitativo, por uma interessante e explicável dualidade. A partir de 2006, temos um repertório extenso e de extrema qualidade de análises cartográficas e estatísticas sobre a queima, fornecido pelo sistema Canasat do Inpe. Anteriormente a essa data, contudo, as informações são escassas e frágeis, excetuado o período situado entre 2003 e 2005, em relação ao qual a Única disponibiliza algumas informações. Essa dualidade tem amparo na mudança de estratégia do empresariado canavieiro ocorrida em 2007, momento a partir do qual esse sujeito político passou a acelerar a eliminação da queima e dissociar sua imagem dessa prática agrícola. Para amparar essa proposta de dissociação e dar visibilidade e credibilidade à diminuição da queima, foi iniciado o monitoramento da prática no estado. Antes de 2006, contudo, quando não havia o real interesse em diminuir a área de cana queimada, o interesse no monitoramento era também diminuto, razão pela qual os dados são mais frágeis.

Em nossa pesquisa, encontramos um único trabalho que apresenta a evolução histórica da queima da cana-de-açúcar no estado. Trata-se do "Estimativa de Emissão dos Gases de Efeito Estufa na Queima de Resíduos Agrícolas no Estado de São Paulo – 1990 a 2008"[1], realizado pela Cetesb em 2011. Esse trabalho, contudo, comete diversos equívocos

---

1. Cetesb, "Estimativa de Emissão dos Gases de Efeito Estufa na Queima de Resíduos Agrícolas no Estado de São Paulo – 1990 a 2008", em *1º Relatório de Referência do Estado*

metodológicos ao realizar as estimativas para os anos com dados faltantes². Além disso, apoia-se em base de dados que não consideramos confiável, por não ter vinculação com órgãos oficiais ou com órgãos ligados ao empresariado canavieiro.

Para suprir essa importante lacuna na bibliografia sobre a queima da cana, complementamos a história das lutas e a análise sociológica desse processo com uma detalhada apresentação cartográfica e estatística da evolução histórica da prática no estado, dividida em três tópicos. No primeiro ofereceremos um panorama geral sobre a evolução da queima no estado. No segundo tópico abordaremos o processo de reterritorialização da queima ocorrido entre 1995 e 2006, com sua diminuição nas antigas regiões canavieiras e início da queima nas novas regiões. No terceiro tópico, por fim, discutiremos a diminuição absoluta da queima no estado e o Protocolo Agroambiental.

Outros três tópicos completam o trabalho de exposição e análise dos dados sobre a queima da cana-de-açúcar no estado e sobre as lutas ecossociais ocorridas nas últimas décadas. As lutas contra a queima da cana-de-açúcar, além de universalidade, singularidade e atualidade. Falamos em atualidade nas lutas no sentido de identificar e discutir os aspectos contemporâneos desse processo político-jurídico, o momento atual e o prognóstico de possíveis próximos passos. Falamos em singularidade, por sua vez, no sentido das especificidades concretas das lutas contra a queima analisadas, pensadas a partir de marcos teóricos e do diálogo com autores e perspectivas.

*de São Paulo de Emissões e Remoções Antrópicas de Gases de Efeito Estufa, Período de 1990 a 2008.*

2. O principal equívoco metodológico é, em nossa opinião, considerar que a totalidade da área colhida mecanicamente tenha ocorrido mediante colheita da cana crua. Afirma o trabalho: "assumiu-se neste relatório que toda a área colhida mecanicamente não foi submetida à queima", demonstrando desconhecimento da realidade do setor canavieiro, uma vez que a colheita queimada é realizada mecanicamente em área estatisticamente significativa desde o fim da década de 1980 até o presente momento (cf. Cetesb, *op. cit.*, p. 18).

## MUITO MAIS DO QUE "FOGO DE PALHA": A EVOLUÇÃO HISTÓRICA DA QUEIMA DA CANA EM SÃO PAULO ENTRE 1980 E 2012

A expressão "fogo de palha" é utilizada em diversas regiões do Brasil para designar algo efêmero, passageiro, uma empolgação momentânea sem raízes sólidas. A queima da cana-de-açúcar no estado de São Paulo foi muito mais do que "fogo de palha". Após o início da adoção da queima, na década de 1960, até o ano de 1994, toda a cana-de-açúcar colhida em São Paulo foi submetida à queima prévia (de forma mecânica ou manual), uma vez que ainda não havia sido desenvolvido o sistema de colheita mecanizada da "cana crua"[3]. Apesar disso, não encontramos dados estatísticos sólidos sobre a área de cana queimada em São Paulo entre a década de 1960 e o final da década de 1970. Uma vez que o sistema ÚnicaData, da Única, disponibiliza virtualmente dados sobre a quantidade de cana colhida em São Paulo somente a partir de 1980, utilizamos essa data como marco inicial da nossa análise quantitativa sobre a queima no estado.

O ano de 1995 marca o início estatisticamente significativo da colheita da cana crua em São Paulo. Desde o final da década de 1980, os experimentos e testes com esse propósito já vinham sendo realizados sem que, contudo, tenha havido até 1994 área colhida sem queima em quantidade suficiente para poder considerar implantado esse sistema de colheita. Foi em 1995, entretanto, que ocorreu, segundo o pesquisador André Carvalho[4], a conversão de toda a área de cultivo da Usina São Francisco (provavelmente 7 500 hectares), do grupo "Balbo" em Sertãozinho (SP), para esse sistema de colheita. Também em 1995, a Usina São Martinho passou a colher 10% do seu total de cana processada industrialmente por meio da colheita mecanizada da cana crua[5]. Ainda nesse ano, segundo estimativas realizadas por Balbo Júnior em 1994, passariam a estar disponíveis no mer-

---

3. Cf. D. B. Gonçalves, *Mar de Cana, Deserto Verde? Os Dilemas do Desenvolvimento Sustentável na Produção Canavieira Paulista*; e J. R. P. de Andrade Júnior, *Lutas Ecossociais no Contexto do Agronegócio Canavieiro*.
4. A. P. de Carvalho, *Rótulos Ambientais Orgânicos*, p. 151.
5. M. de O. Mello, "Colheita de Cana-de-açúcar nas Áreas Atuais e de Expansão: Evoluções, Preservação e Produtividade", em *Workshop Colheita de Cana-de-açúcar*, p. 16.

cado nacional as colheitadeiras de cana crua[6]. Sob a rubrica do ano de 1996 foi lançado o primeiro modelo de colheitadeira de cana crua de um fabricante nacional, a Santal Amazon 1996, da empresa Santal. Segundo Veiga Filho, ainda em 1996 uma empresa internacional de produção de maquinário agrícola (Brastoft) instalou-se no Brasil, importando e vendendo 35 unidades em 1996, 27 unidades em 1997 e, a partir de então, montando e produzindo novas unidades anualmente na fábrica brasileira[7].

O marco é importante: 1995 foi o início da colheita mecanizada sem queima no estado. Falar de colheita da cana crua nos anos de 1995 e 1996 é mencionar uma realidade ainda embrionária, com colheita sem queima em um número certamente inferior a 5% do total de cana plantada no estado nesse período, numa área de menos de cem mil hectares. Ainda assim, um novo sistema de colheita estava implantado.

Em relação ao ano de 1997, existe um primeiro dado estatístico que consideramos confiável sobre a colheita sem queima, atribuído por Almir Zancul[8] à pesquisa realizada pela Comissão Técnica de Cana-de-açúcar da Secretaria de Agricultura do Estado de São Paulo com os associados da Única, tomando como referência a safra 1997/1998. Segundo esse dado, teria havido, na referida safra, colheita de cana queimada em 92,8% da área total do estado e colheita de cana crua em 7,4%. Aplicando essas proporções estatísticas aos dados de área total de cana colhida no estado em 1997, fornecidos pela Única (*on-line*) pelo sistema ÚnicaData, infere-se que houve nesse ano a colheita crua de 176 134 hectares. Entre 1998 e 2002 não dispomos de dados estatísticos que nos informem precisamente a área colhida crua no estado.

---

6. L. Balbo Júnior, *Estudos, Levantamentos Técnicos e Ambientais sobre Queimada de Cana-de-açúcar*.
7. A. de A. Veiga Filho, "Estudo do Processo de Mecanização do Corte da Cana-de--açúcar: O Caso do Estado de São Paulo", *Revista de Ciência e Tecnologia (Recitec)*, vol. 3, n. 1, 1999, p. 90.
8. *Apud* M. A. Arbex, *Avaliação dos Efeitos do Material Particulado Proveniente da Queima da Plantação de Cana-de-açúcar sobre a Morbidade Respiratória na População de Araraquara*.

Para o período entre 2003 e 2005, dispomos dos dados fornecidos por Onório Kitayama, cuja organização é atribuída à Única, com base em informações de seu Centro de Tecnologia Canavieira (CTC). Segundo essas informações, em 2003 teriam sido colhidos 25,9% da área plantada em São Paulo por meio do sistema de colheita sem queima; em 2004, esse valor teria subido para 27,5%; e em 2005, para 28,1%[9]. Aplicadas essas estatísticas aos valores totais colhidos no estado entre 2003 e 2005, fornecidos pelo sistema ÚnicaData[10], chegamos respectivamente aos números de 729 760, 811 747 e 866 816 hectares colhidos sem queima no período.

A partir de 2006, com o início de detalhado monitoramento e mapeamento geográfico e estatístico dos dados sobre a colheita da cana-de-açúcar no estado de São Paulo, realizado pelo Inpe por meio do projeto Canasat, as informações sobre as áreas colhidas cruas e queimadas no estado são, além de precisas, geograficamente localizadas em mapeamento digital, divididas em regiões e municípios, caracterizadas e tabuladas. Trata-se de um volume extenso e belíssimo de informações sobre a ocupação agrícola e a colheita da cana-de-açúcar em São Paulo, obtido por intermédio de sensoriamento remoto realizado por satélites.

Em relação à cana crua, o Inpe afirma que, em 2006, a área assim colhida no estado passou, pela primeira vez, a faixa do um milhão de hectares, com 1 110 120 hectares colhidos sem queima prévia, representativos de 34% da área total colhida no ano. O Inpe fornece (*on-line*), também, dados sobre os anos de 2007, 2008, 2009 e 2010 que confirmam um aumento constante, absoluto e relativo, das áreas colhidas sem queima. Em 2012, por fim, a colheita crua se deu em 3 381 313 hectares, 72% do total colhido.

Tabulando todos os dados anteriormente citados, referentes à colheita da cana crua no estado de São Paulo, produzimos o seguinte gráfico, que evidencia o crescimento da área total colhida sem queima entre 1995 e 2012.

---

9. Cf. O. Kitayama, *Situação Atual e Perspectivas de Expansão do Setor Sucroalcooleiro no Brasil e no Mundo*.
10. Cf. *site* do sistema ÚnicaData, Única. Disponível em: <http://www.unicadata.com.br>. Acesso em: 13 fev. 2013.

Gráfico 9. Área de cana-de-açúcar (hectares) colhida crua no estado de São Paulo (1995-2012)

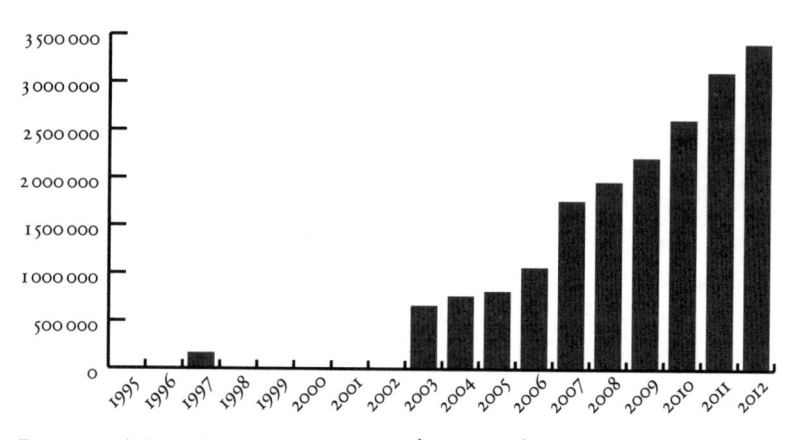

Fontes: *site* do Inpe, Canasat; *site* do sistema ÚnicaData, Única; A. Zancul, *apud* M. A. Arbex, *Avaliação dos Efeitos do Material Particulado Proveniente da Queima da Plantação de Cana-de-açúcar sobre a Morbidade Respiratória na População de Araraquara*; O. Kitayama, *Situação Atual e Perspectivas de Expansão do Setor Sucroalcooleiro no Brasil e no Mundo*.

Chega-se em 2012 com mais de três milhões de hectares colhidos sem queima prévia no estado. O crescimento da área assim colhida, conforme evidencia o gráfico, foi a tônica de todo o período, tendo o índice médio de crescimento sofrido, entretanto, importantes variações quando se comparam os anos iniciais de implantação do sistema de colheita crua com os últimos anos do período, evidenciando um ritmo mais intenso de expansão da colheita crua nos anos finais, em relação aos anos iniciais de implantação desse sistema produtivo. Desse modo, entre 1994 e 1997, houve o incremento de 176 134 novos hectares colhidos sem queima prévia, um crescimento médio de 58 411 hectares por ano. Entre 1997 e 2003, o ritmo de crescimento médio foi um pouco maior, na faixa de 92 271 hectares por ano, que se somaram às áreas já incorporadas no período anterior. Entre 2003 e 2006, viveu-se um novo aumento de ritmo, que passou a 126 786 novos hectares em média por ano. Entre 2006 e 2012, por fim, a média geral foi de 378 532 hectares a mais colhidos sem queima prévia por ano. Evidencia-se, assim, que entre 1995 e 2012 houve um aumento significativo no ritmo do crescimento anual das áreas colhidas cruas, que passaram de uma média de 58 411 novos hectares por ano, entre 1994 e 1997, para 378 352 novos hectares por ano entre 2006 e 2012. Esse aumento gradual de mais de 500% no ritmo médio de incorporação de novas áreas para o sistema de colheita da cana crua no período representa o aumento da velocidade de adoção da nova sistemática de colheita, ainda incipiente entre 1994 e 1997 e extremamente rápida e expansiva entre 2006 e 2011.

O significativo aumento da área colhida crua no estado de São Paulo representou, em relação ao total colhido no estado no mesmo período, um aumento relativo também significativo. O Gráfico 10 compara as porcentagens de área colhida crua e queimada no estado de São Paulo entre 1987 e 2012, em relação ao total colhido.

Evidencia-se que, se até 1994 0% da colheita era realizada com cana crua no estado de São Paulo (salvo as realizações experimentais), em 1997 esse tipo de colheita já representava 7,4% da área total colhida; em 2003, 25,9%, e, a partir daí, atingiu-se um expressivo nível de crescimento, até chegar em 2012 com 72% do total colhido no estado sendo realizado sem a queima prévia. Saltou-se, assim, num período de dezoito anos, de 0% de colheita crua para 72% em São Paulo no ano de 2012, o que significou uma redução estatística significativa da colheita de cana queimada em relação ao volume total colhido.

O ano de 2009 marcou, em São Paulo, o momento em que se passou a colher mais cana crua do que cana queimada, com cerca de 1,8 milhão de hectares colhidos queimados contra 2,2 milhões de hectares colhidos sem queima.

O fato de aumentar a área absoluta colhida sem queima prévia e de aumentar, relativamente ao total colhido no estado, a porcentagem de colheita crua deve ser adequadamente dimensionado. Isso não significa, de maneira nenhuma, que a queima da cana tenha sido totalmente eliminada dos canaviais paulistas. A intensa divulgação da associação entre a produção canavieira e a temática ambiental, amparada em interesses mercadológicos, teve como um de seus principais objetivos transmitir a ideia de que não se queimava mais cana em São Paulo. O instrumento para fazê-lo, além da apresentação entusiasmada dos prazos acordados com o governo do estado por meio do Protocolo Agroambiental, foi a apresentação dos dados referentes ao aumento absoluto da área colhida sem queima e do aumento proporcional dessa área em relação à área total, conforme acabamos de detalhar. Esses gráficos e dados foram hegemonicamente apresentados ao público, e somente eles.

Gráfico 10. Área de cana-de-açúcar (hectares) colhida com queima prévia em relação à área colhida crua no estado de São Paulo (1987-2012)

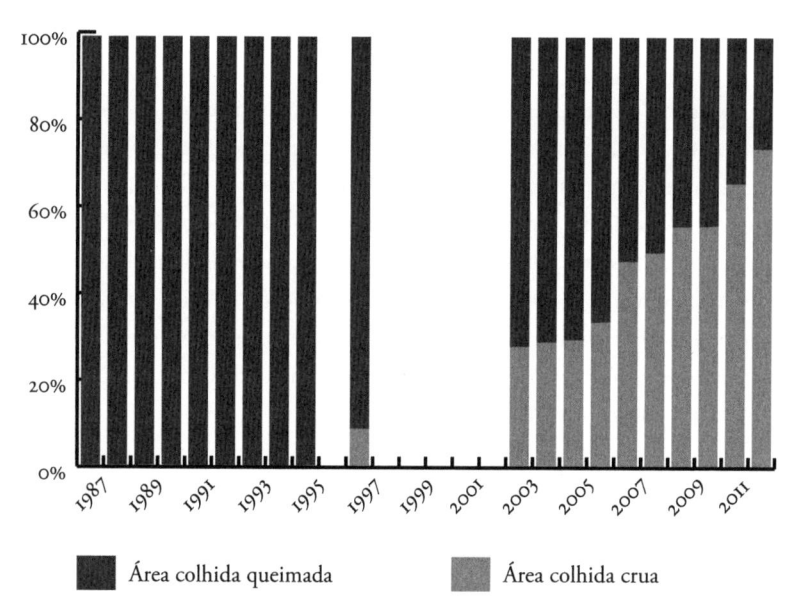

■ Área colhida queimada ■ Área colhida crua

Fontes: *site* do Inpe, Canasat; *site* do sistema ÚnicaData, Única; A. Zancul, *apud* M. A. Arbex, *Avaliação dos Efeitos do Material Particulado Proveniente da Queima da Plantação de Cana-de-açúcar sobre a Morbidade Respiratória na População de Araraquara*; O. Kitayama, *Situação Atual e Perspectivas de Expansão do Setor Sucroalcooleiro no Brasil e no Mundo*.

Essa forma de exposição dos dados distorcia, contudo, uma importante realidade estatística: a área total de cana queimada em São Paulo ainda era em 2012 bastante significativa, consistindo em mais de um milhão de hectares queimados nessa safra. Confira o Gráfico 11, feito a partir da ampliação da base de dados utilizada anteriormente, mas agora tratando somente da área colhida queimada.

Gráfico 11. Área de cana-de-açúcar (hectares) colhida com queima prévia no estado de São Paulo segundo dados disponíveis (1980-2012)

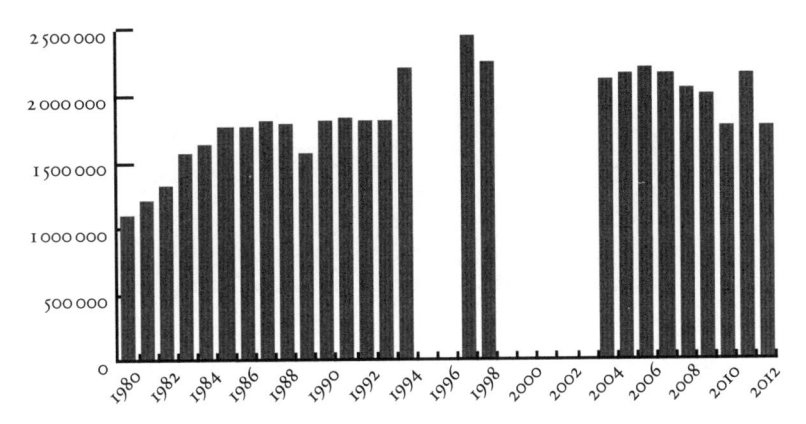

Fontes: *site* do Inpe, Canasat; *site* do sistema ÚnicaData, Única; A. Zancul, *apud* M. A. Arbex, *Avaliação dos Efeitos do Material Particulado Proveniente da Queima da Plantação de Cana-de-açúcar sobre a Morbidade Respiratória na População de Araraquara*; O. Kitayama, *Situação Atual e Perspectivas de Expansão do Setor Sucroalcooleiro no Brasil e no Mundo*.

Assim, se é um fato estatístico que a área colhida sem queima está aumentando, conforme mostrado anteriormente, outro fato estatístico (totalmente ignorado na maior parte das análises sobre o tema) é que a área colhida queimada ainda era muito significativa em 2012. Aquele 1,27 milhão de hectares de cana queimados em 2012 no estado de São Paulo representa mais de oito vezes o tamanho do município de São Paulo. Isso significa que mais de oito "municípios de São Paulo (em área)" foram queimados nesse ano no estado de São Paulo.

Estimando[11] os dados referentes aos períodos de que não temos informações detalhadas, é possível analisar mais detidamente a questão.

---

11. As estimativas foram realizadas com base em dados disponíveis sobre a colheita da cana crua nos anos de encerramento e início dos períodos com informações indisponíveis,

Gráfico 12. Área de cana-de-açúcar (hectares) colhida com queima prévia no estado de São Paulo (1980-2012) – com estimativas para os anos com dados indisponíveis

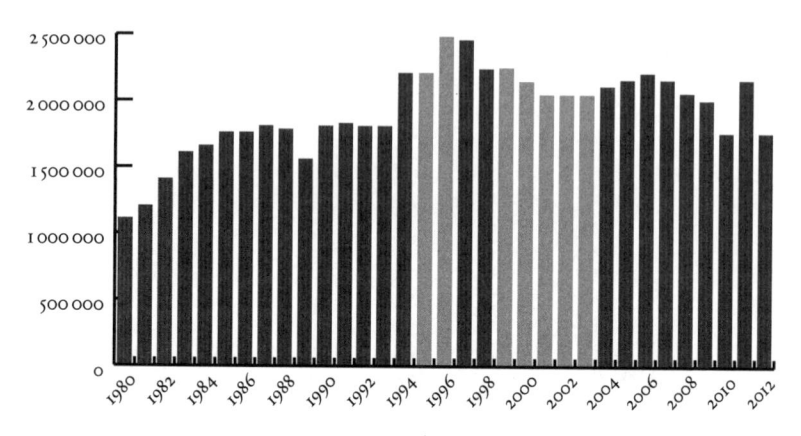

Fontes: *site* do Inpe, Canasat; *site* do sistema ÚnicaData, Única; A. Zancul, *apud* M. A. Arbex, *Avaliação dos Efeitos do Material Particulado Proveniente da Queima da Plantação de Cana-de-açúcar sobre a Morbidade Respiratória na População de Araraquara*; O. Kitayama, *Situação Atual e Perspectivas de Expansão do Setor Sucroalcooleiro no Brasil e no Mundo*.

Percebe-se, assim, que no período posterior a 1994 foi somente nos anos de 2009, 2011 e 2012 que tivemos área de cana queimada menor que

> subtraindo do valor total de área colhida em cada ano o número projetado de colheita crua, a fim de obter a estimativa da colheita queimada. Exemplificaremos a seguir, para facilitar a compreensão. Para estimar a colheita crua foram utilizados os valores médios de crescimento anual da área colhida sem queima nos períodos situados entre 1994 e 1997 (para os anos de 1995 e 1996) e entre 1997 e 2003 (para o período situado entre 1998 e 2002, em relação ao qual não há informações precisas) (cf. *site* do sistema ÚnicaData, Única. Disponível em: <http://www.unicadata.com.br>. Acesso em: 13 fev. 2013).
> Exemplificando: se entre 1994 e 1997 (três anos) o crescimento da área colhida crua foi de 176 134 hectares, isso significa um aumento médio anual de 58 711 hectares de colheita crua (1/3 de 176 134). Para o ano de 1995, estimou-se, assim, que foram colhidos 58 711 hectares sem queima (e o dobro disso em 1996). Extraindo esse valor do total colhido nesse ano (2 258 900 hectares), o resultado foi tido como o valor colhido com queima em 1995 (2 200 489). Repetiu-se o procedimento para todos os outros anos sobre os quais não há informações específicas, chegando aos resultados apresentados.

dois milhões de hectares no estado. Por todo o resto do período, portanto, queimou-se cana em mais de dois milhões de hectares paulistas.

O ano de 2010, por sua vez, mesmo já inserido dentro do momento temporal de crescimento médio de mais de quatrocentos mil hectares por ano de área colhida crua no estado, representou, em relação ao ano de 2009, um aumento absoluto de mais de 15% da área colhida com queima em São Paulo. Os 2,1 milhões de hectares queimados nesse ano (o penúltimo da série disponibilizada pelo Inpe e, portanto, um dos mais recentes e atuais) traduzem-se num dos maiores números absolutos de área queimada de toda a história da queima em São Paulo, ficando pouco abaixo dos 2,2 milhões de hectares queimados em São Paulo em 1997 (recorde histórico de área queimada, segundo as informações disponíveis).

Chegou-se em 2012 com 1,27 milhão de hectares queimados; com o ano de 2010 (um dos mais recentes) se aproximando, em termos de área queimada (2,1 milhões de hectares), do recorde histórico de área queimada em São Paulo durante toda a história da produção canavieira no estado; somente três vezes (2009, 2011 e 2012), no período mais recente, a queima foi graficamente inferior a dois milhões de hectares por ano, e durante todo o resto do tempo, desde 1994, superou esse valor; e com uma área queimada anualmente nunca inferior a um milhão de hectares durante todo o período.

Com base nas estimativas realizadas e anteriormente trabalhadas, apresentamos a seguir o Gráfico 13, mais completo, incluindo dados sobre a área total colhida em São Paulo entre 1987 e 2012, área total colhida crua e área total colhida queimada no estado, no mesmo período. Esses dados estão contextualizados graficamente com a proposta de periodização da história das lutas pela eliminação da queima da cana-de-açúcar no estado, exposta no capítulo 1 deste livro.

Observa-se a partir desse gráfico que o primeiro período, situado entre 1988 e 1994, foi marcado pela inexistência de outro sistema estatisticamente significativo de colheita da cana-de-açúcar, salvo o de colheita da cana queimada, que respondia pela integralidade da cana colhida no período (tal como pela integralidade da colheita realizada desde a década de 1960 em São Paulo, momento de início da utilização do procedimento).

Nesse período, a colheita de cana queimada avançou de 1,8 milhão de hectares para 2,1 milhões.

Gráfico 13. A colheita da cana em São Paulo conforme os períodos das lutas pela eliminação da queima (1988-2012)

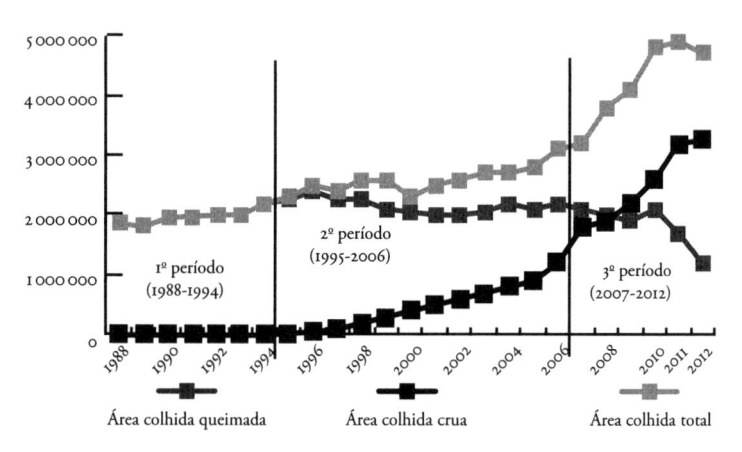

[Gráfico com três períodos: 1º período (1988-1994), 2º período (1995-2006), 3º período (2007-2012). Legenda: Área colhida queimada, Área colhida crua, Área colhida total.]

Fontes: *site* do Inpe, Canasat; *site* do sistema ÚnicaData, Única; A. Zancul, *apud* M. A. Arbex, *Avaliação dos Efeitos do Material Particulado Proveniente da Queima da Plantação de Cana-de-açúcar sobre a Morbidade Respiratória na População de Araraquara*; O. Kitayama, *Situação Atual e Perspectivas de Expansão do Setor Sucroalcooleiro no Brasil e no Mundo*.

Em 1995, iniciou-se a utilização da colheita crua e todo o segundo período, entre 1995 e 2006, foi marcado pelo gradativo e constante aumento da área colhida sem queima no estado (área colhida crua), na faixa média de noventa mil hectares por ano. Atingiu-se, assim, o número de 1,1 milhão de hectares colhidos sem queima em 2006. Nesse mesmo período, a tendência geral da área total colhida no estado também foi de crescimento, sendo seu avanço médio de, também, cerca de noventa mil hectares por ano (de 2,1 milhões em 1994 para 3,2 milhões em 2006), com a maior parte desse crescimento tendo ocorrido entre 2000 e 2006. Verifica-se, do ponto de vista estatístico, que entre 1995 e 2006 o aumento médio anual da área total colhida no estado de São Paulo foi equivalente ao aumento médio anual da área colhida crua, na faixa de noventa mil hectares por ano. A área colhida queimada, por sua vez, foi alvo de oscilações, com crescimento entre 1995 e 1997, diminuição absoluta entre 1997 e 2000, novo crescimento total entre 2003 e 2005 e, finalmente, nova diminuição entre 2005 e 2006. Manteve-se, contudo, sempre acima dos dois milhões de hectares queimados em São Paulo. Se comparados os números de área queimada do último ano do período anterior e do último ano desse período (1994 e 2006), verifica-se que se mantiveram estáveis, na faixa dos 2,1 milhões de hectares, sofrendo ligeira diminuição absoluta de cerca quarenta mil hectares entre o início e o fim da série (cerca de 2 500 hectares por ano, portanto).

O terceiro período, entre 2007 e 2012, marcou, por sua vez, a manutenção e a aceleração do crescimento médio anual de área colhida crua, que passou a dar-se na faixa dos 370 mil hectares por ano, subindo de 1,1 milhão em 2006 para 3,3 milhões em 2012. Continuou havendo, portanto, importante crescimento anual de áreas colhidas cruas, nesse momento de forma ainda mais intensa que no período anterior. A área total colhida no estado foi crescente entre 2007 e 2010, tendo também seu ritmo acelerado, agora para a casa dos 370 mil hectares por ano no período (3,2 milhões em 2006 para 4,72 milhões em 2010). Entre 2010 e 2012, a área total colhida no estado apresentou estagnação na faixa dos 4,7 milhões de hectares. A área colhida queimada, por fim, sofreu uma diminuição geral absoluta no período, em velocidade média de pouco mais de 140 mil hectares por ano (exceto entre 2009 e 2010, quando houve aumento da área queimada), passando de 2,1 milhões em 2006 para 1,27 milhão em 2012.

Os períodos das lutas contra a queima guardam, assim, uma importante correlação com a realidade da queima no estado, tendo sido as mudanças de postura política do empresariado canavieiro em face da queima em 1995 e 2006 contextualizadas por importantes alterações técnico-produtivas no setor: em 1995, a adoção da tática da proibição gradativa da queima foi contextualizada pelo início da implantação do sistema de colheita mecanizada da cana crua, e, em 2006, a adoção da tática do esverdeamento foi contextualizada pela aceleração da implantação desse mesmo sistema de colheita e pelo início da efetiva redução da área de cana queimada anualmente no estado de São Paulo.

Encerrando este tópico, apresentam-se, no quadro a seguir, os dados numéricos referentes a todos os gráficos apresentados no decorrer deste item, com as respectivas fontes.

Quadro 2. DADOS SOBRE A COLHEITA DA CANA-DE-AÇÚCAR EM SÃO PAULO (1980-2012).

| ANO DE REFERÊNCIA | ÁREA COLHIDA QUEIMADA (EM HECTARES) | ÁREA COLHIDA SEM QUEIMA (EM HECTARES) | ÁREA TOTAL COLHIDA (EM HECTARES) | FONTE DOS DADOS |
|---|---|---|---|---|
| 1980 | 1 088 480 | 0 | 1 088 480 | ÚnicaData |
| 1981 | 1 195 280 | 0 | 1 195 280 | ÚnicaData |
| 1982 | 1 357 404 | 0 | 1 357 404 | ÚnicaData |
| 1983 | 1 586 107 | 0 | 1 586 107 | ÚnicaData |
| 1984 | 1 654 715 | 0 | 1 654 715 | ÚnicaData |
| 1985 | 1 734 895 | 0 | 1 734 895 | ÚnicaData |
| 1986 | 1 752 634 | 0 | 1 752 634 | ÚnicaData |
| 1987 | 1 801 609 | 0 | 1 801 609 | ÚnicaData |
| 1988 | 1 785 355 | 0 | 1 785 355 | ÚnicaData |
| 1989 | 1 703 903 | 0 | 1 703 903 | ÚnicaData |
| 1990 | 1 811 980 | 0 | 1 811 980 | ÚnicaData |
| 1991 | 1 852 400 | 0 | 1 852 400 | ÚnicaData |
| 1992 | 1 889 500 | 0 | 1 889 500 | ÚnicaData |
| 1993 | 1 895 750 | 0 | 1 895 750 | ÚnicaData |
| 1994 | 2 173 200 | 0 | 2 173 200 | ÚnicaData |
| 1995 | 2 200 489 | 58 411 | 2 258 900 | Área total: ÚnicaData. Outros: estimativa realizada por Andrade Júnior |

## DADOS E CONSTRUÍDOS SOBRE A QUEIMA DA CANA

| cont. ANO DE REFERÊNCIA | ÁREA COLHIDA QUEIMADA (EM HECTARES) | ÁREA COLHIDA SEM QUEIMA (EM HECTARES) | ÁREA TOTAL COLHIDA (EM HECTARES) | FONTE DOS DADOS |
|---|---|---|---|---|
| 1996 | 2 375 457 | 117 723 | 2 493 180 | Área total: ÚnicaData. Outros: estimativa realizada por Andrade Júnior |
| 1997 | 2 270 166 | 176 134 | 2 446 300 | Área total: ÚnicaData. Outros: porcentagens de A. Zancul, *apud* M. A. Arbex |
| 1998 | 2 296 745 | 268 405 | 2 565 150 | Área total: ÚnicaData. Outros: estimativa realizada por Andrade Júnior |
| 1999 | 2 194 324 | 360 676 | 2 555 000 | Área total: ÚnicaData. Outros: estimativa realizada por Andrade Júnior |
| 2000 | 2 031 843 | 452 947 | 2 484 790 | Área total: ÚnicaData. Outros: estimativa realizada por Andrade Júnior |
| 2001 | 2 021 960 | 545 218 | 2 567 178 | Área total: ÚnicaData. Outros: estimativa realizada por Andrade Júnior |
| 2002 | 2 023 461 | 637 489 | 2 660 950 | Área total: ÚnicaData. Outros: estimativa realizada por Andrade Júnior |
| 2003 | 2 087 844 | 729 760 | 2 817 604 | Área total: ÚnicaData. Outros: porcentagens de Única (O. Kitayama) |
| 2004 | 2 140 057 | 811 747 | 2 951 804 | Área total: ÚnicaData. Outros: porcentagens de Única (O. Kitayama) |
| 2005 | 2 217 936 | 866 816 | 3 084 752 | Área total: ÚnicaData. Outros: porcentagens de Única (O. Kitayama) |
| 2006 | 2 131 990 | 1 110 120 | 3 242 110 | Canasat/Inpe |
| 2007 | 2 025 448 | 1 764 992 | 3 790 440 | Canasat/Inpe |

| cont. ANO DE REFERÊNCIA | ÁREA COLHIDA QUEIMADA (EM HECTARES) | ÁREA COLHIDA SEM QUEIMA (EM HECTARES) | ÁREA TOTAL COLHIDA (EM HECTARES) | FONTE DOS DADOS |
|---|---|---|---|---|
| 2008 | 1 997 630 | 1 924 075 | 3 921 705 | Canasat/Inpe |
| 2009 | 1 812 540 | 2 264 394 | 4 076 934 | Canasat/Inpe |
| 2010 | 2 101 110 | 2 627 025 | 4 728 135 | Canasat/Inpe |
| 2011 | 1 670 521 | 3 125 619 | 4 796 140 | Canasat/Inpe |
| 2012 | 1 277 003 | 3 381 313 | 4 658 316 | Canasat/Inpe |

Fontes: *site* do Inpe, Canasat; *site* do sistema ÚnicaData, Única; A. Zancul, *apud* M. A. Arbex, *Avaliação dos Efeitos do Material Particulado Proveniente da Queima da Plantação de Cana-de-açúcar sobre a Morbidade Respiratória na População de Araraquara*; O. Kitayama, *Situação Atual e Perspectivas de Expansão do Setor Sucroalcooleiro no Brasil e no Mundo*; J. R. P. de Andrade Júnior, *Lutas Ecossociais no Contexto do Agronegócio Canavieiro*.

## A DIMINUIÇÃO DA QUEIMA NAS ANTIGAS REGIÕES CANAVIEIRAS E A RETERRITORIALIZAÇÃO DA QUEIMA ENTRE 1995 E 2006

Se não é analiticamente suficiente considerar que o desenvolvimento do sistema de colheita de cana crua e a expansão de sua utilização pelo estado de São Paulo entre 1995 e 2006 sejam consequências exclusivas da luta ecossocial contra a prática agrícola, dissociar essas realidades históricas é impossível. Neste tópico, portanto, será inicialmente trabalhada a associação entre as lutas desenvolvidas nas regiões canavieiras contra a queima da cana e a redução da área queimada nessas áreas, e, posteriormente, discorreremos sobre o processo de reterritorialização da queima ocorrido entre 1995 e 2006 no estado.

O início dos estudos sobre a colheita crua motivou-se, no fim da década de 1980, pelas possibilidades econômicas de utilização da palha como adubo ou fonte de energia, conforme já expusemos. Sua aceleração e intensificação no mesmo período e no início de 1990 deveram-se, contudo, à repercussão da luta contra a queima e à existência de diversas tensões com o empresariado canavieiro nesse sentido. A pressão político-jurídica foi, assim, determinante para que se aumentasse o investimento em desenvolvimento tecnológico que originou o sistema de colheita mecânica da cana crua, cuja implantação se iniciou em 1995.

Dificilmente as motivações econômicas de aproveitamento da palha garantiriam, por si sós, a implantação do sistema de colheita crua e, principalmente, de maneira nenhuma assegurariam a sua implantação em tempo acelerado e área significativa como a vivenciada em São Paulo. Se a própria adoção da colheita mecanizada da cana queimada, que garante em geral menor custo absoluto para a colheita, foi retardada durante as décadas de 1970 e 1980 em vista da garantia de lucratividade gerada pela superexploração do proletariado rural e dos grandes investimentos iniciais necessários para compra de maquinário, nada leva a crer que a adoção da colheita da cana crua mecanizada aconteceria se não fosse a existência da luta político-jurídica iniciada no fim da década 1980.

Foi essa luta que assegurou a imposição do horizonte de colheita crua à mecanização canavieira, que sem isso continuaria se dando por meio de cana queimada, como ocorreu durante as décadas anteriores. Por tudo isso, é impossível dissociar a existência de colheita da cana crua entre 1995 e 2006 das consequências diretas da luta desenvolvida desde 1987 contra essa prática agrícola. Não é de estranhar, em vista disso, que as regiões em que a luta foi mais intensa tenham sido aquelas em que houve intensa adoção de colheita da cana crua. O exemplo mais notável entre elas é, certamente, o da região de Ribeirão Preto (SP).

Sertãozinho (SP), situado nessa região, é o município em que se iniciou a intensificação da fiscalização repressiva das agências ambientais e da polícia florestal para garantir a aplicação do Decreto n. 28.848/1988, onde foram ajuizadas as primeiras ações civis públicas pleiteando a proibição da queima da cana-de-açúcar e foram proferidas as primeiras sentenças judiciais proibitivas da queima da cana. Mas Sertãozinho não era só isso. Era, também, o município onde se situavam dois grandes destaques da colheita da cana crua na década de 1990: Usina São Francisco, ligada ao grupo Balbo, e Usina Santa Elisa.

O grupo Balbo é responsável pela produção do açúcar de marca "Native", e seu caso específico será abordado em "Cinzas dos 'Heróis

Verdes'...". A Usina Santa Elisa, por sua vez, foi a vencedora do prêmio "CNI de Ecologia", da Confederação Nacional da Indústria (CNI), em 1997, justamente pela adoção do sistema de colheita da cana crua[12]. Tal como ocorre com a Usina São Franscisco, não se trata de uma coincidência geográfica que ela se situe em Sertãozinho: grupos econômicos ligados à Usina Santa Elisa foram réus nos primeiros processos judiciais ajuizados pelo Ministério Público de São Paulo em 1991 (AP. 211.502-1/9) e ficaram submetidos, assim, às disputas judiciais sobre o futuro da utilização da queima em algumas de suas propriedades agrícolas. Como o grupo "Balbo", portanto, também adotaram mais cedo a nova tecnologia de colheita, para cujo desenvolvimento contribuíram, e que a pressão político-jurídica plantou em seu futuro.

Certamente, a transição produtiva desses grupos rumo à colheita sem queima não pode ser atribuída simplesmente ao ajuizamento de processos contra eles, tampouco às decisões judiciais. Essas práticas políticas de múltiplos sujeitos compõem, todavia, o ambiente social construído ante os grupos, em que foram tomadas as decisões que os levaram a investir mais ativamente em inovação tecnológica e mercadológica. Socialmente condicionados a colher cana não queimada em parte (pequena) de sua área plantada, os grupos aceleraram o processo de desenvolvimento tecnológico da colheita mecanizada da cana crua (anteriormente iniciado para maximizar o aproveitamento econômico) e souberam fazer escolhas empresariais em momentos oportunos.

Situa-se na região de Ribeirão Preto, ainda, a Usina São Martinho (município de Pradópolis), que implantou o sistema de colheita mecanizada de cana crua em 75% de seu território em 2000, após iniciar a sua implantação significativa em 1995, quando 10% da área processada pela empresa foi colhida sem queima[13].

Multiplicavam-se os exemplos pontuais de transição produtiva para a colheita crua entre 1995 e 2006 na região de Ribeirão Preto, de modo que,

---

12. L. Montanini, "A Vida Começa aos 70. Ações Ambientalmente Corretas", *JornalCana*, 2006.
13. M. de O. Mello, *op. cit.*

em 2006, a região, segundo os dados do Canasat (Inpe, *on-line*), apresentou uma das maiores áreas absolutas colhidas com cana crua no estado de São Paulo (150 926 hectares) em comparação às outras regiões e um dos maiores índices percentuais relativos de cana colhida crua em relação ao total colhido no mesmo período (38,7%), acima da média estadual de 34%[14]. Se ainda era em 2006, por certo, uma das regiões que mais sofriam com a queima da cana – possuía a segunda maior área absoluta queimada no estado nesse ano, com 239 373 hectares[15] –, a queima era ali proporcionalmente inferior à média percentual do estado em relação à área total colhida, em vista da significância da área colhida crua. Enquanto em São Paulo a média era de 66% de área queimada, em Ribeirão Preto (SP) a média era de 61,3%. A área queimada na região era, além disso, certamente menor em 2006 do que fora em 1995.

O mapa a seguir (Figura 6) destaca a colheita de cana-de-açúcar queimada e crua na região de Ribeirão Preto no ano de 2006.

Conforme evidencia o mapa, a área colhida com queima respondia ainda, em 2006, pela maioria da colheita ocorrida na região. A área colhida crua já era, contudo, significativa. Entre os municípios que se destacavam na colheita crua em relação ao total colhido em seu território, com percentuais muito acima da média estadual, estavam, segundo dados do projeto Canasat[16] (Inpe), Pradópolis (90%), Guatapará (77,8%), Barrinha (72,1%), Guariba (56,1%) e Ribeirão Preto (46,2%). O fato de Sertãozinho não se situar nessa listagem deve-se à localização das áreas

---

14. Segundo os dados do Inpe, as regiões do estado de São Paulo apresentavam as seguintes áreas absolutas colhidas queimadas em 2006 (em hectares): Araçatuba (87 154), Barretos (62 202), Bauru (97 700), Campinas (159 255), Central (116 834), Franca (113 482), Marília (69 896), Presidente Prudente (34 771), Ribeirão Preto (150 926), São José do Rio Preto (154 157) e Sorocaba (63 743) (cf. *site* do Inpe, Canasat. Disponível em: <http://www.dsr.inpe.br/laf/canasat>. Acesso em: 13 fev. 2013).
15. Atrás somente da região de Franca, que em 2006 apresentava 265 954 hectares queimados. A proximidade entre as regiões garantia, por sua vez, o agravamento das consequências adversas da queima da cana-de-açúcar em ambas (cf. *site* do Inpe, Canasat. Disponível em: <http://www.dsr.inpe.br/laf/canasat>. Acesso em: 13 fev. 2013).
16. *Site* do Inpe, Canasat. Disponível em: <http://www.dsr.inpe.br/laf/canasat>. Acesso em: 13 fev. 2013.

agrícolas vinculadas aos projetos agropecuários sediados nesse município em diversos outros municípios da região, entre os quais os referidos, o que é bastante comum na realidade canavieira, em que a proximidade com a usina onde a cana é processada é fundamental (o que nem sempre corresponde aos limites territoriais dos municípios).

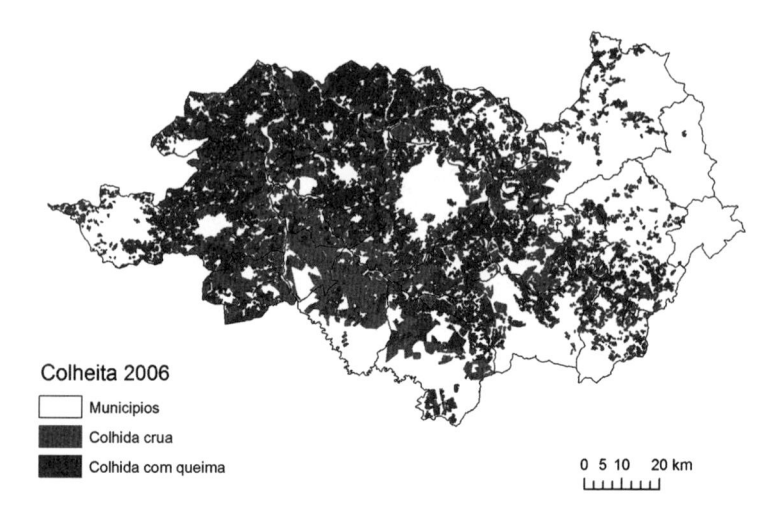

Colheita 2006
☐ Municipios
■ Colhida crua
■ Colhida com queima

0 5 10 20 km

Figura 6. Mapa da colheita da cana-de-açúcar na região de Ribeirão Preto em 2006. Fonte: *site* do Inpe, Canasat.

Outra região canavieira notabilizada por sua participação nas lutas contra a queima da cana-de-açúcar é a de Campinas/Piracicaba. Foi ali que cinco das nove leis municipais proibitivas aprovadas no estado foram promulgadas (55%), o que é um importante termômetro da força de organização das comunidades locais contra a queima da cana-de-açúcar nessa região e do destaque comparativo dessa mobilização com outras regiões do estado. Ali, também, dezenas de ações civis públicas foram ajuizadas contra o empresariado canavieiro. Foi nesse contexto que, em 2006, segundo os dados do projeto Canasat[17], a região canavieira de Campinas (que inclui Piracicaba) apresentou, tal como Ribeirão Preto, uma das

17. *Idem, ibidem.*

maiores áreas absolutas de colheita da cana crua desse ano (159 255 hectares) e um dos maiores índices estatísticos de colheita crua em relação ao total colhido na região (40,3%), também acima da média estadual (34%)[18]. Tal como em Ribeirão Preto, também ali é impossível dissociar essa realidade fática vivenciada em 2006 do acúmulo das lutas realizadas contra a queima desde o fim da década de 1980, embora não haja uma simples relação de causalidade entre uma e outra.

Evidencia-se, desse modo, que em regiões onde ocorreu luta contra a queima da cana-de-açúcar houve, entre 1995 e 2006, conversão de áreas colhidas queimadas em áreas colhidas cruas, havendo, com isso, também a redução absoluta da área queimada nesse mesmo período e melhoria, ao menos relativa, da qualidade ambiental.

A despeito dessa redução, conforme demonstram os dados apresentados no item "Muito Mais do que 'Fogo de Palha'...", a área total colhida com queima no estado de São Paulo entre 1995 e 2006 manteve-se estável, na faixa de 2,1 milhões de hectares. Para explicar a conciliação entre a conversão de áreas colhidas queimadas em áreas colhidas sem queima e a manutenção de um mesmo patamar estadual de áreas totais colhidas com queima, é necessário discorrer sobre a reterritorialização da queima, ocorrida no estado entre 1995 e 2006.

De modo simples, esse aparente paradoxo pode ser explicado da seguinte forma: os 2,1 milhões de hectares queimados entre 1994 e 2006 não são exatamente os mesmos 2,1 milhões de hectares, em vista da mudança da localização espacial dessas áreas. Essa mudança da localização espacial das áreas

18. Outra importante região canavieira que apresentava, já em 2006, importante área total de colheita de cana crua era a de São José do Rio Preto. Trata-se de uma região onde houve, também, luta contra a queima da cana-de-açúcar de diversos modos (leis municipais proibitivas, ações judiciais, mobilizações etc.). Cremos, contudo, que outro fator contribuiu decisivamente na explicação da origem dessa grande quantidade absoluta (154 157 hectares) e relativa (44,5% do total colhido no ano na região, segundo o Inpe) de colheita crua: o caráter mais recente da ocupação canavieira nesse território, onde provavelmente ocorreu parcialmente já a ocupação agrícola com colheita de cana crua (em vez da conversão de colheita de cana queimada em colheita de cana crua, característica das regiões de Ribeirão Preto e Campinas/Piracicaba) (cf. *site* do Inpe, Canasat. Disponível em: <http://www.dsr.inpe.br/laf/canasat>. Acesso em: 13 fev. 2013).

de cana queimadas consiste no fenômeno que nominamos de reterritorialização da queima da cana-de-açúcar no estado de São Paulo.

A queima mudou, parcialmente, de lugar. Plantações que antes de 1994 eram colhidas com cana queimada passaram, entre 1995 e 2006, a ser colhidas sem queima prévia, significando a conversão dessas áreas a esse sistema de colheita. Paralelamente a esse fenômeno, houve, também, expansão canavieira por meio da colheita de cana-de-açúcar queimada em regiões antes ocupadas com outras culturas agrícolas. Mudou-se, com isso, parcialmente, a geografia da queima da cana-de-açúcar no estado, sem que os números globais fossem alterados, havendo redução local da área queimada nas regiões canavieiras mais antigas, onde se passou a conciliar o sistema de colheita da cana queimada com a colheita da cana crua, desenvolvida no período, sem redução global da área colhida queimada no estado de São Paulo.

No mesmo sentido, ao que tudo indica, a expansão canavieira pela colheita queimada foi, também, conciliada com a expansão canavieira por meio da colheita da cana crua. Houve, desse modo, a coexistência dos dois tipos de colheita de cana-de-açúcar (com e sem queima prévia), tanto nas áreas de expansão canavieira no período (ou seja, novas áreas anteriormente ocupadas com outras culturas e convertidas à produção de cana), quanto nas áreas ocupadas agriculturalmente com cana antes de 1995. Assim, a origem das áreas colhidas cruas vincula-se tanto à expansão canavieira para novas áreas quanto à conversão de parte dos 2,1 milhões de hectares dos antigos canaviais queimados em 1994 ao sistema de colheita da cana crua. Os 2,1 milhões de hectares queimados em 2006, por sua vez, originavam-se tanto de parcela dos 2,1 milhões de hectares queimados em 1994 que se mantinha queimada em 2006, quanto de novas áreas ocupadas com cana-de-açúcar queimada a partir de 1995.

O mapa apresentado a seguir, extraído do sistema Canasat[19] (Inpe), oferece a localização geográfica precisa das áreas colhidas com cana crua e

---

19. Cf. *site* do Inpe, Canasat. Disponível em: <http://www.dsr.inpe.br/laf/canasat>. Acesso em: 13 fev. 2013.

com cana queimada no estado de São Paulo em 2006, contribuindo para a discussão ora desenvolvida.

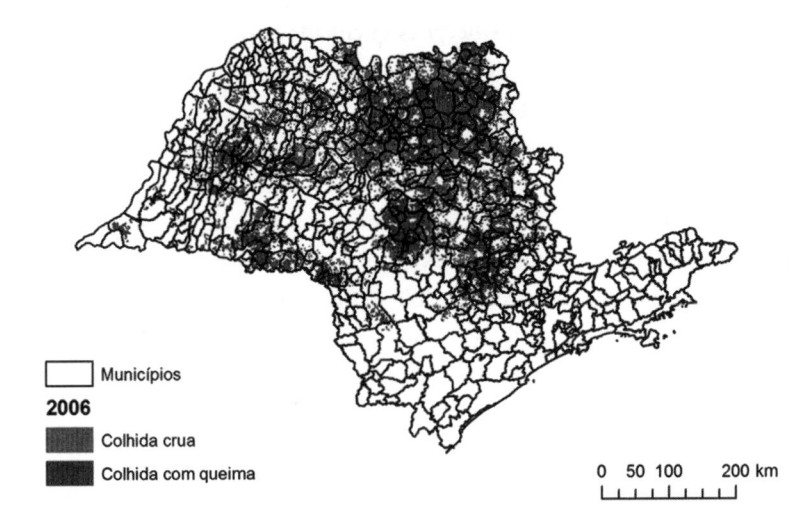

Figura 7. Mapa da colheita da cana-de-açúcar no estado de São Paulo em 2006.
Fonte: *site* do Inpe, Canasat.

Trata-se de um ano (2006) em que a colheita da cana queimada ainda era responsável pela ampla maioria do território colhido no estado, com mais de 66% da área plantada tendo sido colhida com utilização da queima prévia. Percebe-se, em vista disso, a presença mais intensa no mapa da área colhida com queima, em comparação à área colhida crua. Os 2,1 milhões de hectares queimados em 2006 encontravam-se, como o mapa revela, disseminados entre regiões canavieiras tradicionais, cuja ocupação é mais antiga, e regiões canavieiras recentes, cuja ocupação deu-se nos anos imediatamente anteriores a 2006.

A colheita da cana crua, por sua vez, embora levemente disseminada por todo o estado, encontrava-se concentrada mais visivelmente em algumas regiões. Entre elas, estão as regiões canavieiras de Ribeirão Preto e Campinas/Piracicaba, caracterizadas pela ocupação agrícola da cana anterior ao ano de 1990. São regiões, portanto, em que houve inicialmente a ocupação agrícola por meio da cana-de-açúcar queimada antes da colheita e em que, no período entre 1995 e 2006, ocorreu a conversão à colheita crua. Eram regiões que entravam na configuração territorial da queima em 1994, compondo os 2,1 milhões de hectares queimados nesse ano, e que, entre 1995 e 2006, passaram a ser colhidas sem queima prévia, deixando de integrar os 2,1 milhões de hectares queimados em 2006.

Essa realidade dupla entre a conversão de antigas áreas canavieiras em áreas de colheita crua e a expansão com cana queimada foi a tônica principal do período. A manutenção, em números globais, de um mesmo patamar de área total queimada entre os anos de 1994 e 2006 foi possível somente porque a conversão de áreas de colheita queimada em áreas de colheita crua foi equivalente, em números totais, à expansão canavieira com cana queimada, compensando a perda territorial sofrida com a conversão e mantendo estáveis os valores totais para São Paulo. Embora estáveis os valores totais de área de cana-de-açúcar queimada no estado de São Paulo, houve deslocamento territorial da queima da cana, com novas regiões de expansão canavieira passando a sofrer as mazelas dessa prática agrícola geradora de poluição ambiental e de prejuízos à saúde pública. No mesmo período, as comunidades de regiões canavieiras tradicionais tiveram os danos a ela e ao ambiente minorados, ainda que levemente, com a diminuição da área total queimada, por meio da conversão ao sistema de colheita crua.

## O COMEÇO DO FIM (2007-2012) E O DESCUMPRIMENTO DO PROTOCOLO AGROAMBIENTAL

O período situado entre 2007 e 2012 marcou, por sua vez, uma mudança nos números absolutos referentes à queima da cana-de-açúcar no estado, que passaram a sofrer redução em relação ao período anterior em termos de área total queimada, saindo da faixa dos 2,1 milhões para atingir, em 2012, 1,27 milhão. A redução da área absoluta queimada foi, assim, a tendência do período, executado o lapso entre 2009 e 2010, no qual houve aumento da área queimada. A comparação entre a área queimada no início (2006) e no fim desse período (2012) possibilita apontar uma diminuição média de 140 mil hectares por ano de área queimada em São Paulo. A realização, pelo projeto Canasat[20] (Inpe), de detalhado monitoramento em todos os anos desse período nos permite, por sua vez, elaborar fundamentadas reflexões analíticas sobre a evolução geográfica e estatística dos diversos tipos de colheita da cana-de-açúcar (ver Figura 8).

Diferentemente do que ocorreu em 2006, agora as áreas preenchidas pela colheita crua são ampla maioria e ocupam a maior parte do espaço paulista. As áreas de colheita queimada, embora minoritárias, mantêm-se significativas e disseminadas por todo o território de plantação de cana, que agora corresponde à quase totalidade do estado de São Paulo.

São dois os principais fenômenos do período em relação ao sistema de colheita da cana: expansão canavieira em áreas anteriormente ocupadas com outras culturas por meio da colheita da cana crua e conversão de áreas que foram colhidas queimadas em 2006 à colheita sem queima prévia em 2012. A convivência desses dois fenômenos garantiu o significativo aumento da área colhida crua no período, que se deu na faixa dos 370 mil hectares por ano, em média. A despeito desses fatos, que significam concretamente a melhoria da qualidade de vida e do bem-estar socioambiental em todo o estado de São Paulo, a realidade contemporânea da queima ainda não permite que pensemos na sua eliminação como um fato consumado. Conforme expusemos anteriormente, ainda se queima palha da cana-de-açúcar no estado de São Paulo. Assistimos, na melhor das hipóteses, ao começo do fim da queima. Além disso, é preciso enfatizar que o acordo estabelecido entre o governo de São Paulo e o empresariado canavieiro, nos anos de 2007 e 2008, não vem sendo respeitado integralmente. Os prazos e metas estabelecidos no Protocolo Agroambiental firmado em 2007 entre a Única e o Executivo de São Paulo não estão sendo cumpridos.

---

20. *Site* do Inpe, Canasat. Disponível em: <http://www.dsr.inpe.br/laf/canasat>. Acesso em: 13 fev. 2013.

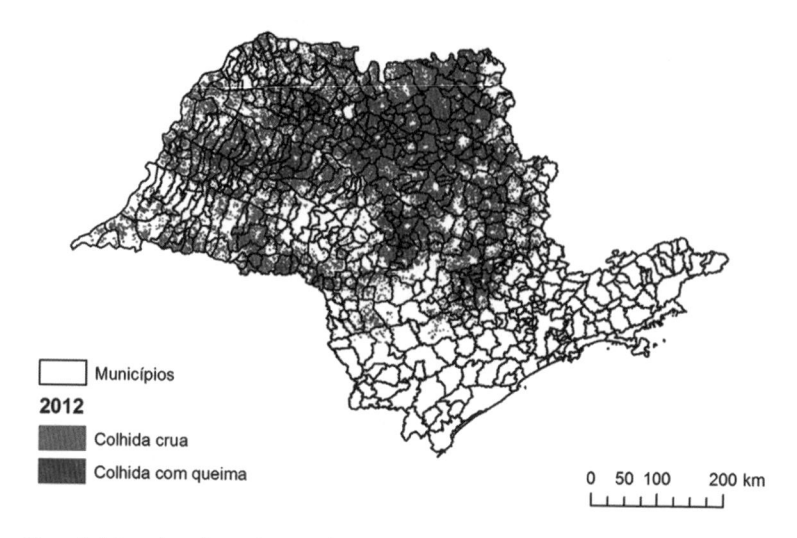

Figura 8. Mapa da colheita da cana-de-açúcar no estado de São Paulo em 2012. Fonte: *site* do Inpe, Canasat.

O documento estabelece como termo final da queima da cana no estado o ano de 2014 para áreas mecanizáveis e o de 2017 para áreas não mecanizáveis, prevendo também o cumprimento de metas intermediárias de eliminação em 70% da área plantada em zonas mecanizáveis e 30% da área plantada em zonas não mecanizáveis no ano de 2010. Tanto os dados referentes à safra de 2010 quanto os dados referentes à safra de 2011 revelam, todavia, o descumprimento desses prazos intermediários na quase totalidade das regiões do estado. Em 2010, por exemplo, nenhuma região do estado cumpriu a integralidade das metas parciais estabelecidas no Protocolo para esse ano[21].

As regiões de Bauru e Central descumpriram as duas metas intermediárias, e todas as outras nove regiões canavieiras do estado (Araçatuba, Barretos, Campinas, Franca, Marília, Presidente Prudente, Ribeirão Preto, São José do Rio Preto e Sorocaba) descumpriram a meta válida

---

21. Cf. *site* do Inpe, Canasat. Disponível em: <http://www.dsr.inpe.br/laf/canasat>. Acesso em: 13 fev. 2013.

para as áreas mecanizáveis. Em 2011, a situação também não foi favorável, mesmo tomando como base as metas parciais de 2010 (e passado, portanto, já um ano da data de cumprimento esperado desses percentuais): apenas Franca, Barretos e Central cumpriram em 2011 as metas de 2010, enquanto as outras oito regiões canavieiras do estado (Araçatuba, Bauru, Campinas, Marília, Presidente Prudente, Ribeirão Preto, São José do Rio Preto e Sorocaba) descumpriram em 2011 a meta de 2010 referente às áreas mecanizáveis.

A situação de descumprimento das metas intermediárias estabelecidas para 2010 fica também evidente quando se levam em conta os municípios, em lugar das regiões. Tanto em 2010 quanto em 2011, a realidade da colheita canavieira em relação às metas estabelecidas no Protocolo Agroambiental para a colheita de cana queimada na safra de 2010 foi de descumprimento[22]. A despeito do aumento da área colhida sem queima, intensificado a partir de 2007, a área colhida queimada no estado sofreu uma redução pouco significativa no período, na faixa média de noventa mil hectares por ano, entre 2007 e 2011. Foi somente em 2012 que o decréscimo da área colhida queimada revelou-se maior, assinalando uma tendência mais nítida de redução da área queimada e permitindo à maioria das regiões do estado o cumprimento dos prazos de 2010 em 2012.

A realidade do setor canavieiro no estado, entretanto, ainda era em 2012, de significativa utilização da prática agrícola de queima prévia. Segundo dados do Inpe, em relação à área queimada, entre 2007 e 2012, o estado de São Paulo teve o total de 10,8 milhões de hectares de cana-de-açúcar colhidos com queima, numa média anual de 1,8 milhão de hectares queimados[23]. Em 2010, a área queimada foi de 2,1 milhões de hectares, num dos resultados mais significativos, em termos de degradação ambiental, de toda a história da ocupação canavieira no estado de São Paulo (o "recorde" verificado é de 2,2 milhões). Desse modo, sob a vigência do Protocolo Agroambiental, que certifica o caráter "ecologicamente correto"

---

22. J. R. P. de Andrade Júnior, *Lutas Ecossociais no Contexto do Agronegócio Canavieiro*.
23. *Site* do Inpe, Canasat. Disponível em: <http://www.dsr.inpe.br/laf/canasat>. Acesso em: 13 fev. 2013.

da produção canavieira, mais de dez milhões de hectares de cana foram queimados, e, em 2010, a quantidade queimada esteve muito próxima do "recorde" histórico de queima.

Esse aumento relativo e absoluto da colheita de cana queimada no ano de 2010, em comparação com a safra anterior, é bastante preocupante. Tratou-se de um aumento absoluto de 651 201 hectares, representativos de um crescimento de 15,9% da área de cana-de-açúcar queimada no estado entre 2009 e 2010[24]. Esse aumento é preocupante no que tange aos anseios de eliminação da queima no estado e ilustrativo da incerteza ainda reinante quanto à eliminação absoluta da área anualmente queimada. Tratou-se, afinal, de uma das maiores áreas absolutas já queimadas no estado durante toda sua história, com 2,1 milhões de hectares queimados. O recorde da área queimada, segundo os dados estatísticos disponíveis (excluídas as estimativas), é de 2,2 milhões de hectares, apenas cerca de 5% maior que o valor apresentado em 2010.

Nesse ano de 2010, segundo o sistema Canasat[25] (Inpe), o aumento da área queimada esteve presente em praticamente todas as regiões canavieiras do estado. Apenas Franca e Marília apresentaram ligeira diminuição absoluta da área queimada no período. Araçatuba, Bauru, Barretos, Campinas, Central, Presidente Prudente, Ribeirão Preto, São José do Rio Preto e Sorocaba apresentaram aumento da área queimada. Isso significa que esse aumento deu-se tanto em regiões canavieiras mais antigas quanto em regiões canavieiras mais recentemente ocupadas, estando bem representado em todas as regiões de São Paulo.

Os motivos específicos que levaram em cada região ao aumento da área colhida com queima são por nós desconhecidos. É, contudo, impossível dissociar esse aumento da cana queimada no estado do aumento total da área colhida em São Paulo no mesmo período. Entre 2009 e 2010, a área total colhida aumentou de 651 201 hectares, traduzindo-se no maior aumento anual absoluto da área total colhida de toda a história da plantação canavieira em terras paulistas. Anteriormente a esse ano, em nenhuma outra

24. *Ibidem.*
25. *Ibidem.*

oportunidade o aumento anual de área colhida superou a faixa de 550 mil hectares, valor do período situado entre 2006 e 2007, recorde até então. Desse modo, com uma quantidade anual extra de plantações canavieiras nunca antes experimentada no estado, o empresariado canavieiro recorreu novamente a uma prática agrícola que lhe é cara por baratear custos: a queima da cana. É esse um fator possível para explicar esse aumento: com mais terras para colher e sem conseguir adaptar-se lucrativamente às demandas da colheita crua em todo esse território, o empresariado optou por queimar a cana e aumentar a produtividade do corte. Trata-se, contudo, de uma explicação parcial, insuficiente para entender a realidade do período.

A explicação é suficiente, contudo, para exemplificar novamente a racionalidade do empresariado canavieiro na relação com a queima da cana: caso seja necessário degradar o meio ambiente e prejudicar a saúde pública para diminuir os custos e aumentar os lucros, isso será feito. Mesmo que seja dentro do período de "esverdeamento" da produção da cana (2007-hoje), no qual se objetiva transmitir a ideia de uma cana-de--açúcar e de um etanol "verdes". O que importa, em última instância, para a racionalidade capitalista, é o abaixamento dos custos e a manutenção dos lucros.

Outro foco de descumprimento do Protocolo nesse período refere--se à continuidade da expansão canavieira com base em colheita da cana queimada, fenômeno minoritário nesse período em comparação com os anos 1995-2006, mas ainda existente. A tendência de reterritorialização da queima da cana-de-açúcar, assinalada para o período situado entre 1995 e 2006, continuou ocorrendo a partir de 2007. Desse modo, também nesse período, embora havendo diminuição absoluta da área queimada no estado, novas regiões e novas comunidades passam a conviver com a degradante prática agrícola.

De modo global, houve no estado, contudo, diminuição absoluta e relativa da queima da cana-de-açúcar. Mas será que o ritmo de redução da queima no estado é suficiente para que os prazos do Protocolo Agroambiental de eliminação total da queima sejam cumpridos? É possível extrair do cenário elementos para indicar que em 2014 ou 2017 o estado de São Paulo estará finalmente livre da convivência com essa nefasta prática agrícola?

Estimando as perspectivas de eliminação da queima, com base nos ritmos de redução de área queimada apresentados entre 2007 e 2012, construímos três cenários. No primeiro, elaborado a partir da aplicação do ritmo de redução da queima do período situado entre 2010-2012, quando a redução foi mais intensa, aos anos seguintes, a queima da cana seria eliminada em 2016. Apresentamos mais adiante o Gráfico 14, referente a esse primeiro cenário, demasiadamente otimista.

Gráfico 14. Estimativas para eliminação da queima da cana-de-açúcar no estado de São Paulo com base no ritmo de eliminação do período 2010-2012

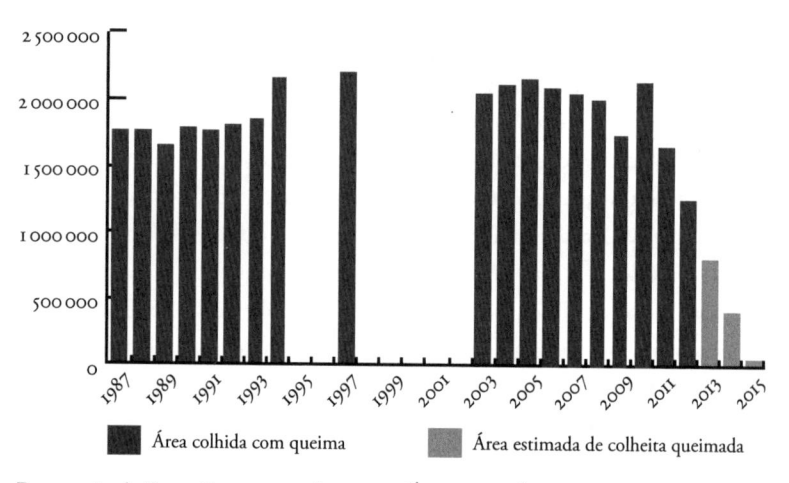

■ Área colhida com queima    ■ Área estimada de colheita queimada

Fontes: *site* do Inpe, Canasat; *site* do sistema ÚnicaData, Única; A. Zancul, *apud* M. A. Arbex, *Avaliação dos Efeitos do Material Particulado Proveniente da Queima da Plantação de Cana-de-açúcar sobre a Morbidade Respiratória na População de Araraquara*; O. Kitayama, *Situação Atual e Perspectivas de Expansão do Setor Sucroalcooleiro no Brasil e no Mundo*; J. R. P. de Andrade Júnior, *Lutas Ecossociais no Contexto do Agronegócio Canavieiro*.

No segundo cenário, elaborado a partir do ritmo de redução da queima do período situado entre 2007-2012, compreendendo todo o tempo de existência do Protocolo Agroambiental, a queima da cana seria eliminada no ano de 2021 (Gráfico 15).

Gráfico 15. Estimativas para eliminação da queima da cana-de-açúcar no estado de São Paulo com base no ritmo de eliminação do período 2007-2012

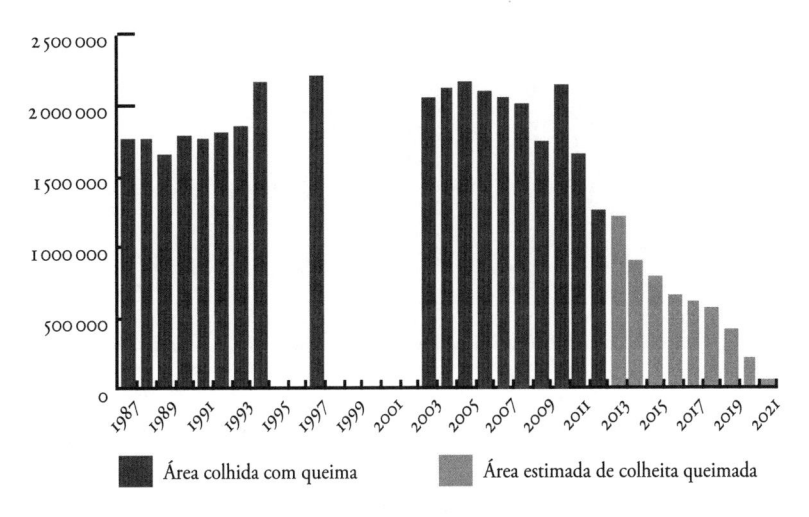

■ Área colhida com queima   ▧ Área estimada de colheita queimada

Fontes: *site* do Inpe, Canasat; *site* do sistema ÚnicaData, Única; A. Zancul, *apud* M. A. Arbex, *Avaliação dos Efeitos do Material Particulado Proveniente da Queima da Plantação de Cana-de-açúcar sobre a Morbidade Respiratória na População de Araraquara*; O. Kitayama, *Situação Atual e Perspectivas de Expansão do Setor Sucroalcooleiro no Brasil e no Mundo*; J. R. P. de Andrade Júnior, *Lutas Ecossociais no Contexto do Agronegócio Canavieiro*.

Com base, por fim, no terceiro cenário, elaborado a partir do ritmo de redução da queima do período situado entre 2007-2011, que compreende um período em que, mesmo sob a existência do Protocolo Agroambiental, a redução dessa prática foi menos intensa, a queima da cana seria eliminada somente no ano de 2030 (Gráfico 16).

Esses cenários de eliminação da queima, contudo, são meras projeções estatísticas, desvinculadas relativamente de fundamentos na materialidade das relações políticas concretas. Não há garantias de que a queima será eliminada em São Paulo. Entre 2009 e 2010, por exemplo, a área queimada apresentou aumento significativo, em período situado sob a existência do Protocolo Agroambiental e no contexto da demanda pelo esverdeamento da produção canavieira.

Gráfico 16. Estimativas para eliminação da queima da cana-de-açúcar no estado de São Paulo com base no ritmo de eliminação do período 2007-2011

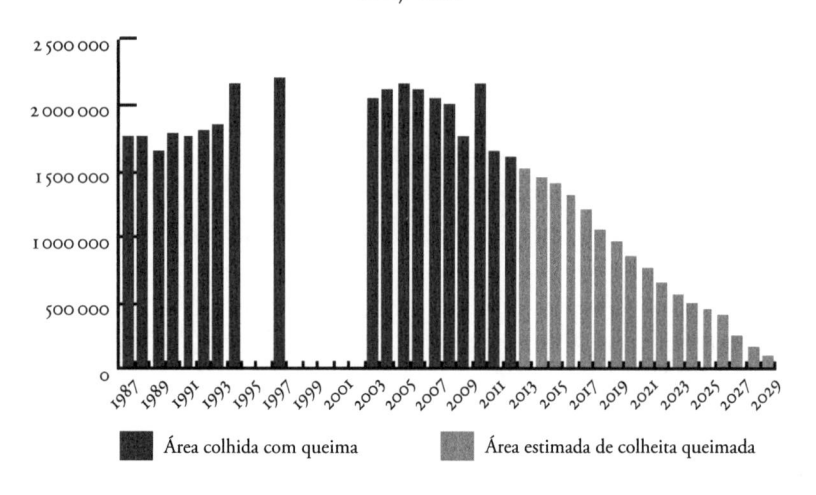

■ Área colhida com queima    ▨ Área estimada de colheita queimada

Fontes: *site* do Inpe, Canasat; *site* do sistema ÚnicaData, Única; A. Zancul, *apud* M. A. Arbex, *Avaliação dos Efeitos do Material Particulado Proveniente da Queima da Plantação de Cana-de-açúcar sobre a Morbidade Respiratória na População de Araraquara*; O. Kitayama, *Situação Atual e Perspectivas de Expansão do Setor Sucroalcooleiro no Brasil e no Mundo*; J. R. P. de Andrade Júnior, *Lutas Ecossociais no Contexto do Agronegócio Canavieiro*.

Preocupam-nos muito as áreas consideradas não mecanizáveis, nas quais, desde a década de 1990, o patronato canavieiro almeja garantir politicamente a utilização perpétua da queima da cana, o que foi conseguido, formalmente, por meio da Lei Estadual n. 12.241/2002. Essas áreas, não passíveis de mecanização da colheita segundo a tecnologia atualmente disponível, podem ser as áreas a demandar, no futuro, atuações contrárias à continuidade da queima da cana. Embora em tamanho sejam estatisticamente bastante inferiores às áreas mecanizáveis do estado, cremos que, no futuro, a atenção das lutas ecossociais pode ter de se concentrar nelas, por serem áreas onde o ímpeto de queimar é maior.

Qualquer alteração na conjuntura política ou econômica, ainda, pode significar a mudança dos planos do empresariado canavieiro de realizar a eliminação da queima, tanto em áreas "não mecanizáveis" como em áreas "mecanizáveis". O que se constata é que, no momento, já é possível assinalar a redução da área queimada em São Paulo, atualmente na faixa de 1,2 milhão de hectares (dados de 2012). Saiu-se, portanto, de uma faixa de dois milhões de hectares anualmente queimados na década de 1990 e 2000, para um patamar de 1,2 milhão no ano de 2012. A área colhida sem queima, por sua vez, foi bastante ampliada, chegando em 2012 acima da faixa de três milhões de hectares. Essa redução da área queimada e a ampliação da área colhida crua possuem relação direta com as lutas ecossociais contra a queima da cana-de-açúcar, sendo integrantes da totalidade desses enfrentamentos. Mas será mesmo o começo do fim?

## O ENFRENTAMENTO DA MODERNIZAÇÃO ECOLÓGICA DA AGRICULTURA CANAVIEIRA

Conforme detalhamos anteriormente, é no contexto das lutas ecossociais que é possível entender o processo de conversão de áreas de colheita da cana queimada à colheita da cana crua, ocorrido a partir de 1995 no estado. Da mesma forma, vincula-se diretamente às lutas contra a queima a diminuição absoluta da área de cana queimada no estado, visualizável a partir de 2006. A diminuição da área queimada nas antigas regiões canavieiras, a partir de 1995, e no estado de São Paulo, a partir de 2006, traduziu-se em melhoria da qualidade atmosférica nesses locais, com minoração dos prejuízos à saúde pública. Essas conquistas, como inúmeras outras, vinculam-se às articulações realizadas em múltiplas esferas relacionais, o que garantiu que diversos sujeitos políticos se posicionassem em prol da eliminação da queima da cana.

Apesar das conquistas sociais, é impossível não reconhecer, contudo, que o grande vitorioso nas lutas contra a queima é, até o momento, o empresariado canavieiro. Obtendo êxito na manutenção e consolidação do sistema de produção da vida hegemônico, inclusive mediante o uso da queima da cana-de-açúcar, o empresariado canavieiro submeteu o Executivo e o Legislativo paulistas aos seus interesses e, em consequência disso, derrotou os opositores da queima também no âmbito judicial de disputa, com o expressivo julgamento de improcedência das demandas pela proibição imediata da queima. Construindo um amplo convencimento ao redor de seus anseios de permitir a realização da queima da cana, mesmo que a título de proibi-la, o empresariado criou um ambiente institucional que lhe permite, formalmente, utilizar por décadas a queima.

A não eliminação da queima, evidente em virtude dos índices de área anualmente queimada até 2012, atesta a dificuldade de conquista da sustentabilidade ambiental no seio das relações capitalistas atualmente forjadas, além de sua aparente impossibilidade no seio do modelo produtivo do agronegócio. O intenso poder do empresariado canavieiro em relação aos outros sujeitos em luta impediu uma conquista socioambiental efetiva na defesa do interesse público por uma socialização equilibrada da natureza.

O próprio processo de conversão da cana colhida queimada em cana colhida crua, por sua vez, está ocorrendo nos moldes pretendidos pelo empresariado canavieiro desde o início das lutas na década de 1980: uma transição lenta, ao seu gosto, condicionada ao avanço da mecanização da colheita. Afirma Alves que a atual fase de transição produtiva da agricultura canavieira deve ser entendida como um processo de "modernização perversa", por "modificar a base técnica de produção sem alterar o essencial das relações de trabalho"[26]. Nesse sentido, a dinâmica de exploração do trabalhador rural e da natureza continua sendo a tônica vigente, operando-se somente uma atualização técnica, por meio da implantação do sistema de colheita mecanizada.

Esse sistema, mesmo quando combinado com a colheita sem queima, não gera nenhum tipo de alteração estrutural da socialização da natureza, pois mantém seu fundamento na racionalidade das práticas degradantes que sustentam o agronegócio. Embora melhore a qualidade de vida nas regiões canavieiras, a diminuição da área queimada, por si só, não representa uma suficiente modificação na dinâmica de construção social da natureza pelo agronegócio, uma vez que continuam presentes a exploração

---

26. F. J. da C. Alves, "Políticas Públicas Compensatórias para a Mecanização do Corte da Cana Crua: Indo Direto ao Ponto", *Ruris*, vol. 3, n. 1, 2009, p. 159.

monocultural, a utilização de agrotóxicos, a pulverização aérea, a ocupação de APP e RL, o desflorestamento, entre outras práticas insustentáveis.

No mesmo sentido, conforme evidenciam alguns estudos anteriormente citados, a exploração do trabalhador continua sendo a realidade também das relações laborais da colheita mecanizada, sem melhorias significativas ao trabalhador canavieiro em relação ao corte manual. Reproduz-se, assim, um padrão de relacionamento social. Explica Pedro Ramos que o desenvolvimento histórico do complexo canavieiro no Brasil teve como base sucessivos episódios de modernização conservadora, pelos quais os conflitos surgidos no complexo foram administrados por meio da modernização do instrumental de produção, sem modificação da estrutura interna e sem mudança nas relações de poder no seio do sistema. Para o autor, a modernização conservadora, representando um processo de transição sem rupturas, de forma que assegura o poder preestabelecido, manifestou-se sempre que se fizeram presentes as contradições no seio das relações sociais instituídas pelo empresariado, tendo sempre importante participação do Estado na administração desses conflitos[27].

Conforme revela a história das lutas ecossociais contra a queima, mais uma vez a modernização conservadora vem sendo a alternativa escolhida e hegemonizada pelo empresariado canavieiro e seus aliados nas estruturas de poder estatal para responder às demandas de modificação do processo produtivo canavieiro. Essa nova etapa de modernização conservadora é perversa, por gerar desemprego estrutural sem alterar a dinâmica de socialização da natureza presente nas relações canavieiras.

Contendo elementos de "restauração", por ser uma reação às possibilidades de transformação popularmente exigidas, e elementos de "renovação", uma vez que assimila uma parte das reivindicações populares na própria estrutura de dominação vigente, a modernização perversa da colheita canavieira pode ser entendida à luz do conceito gramsciano de "revolução passiva"[28]. Repousa a "renovação" na conversão da colheita

---

27. Cf. P. Ramos, *Agroindústria Canavieira e Propriedade Fundiária no Brasil*.
28. Carlos Nelson Coutinho explica que, para Gramsci, "um processo de revolução passiva, ao contrário de uma revolução popular, realizada a partir 'de baixo', jacobina, implica

queimada em colheita crua, demanda popular parcialmente assimilada pelo empresariado canavieiro. Repousa a "restauração", por sua vez, na imposição do ritmo e forma dessa "renovação", a fim de atender ao calendário dos interesses do patronato da cana e manter a lucratividade setorial com a consolidação formal e material da utilização da queima.

Essa modalidade de proposição de resolução técnica para o problema da queima da cana, por meio da mecanização desvinculada de medidas de proteção social aos trabalhadores e sem modificação da racionalidade exploradora do capital agrário, guarda estreita vinculação, ainda, com a "teoria da modernização ecológica". Segundo Blowers, a perspectiva teórica da modernização ecológica tem como objetivo conciliar as necessidades ambientais com as demandas de crescimento econômico, enxergando no próprio crescimento as potencialidades de solução dos problemas ecológicos[29]. Tendo como base a perspectiva de adaptação tecnológica, a defesa da economia de mercado e a crença na colaboração e no consenso como forma de resolução dos conflitos socioambientais, a modernização ecológica enfatiza a centralidade da ciência e da tecnologia para introdução de critérios ecológicos nos processos de produção e consumo.

Trata-se, segundo Blowers, de uma perspectiva teórica moderada e conservadora, que celebra o "capitalismo contemporâneo com uma cara mais verde", confirmando o "*business as usual*"[30]. A correlação entre a transição produtiva atualmente vivida pelo empresariado canavieiro e as premissas teóricas da modernização ecológica é evidente. "*Business as usual*" é, afinal, a perspectiva da mecanização da colheita da cana crua, um

> sempre a presença de dois momentos: o da 'restauração' (na medida em que é uma reação à possibilidade de uma transformação efetiva e radical 'de baixo para cima') e o da 'renovação' (na medida em que muitas demandas populares são assimiladas e postas em prática pelas velhas camadas dominantes)" (cf. C. N. Coutinho, *Gramsci*, p. 198).

29. A. Blowers, "Environmental Policy: Ecological Modernisation or the Risk Society?", *Urban Studies*, vol. 34, n. 5, 1997, pp. 852-854.
30. *Idem, ibidem*, pp. 852-853. O termo inglês "*business as usual*" (negócios como de costume) é utilizado para designar a continuação de atividades-padrão dentro de uma organização empresarial, a despeito de projetos ou programas que poderiam introduzir mudanças.

sistema produtivo desenvolvido justamente para elevar as taxas de lucro graças ao aumento do aproveitamento econômico da matéria-prima canavieira. *"Business as usual"* é, também, a perspectiva do condicionamento da eliminação da queima à mecanização da colheita, objetivando manter a intensa lucratividade setorial, à custa da degradação ambiental gerada pela queima da cana. *"Business as usual"* é, enfim, a manutenção da dinâmica estrutural de socialização da natureza, que, mesmo sem a queima, mantém o desmatamento, o uso de agrotóxicos, a contaminação de cursos de água e do aquífero, a concentração fundiária, a desigualdade social, a exploração do trabalhador, entre outros elementos.

A resposta hegemônica que vem conduzindo a transição canavieira para a colheita sem queima pode ser entendida, assim, ao mesmo tempo, com auxílio dos conceitos de "modernização ecológica", "modernização conservadora", "modernização perversa" e "revolução passiva". Que fique claro, contudo, que essa modificação técnica divide sólido espaço no ambiente estadual da produção canavieira com a intensa utilização da queima da cana, num retrato puro e simples da insustentabilidade do agronegócio, que continua construindo socialmente a destruição da natureza.

A modernização interna da produção canavieira ocorre paralelamente, também, a outra dinâmica de modernização ecológica, que guarda relevantes conexões com a agricultura canavieira. Trata-se da perspectiva de alteração da matriz energética global, pela substituição do uso de combustíveis fósseis por combustíveis de fontes consideradas renováveis, entre as quais o agrocombustível derivado da cana (etanol). A proposta, em materialização, de reduzir o uso de combustíveis fósseis em prol do aumento do consumo do etanol canavieiro é uma tentativa de modernização ecológica, uma vez que objetiva solucionar os problemas do aquecimento global com modificações técnicas, apostando na manutenção do padrão de produção e consumo de combustíveis e de bens e serviços atualmente vigente.

A luta contra a queima da cana e, num sentido mais amplo, a luta pela sustentabilidade da socialização da natureza nas regiões canavieiras enfrentam atualmente, além das práticas agrícolas insustentáveis do agronegócio e da modernização ecológica da produção canavieira, também a modernização ecológica da matriz energética global, em vista das suas consequências na ampliação da área plantada com cana-de-açúcar, com o aumento do interesse comercial pelo etanol, e em vista de suas implicações na própria dinâmica produtiva agroindustrial da cana. É a modernização ecológica tendo lugar para "mudar" a realidade mantendo a mesma estrutura de poder e de distribuição de riquezas.

Segundo Tanuro, a opção pelos agrocombustíveis relaciona-se com a incapacidade do sistema capitalista de almejar uma redução qualquer da produção material e, assim, com a sua incapacidade de renunciar à utilização desenfreada de energia[31]. Para Houtart, a perspectiva de ampliação da utilização de agrocombustíveis deve ser entendida como uma busca por soluções que não afetem em nada as relações de poder e as decisões econômicas, tampouco a maneira de produzir, de consumir, ou a forma pela qual as riquezas mundiais são repartidas[32]. Explica Tanuro que os agrocombustíveis são compatíveis com a rede de distribuição energética atual, e sua utilização pelos automóveis não implica a necessidade de grandes modificações nos motores[33].

Além disso, explorar a energia solar convertida em energia química pela biomassa garante que o recurso energético mantenha-se apropriável e monopolizável pelo controle da propriedade fundiária, adequando-se, assim, à lógica capitalista, por garantir a concentração do poder econômico[34]. Uma vez que somente 14% das emissões de gases vinculadas ao efeito estufa vinculam-se ao transporte, sendo somente 10% ligadas ao transporte terrestre, resta evidente que é reduzida a capacidade de contribuição dos agrocombustíveis na modificação da matriz energética[35]. A solução estritamente técnica almejada (troca da gasolina pelo etanol) traz em seu bojo, em verdade, a perspectiva de perpetuação do modelo de transporte privado em detrimento do modelo de transporte público, a perpetuação do controle privado da produção energética em detrimento

---

31. D. Tanuro, *L'Impossible capitalisme vert*, p. 149.
32. F. Houtart, *L'Agroénergie*, p. 172.
33. D. Tanuro, *L'Impossible capitalisme vert*, p. 136.
34. *Idem, ibidem*, p. 172.
35. Cf. D. Tanuro, *L'Impossible capitalisme vert*; e F. Houtart, *op. cit.*

de fontes de controle comunitário e a perpetuação da ausência absoluta de restrições para a produção material.

Entre as consequências da modernização ecológica da matriz energética para a luta contra a queima da cana-de-açúcar, é possível destacar a associação entre o aumento da demanda por etanol e a territorialização da queima em novas áreas do estado de São Paulo, uma vez que a ampliação da área plantada com cana-de-açúcar no estado, que levou a queima para áreas anteriormente ocupadas com outras culturas agrícolas, tem, entre suas causas, o aumento da demanda por etanol[36]. Esse aumento da demanda, por outro lado, reforça a perspectiva de tratamento do problema da queima por meio da modernização ecológica da produção agrícola canavieira, com a mecanização da colheita, causando graves problemas sociais. Esse reforço deriva tanto da necessidade mercadológica de redução da área queimada (em virtude das barreiras comerciais) imposta ao etanol, quanto da intensa capitalização do setor (que permite a ele mecanizar a colheita) e do aumento de sua força relativa em relação às instâncias estatais (que permite ao empresariado impor sua

---

36. Segundo dados da Única, na evolução histórica do destino da cana-de-açúcar produzida na região Centro-Sul, entre a safra 2003/2004 e 2011/2012, o etanol foi o destino médio de 53% da produção de cada ano, respondendo a produção de açúcar pelos outros 47%. Na safra 2011/2012, a produção de etanol foi o destino de 51,6% da cana produzida (cf. Única, *Relatório Final da Safra 2011/2012*, p. 12). Em face desses dados, é indispensável ressaltar que a expansão produtiva da produção canavieira está vinculada, também, à produção de açúcar, e não somente à produção de etanol. O açúcar responde, afinal, por quase metade da cana-de-açúcar produzida. Segundo projeções do Mapa (Mapa, *Brasil Projeções do Agronegócio 2011/2012 a 2021/2022*), na safra 2011/2012, 70,8% do açúcar produzido teriam por destino a exportação. A perspectiva do Mapa para a safra 2021/2022 é de que 81,7% da produção tenham por destino a exportação, que passaria de 27 385 mil toneladas, em 2011/2012, para 39 755 mil toneladas em 2021/2022, num aumento de 45% do valor absoluto exportado. Esses dados indicam que a produção de açúcar tem como principal destino a exportação, e, nas projeções do Mapa, essa destinação produtiva ao exterior do país será intensificada nos próximos dez anos. O etanol, por sua vez, segundo dados da Única, possui como principal destino o consumo interno: somente 6,9% da produção do etanol, da safra 2010/2011, destinaram-se à exportação, e somente 9% da safra 2011/2012 (cf. Única, *Relatório Final da Safra 2011/2012*, p. 15).

perspectiva), fatores associados ao crescimento do consumo do agrocombustível, que amplia ainda mais o já elevado poder econômico e político do empresariado canavieiro. Os dois momentos de modernização ecológica se agregam.

Além disso, numa perspectiva mais ampla de luta contra a dinâmica de socialização da natureza do agronegócio canavieiro, cabe reforçar que o aumento da área de cana gera a diminuição da agrobiodiversidade e a reprodução de um modelo de produção da vida baseado na exploração e degradação socioambiental. Gera, além disso, o que Elisabete Maniglia chama de "agravamento da fome e da ausência de alimentos" no Brasil, em virtude do "incentivo que se dá ao plantio de cana para a produção do etanol", em detrimento da agricultura familiar, causando grave situação de insegurança alimentar[37]. Houtart, nesse sentido, explica que os agrocombustíveis fazem concorrência à produção alimentar e, embora não sejam a única causa do aumento dos preços alimentares, constituem um importante fator desse aumento[38].

Por tudo isso, as lutas ecossociais atualmente enfrentam as duas formas de modernização ecológica que influem na dinâmica de produção da vida no território paulista: a modernização da colheita canavieira e a modernização energética. Em relação à modernização ecológica da matriz energética, em nossa opinião, a disputa deve ter como perspectiva o que Tanuro chama de "medida prioritária para estabilizar o clima", que é a "diminuição do consumo de energia [e] então da produção e do transporte de matérias"[39]. Somente a diminuição global do consumo de energia, associada à diminuição da produção e do transporte de matérias, pode efetivamente suavizar a dinâmica de produção da vida atualmente vigente e, com isso, combater apropriadamente os problemas do aquecimento global. Isso implica também, conforme afirma Houtart, "mudar o modo de consumo da energia, o que se mostra contraditório com a lógica econô-

---

37. E. Maniglia, *As Interfaces do Direito Agrário e dos Direitos Humanos e a Segurança Alimentar*, p. 113.
38. F. Houtart, *op. cit.*, pp. 144-161.
39. D. Tanuro, *L'Impossible capitalisme vert*, p. 201.

mica contemporânea"[40]. Por isso, a luta contra o aquecimento global deve direcionar-se prioritariamente para a diminuição do consumo de energia, da produção e do transporte.

É preciso mostrar, ainda, que, embora sob a perspectiva estrita da contribuição para o efeito estufa o etanol seja mais benéfico que os combustíveis fósseis, os problemas socioambientais vinculados à produção desse agrocombustível são múltiplos e significativos, invalidando sua inserção como solução de problemas ambientais. Uma vez garantida a segurança alimentar global, o que implicaria uma ampla reestruturação produtiva e fundiária, e executada uma importante reestruturação produtiva da produção canavieira (que incluiria a desconcentração fundiária e econômica, a eliminação da queima da cana e das outras práticas agrícolas deletérias, a saída do modelo do monocultivo, entre outras modificações), considerar-se-ia viável e benéfico o uso dos agrocombustíveis, desde que inseridos numa perspectiva de reestruturação energética mais ampla, vinculada à diminuição da produção material. No formato atual, contudo, os agrocombustíveis são um mero instrumento de desenvolvimento da "ecoindústria", que não porta as necessárias soluções radicais ao problema do aquecimento global[41]. É preciso, certamente, modificar tecnicamente a matriz energética global, mas essas alterações são inócuas se deslocadas das outras mudanças necessárias.

Em relação à modernização ecológica da produção canavieira, por sua vez, entendemos que a disputa deve se orientar pelas perspectivas que já pautaram os opositores da queima nas negociações realizadas na década de 1990, e que foram textualmente desenvolvidas por Alves[42]. Essas perspectivas incluem a necessidade de condicionar o ritmo da mecanização da colheita da cana-de-açúcar ao ritmo da adoção de políticas públicas compensatórias, com a realização do assentamento de trabalhadores em áreas públicas e privadas e com a requalificação e reinserção dos trabalhado-

---

40. F. Houtart, *op. cit.*, p. 190.
41. D. Tanuro, *L'Impossible capitalisme vert*, p. 121.
42. F. J. da C. Alves, "Políticas Públicas Compensatórias para a Mecanização do Corte da Cana Crua: Indo Direto ao Ponto", *Ruris*, vol. 3, n. 1, 2009.

res desempregados na estrutura produtiva canavieira. Tudo isso concomitantemente à proibição imediata da queima da cana. As lutas ecossociais contra a queima, visando atingir esses objetivos estratégicos, devem agora, em nossa opinião, ser orientadas nas seguintes frentes: judicialização do condicionamento da mecanização à adoção de políticas públicas compensatórias; continuação da disputa judicial pela eliminação da queima, com ampliação da base territorial incluída nas ações civis públicas ajuizadas pelo MP-SP; intensificação da pressão popular, em face do STF, para julgamento pela constitucionalidade das leis municipais proibitivas; intensificação da pressão popular para promulgação de novas leis municipais proibitivas; intensificação da disputa cultural para demonstração da atualidade da queima no estado de São Paulo e da atualidade da exploração do trabalhador. São esses os caminhos, em nosso entendimento, para a necessária reinvenção da luta contra a queima da cana-de-açúcar.

O sucesso desses caminhos dependerá da efetiva (re)apropriação popular da demanda, com a combinação sistemática de lutas de mobilização bem direcionadas com o uso dos espaços institucionais nas disputas em múltiplas esferas relacionais. Objetiva-se efetivar, com isso, o que Shiva chama de controle comunitário dos recursos naturais[43], em detrimento do controle empresarial, passando o poder de decisão sobre as formas de socialização da natureza para as comunidades, em lugar das frações de classe do capital.

Conforme explica Löwy, "o combate por reformas ecossociais pode ser portador de uma dinâmica de mudança, de 'transição' entre as demandas mínimas e o programa máximo", tornando-se ponto de convergência entre "movimentos sociais e movimentos ecológicos, sindicatos e defensores do meio ambiente, 'vermelhos' e 'verdes'"[44]. A luta contra a queima da cana foi um combate que permitiu a construção de alianças entre uma amplitude significativa de forças sociais. Seu sucesso e sua efetividade demandam, agora, além do renovar de suas táticas, também que se situe sua interpretação analítica no quadro político mais amplo da totalidade das

---

43. V. Shiva, *Manifiesto para una Democracia de la Tierra*, p. 110.
44. M. Löwy, *Écosocialisme*, pp. 44-45.

lutas ecossociais contra o agronegócio canavieiro, objetivando efetivar a alteração da sua dinâmica de produção da vida. A luta ecossocial contra a queima da cana-de-açúcar deve continuar e deve, a cada batalha, intensificar a consciência sobre sua racionalidade de enfrentamento do agronegócio canavieiro, muito mais do que de oposição a uma simples prática agrícola.

## CINZAS DOS "HERÓIS VERDES": O ESVERDEAMENTO DO EMPRESARIADO CANAVIEIRO COMO ETIQUETA PARA VENDER MERCADORIA

A despeito das mudanças que efetivamente ocorreram no setor nos últimos anos, cremos ser possível assinalar que suas linhas gerais permanecem as mesmas. O empresariado canavieiro continua, assim, movido por interesses primordialmente econômicos, não havendo a internalização de fato de uma suposta "consciência ambiental". Em detrimento de uma efetiva ambientalização, o que se vive no setor é um esverdeamento mercadológico, no bojo do qual a aparência verde possui centralidade, restando em segundo plano uma materialidade de proteção ou preservação do meio ambiente.

Um caso concreto, ilustrativo dessa dinâmica de esverdeamento/ambientalização do empresariado canavieiro, está no grupo econômico Balbo, de Sertãozinho (SP). Esse grupo vivencia, desde a década de 1990, um processo de ambientalização parcial, associada a um intenso processo de esverdeamento, com forte direcionamento propagandístico da associação das suas práticas produtivas aos parâmetros ambientais. Os limites e a historicidade da ambientalização do grupo, tal como a intensidade do esverdeamento associado, são importantes para pensar a concretude desses processos na totalidade mais ampla do agronegócio canavieiro. Para fazê-lo, é necessário narrar a história da evolução produtiva do grupo.

No final da década de 1980, o grupo iniciou o desenvolvimento de pesquisas para criação de tecnologia para colheita mecanizada da cana sem queima, visando aproveitar economicamente a palha desperdiçada com a queima dos canaviais, graças a um projeto que ficou conhecido como "Cana Verde". A motivação econômica para o início das pesquisas é narrada em documento do próprio grupo, em que se afirma que as pesquisas objetivavam "explorar ainda mais o potencial da cana-de-açúcar", pois "a palha da cana oferece possibilidades de aproveitamento a médio e longo prazos, considerando-se a vocação agronômica e energética deste material"[45].

No início da década de 1990, o grupo Balbo foi réu dos primeiros processos judiciais que demandavam a proibição imediata da queima da cana-de-açúcar, ajuizados em Sertãozinho (SP) em dezembro de 1991. Ao ver ajuizadas, contra si, ações civis públicas demandando a eliminação da queima, a postura do grupo foi de enfrentamento dos opositores da queima e de defesa intransigente dessa prática agrícola. Entre os fundamentos técnicos dessa defesa, estavam laudos subscritos atestando a ausência de consequências negativas ao ambiente ou à saúde pública na utilização da referida técnica agrícola. Esses laudos foram utilizados, pelo grupo Balbo, nos processos judiciais, para fundamentar a defesa da continuação da utilização da referida prática agrícola, na negação do grupo em eliminar a queima. Um desses documentos afirma:

[...] do ponto de vista científico, não fica comprovado que a queima da palha da cana provoque degradação do meio ambiente ou que ameace a saúde pública. [...] não há que se alarmar com os efeitos da queima da cana sobre o meio ambiente, pois os resultados dos estudos feitos até agora comprovam cientificamente que a cultura da cana, apesar da queima da palha, contribui para a melhoria do meio ambiente. [...] Inexistem no Brasil estudos médicos cientificamente fundamentados e estatisticamente delineados que venham a comprovar a intensificação de doenças respiratórias pela queima da palha da cana-de-açúcar ou de outros vegetais. [...] queimar a palha da cana não implica causar danos à fauna e à flora, pelo contrário, o que temos observado é uma enorme consciência ecológica por parte das empresas sucroalcooleiras[46].

O mesmo documento enumera, ainda, dez razões para justificar a utilização desse procedimento agrícola, concluindo com a afirmação de que

---

45. L. Balbo Júnior, *Estudos, Levantamentos Técnicos e Ambientais sobre Queimada de Cana-de-açúcar*.
46. L. Balbo Júnior, *Queima da Palha da Cana-de-açúcar*.

é "absurdo e irreal" propor a proibição da queima da cana. Entre as razões para queimar, aponta:

– facilitar e aumentar em até três vezes o rendimento do corte manual ou mecanizado. [...] – reduzir, em até três vezes, os custos do corte, carregamento, transporte e industrialização da cana-de-açúcar. [...] – por peculiaridades ecológicas da cultura da cana (remoção de gases na atmosfera, fixação de carbono atmosférico etc.) – porque não é cientificamente comprovado que os efeitos da queima da palha da cana são danosos ao meio ambiente. – porque a cultura da cana e as agroindústrias a ela ligadas contribuem, sob vários aspectos, para a melhoria do meio ambiente. Analisando-se os motivos acima, podemos prever as múltiplas implicações técnicas e agravantes socioeconômicos que a proibição da queima da cana acarretaria, sendo absurdo e irreal que tal seja proposto, visto que isso inviabilizaria a cana-de-açúcar como matéria-prima para produção de álcool, açúcar, energia, além de seus subprodutos, para a atividade sucroalcooleira[47].

Assim, a despeito de ter iniciado, alguns anos antes, os estudos para desenvolvimento da tecnologia para colheita mecanizada da cana crua, uma vez que essa tecnologia ainda não estava disponível, a posição do grupo, no início da década de 1990, foi pela defesa firme da prática agrícola amplamente utilizada em suas terras.

Em alguns desses processos judiciais foram proferidas, nos anos seguintes, decisões judiciais proibitivas da queima da cana, condenando o grupo a abster-se de queimar canaviais em algumas propriedades do município de Sertãozinho (SP)[48]. Houve, também, em outras ações judiciais, decisões permissivas, que permitiam ao grupo manter a utilização da queima em

47. Idem, ibidem.
48. Entre os seis processos judiciais ajuizados pioneiramente, em 1991, estavam os de número de ordem 2/92 e 3/92, ajuizados contra o grupo econômico Balbo S.A. O processo n. 2/1992 foi julgado em primeira instância, e em segunda instância, procedentemente, condenando o grupo a abster-se de queimar a cana-de-açúcar em uma propriedade rural específica. Entre as primeiras decisões proibitivas da queima a fazerem coisa julgada contra o grupo, destacamos os Embargos Infringentes n. 013.868.5/2-02 e Embargos Infringentes n. 011.328-5/2-01. Além dessas, houve outras ações judiciais que tiveram como réus sujeitos ligados a esse grupo econômico, e que versavam sobre a proibição da queima da cana.

outros imóveis. As decisões condenatórias estavam, em 1995, ainda sujeitas a recursos, sem julgamento em definitivo do mérito da questão. Apesar disso, a eliminação completa da queima nas propriedades ligadas à Usina São Francisco, do grupo, deu-se, segundo Carvalho[49], ainda em 1995. Ao ser réu dos primeiros processos e ao ver os primeiros resultados judiciais (ainda sujeitos a recursos) obrigando o grupo a não utilizar a queima dos canaviais em algumas propriedades, ele foi colocado numa posição em que seria posto todo o empresariado nos anos seguintes: no enfrentamento direto dos opositores da queima. Influenciado, assim, pelo início da luta ecossocial contra a prática agrícola, e pelas razões econômicas que levaram ao próprio início do processo de desenvolvimento da tecnologia de colheita mecanizada da cana crua no fim da década de 1980, o grupo acelerou as pesquisas, implantando o novo sistema de colheita em 1995. Certamente, a transição produtiva do grupo rumo à colheita mecanizada não pode ser atribuída simplesmente ao ajuizamento de processos contra ela, tampouco às decisões judiciais. Essas práticas políticas de múltiplos sujeitos compõem, todavia, o ambiente social construído perante o grupo, no qual foram tomadas as decisões que o levaram a investir mais ativamente na inovação tecnológica e mercadológica.

Após implantar o sistema de colheita mecanizada da cana crua, segundo Carvalho[50], o grupo Balbo recebeu uma proposta comercial de eliminar o uso de agrotóxicos nas áreas produtivas ligadas à Usina São Francisco. Ele explica que o "Projeto Cana Verde não buscava, inicialmente, a conversão para a agricultura orgânica", mas, "no mesmo ano em que o sistema produtivo desenvolvido [...] foi aplicado em toda a área de cultivo da Usina São Francisco, a empresa recebeu uma consulta da companhia norte--americana Global Organics, que buscava fornecedores de açúcar orgânico no Brasil"[51]. Em vista do crescimento do mercado de alimentos orgânicos no período, da boa estrutura produtiva do grupo Balbo e das oportunidades comerciais trazidas pela Global Organics, o grupo decidiu converter a

---

49. A. P. de Carvalho, *op. cit.*, p. 151.
50. *Idem, ibidem*, p. 53.
51. *Idem, ibidem, loc. cit.*

produção agrícola em produção orgânica certificada e, segundo Carvalho, "entre o início das conversações [...] e o primeiro embarque de açúcar, já com certificação orgânica, passaram-se dois anos"[52].

Essas duas escolhas produtivas do grupo Balbo – eliminar a queima da cana e extinguir o uso de agrotóxicos –, tomadas ainda na década de 1990, colocaram o grupo na posição de pioneiros na exploração de um novo mercado, ligado a parâmetros ambientais. Tratou-se de escolhas feitas sob a influência direta da luta ecossocial contra a queima, mas feitas, sobretudo, sob a influência das potencialidades econômicas ligadas ao sistema de colheita mecanizada da cana crua e ao mercado de orgânicos.

Atualmente, o grupo é responsável pela produção do açúcar orgânico da marca Native, industrializado na Usina São Franscisco (Sertãozinho-SP), a partir de quinze mil hectares de cana-de-açúcar orgânica e certificada. Segundo Carvalho, "além da não utilização de branqueadores químicos, outros importantes atributos do açúcar orgânico da Native, assegurados pelos rótulos ambientais que o produto apresenta, são a não utilização de OGMs e de defensivos ou fertilizantes químicos sintéticos no processo de produção da cana"[53].

Com tudo isso, o grupo Balbo é hoje – e desde a década de 1990 – o que há de mais interessante, em termos ambientais, em todo o universo produtivo da cana-de-açúcar do país. Não há nada parecido no setor canavieiro, nem mesmo em outros setores do agronegócio brasileiro. Para Carvalho, é o maior projeto de agricultura orgânica do mundo em áreas submetidas ao controle de um mesmo grupo comercial (excluindo, portanto, os projetos em áreas cooperativadas)[54]. A despeito disso, a análise mais detalhada do grupo revela contradições e parcialidades desse processo de ambientalização, tornando evidente o maior peso relativo atribuído à propaganda e à divulgação desse esverdeamento.

Além da Usina São Francisco, o grupo controla outras duas unidades industriais: Usina Santo Antônio e Usina Uberaba. Toda a área de

---

52. *Idem, ibidem*, p. 153.
53. *Idem, ibidem*, p. 152.
54. *Idem, ibidem*, p. 151.

cana-de-açúcar orgânica certificada do grupo é industrialmente processada na Usina São Francisco, responsável pela moagem da cana-de-açúcar oriunda de quinze mil hectares plantados (1,5 milhão de toneladas de cana-de-açúcar por safra). A Usina Santo Antônio, por sua vez, processa três milhões de toneladas de cana-de-açúcar por safra, enquanto a Usina Uberaba processa um milhão de toneladas[55]. De um total de 5,5 milhões de toneladas de cana-de-açúcar anualmente processadas pelo grupo, portanto, 1,5 milhão se referem à cana-de-açúcar orgânica, o que corresponde a 27% do volume de cana anualmente trabalhado. A produção orgânica corresponde, assim, a apenas 27% da produção total do grupo.

Mesmo no grupo mais ambientalizado do setor canavieiro, portanto, apenas 27% do volume de vegetal processado anualmente referem-se à produção orgânica certificada. Os quinze mil hectares de produção orgânica, por sua vez, dentro do universo de 4,86 milhões de hectares de cana-de-açúcar disponíveis para colheita no estado de São Paulo, no ano de 2012, segundo dados do Inpe, do sistema Canasat[56], representam ínfimos 0,003% da área total plantada em São Paulo. O que existe de mais interessante ambientalmente na produção canavieira de São Paulo é, assim, a minoria (27%) do total processado pelo próprio grupo e é ínfimo em relação ao total plantado no estado (0,003%).

Na outra parte do território produtivo do grupo Balbo, por sua vez, há indícios de que as práticas tradicionais da agricultura canavieira estão sendo utilizadas até os dias atuais, inclusive com a queima da cana-de-açúcar. Diversos inquéritos civis e procedimentos investigatórios nesse sentido foram instaurados pelo MP-SP e pela Cetesb, havendo também a judicialização de demandas contra o grupo. Constatou-se, por exemplo, a realização de queima da cana em imóveis rurais ligados à Usina Santo Antônio nos anos de 2001, 2004, 2006 e 2007, o que evidencia a

---

55. Cf. *site* da Native Alimentos. Disponível em <http://www.nativealimentos.com.br/>. Acesso em: 14 mar. 2013.
56. *Site* do Inpe, Canasat. Disponível em: <http://www.dsr.inpe.br/laf/canasat>. Acesso em: 13 fev. 2013.

atualidade da queima da cana em propriedades ligadas ao grupo[57]. Além disso, múltiplos são os inquéritos civis instaurados e ações judiciais ajuizadas pelo MP-SP contra o grupo, objetivando a reparação de danos ambientais em APP e RL das propriedades rurais a ele submetidas[58].

O próprio sítio eletrônico da Native afirma que, do total do território do grupo, "são 84% de área cultivada com cana-de-açúcar e 16% com outras culturas e vegetação nativa"[59]. Evidencia, assim, que a destinação obrigatória de 20% da área de cada imóvel rural a título de reserva legal, mantida no novo Código Florestal (Lei n. 12.651/2012), não é cumprida nesses imóveis rurais, havendo proteção florestal abaixo do patamar considerado mínimo para garantia da reprodução da vida ecologicamente saudável nessas áreas. Com todos esses elementos, é possível entender que as práticas agrícolas que compõem estruturalmente a socialização da natureza do agronegócio canavieiro continuam presentes no território do grupo Balbo: queima da cana-de-açúcar, utilização de agrotóxicos e desflorestamento de APP e RL.

Outro importante fator que associa o grupo Balbo à totalidade do empresariado canavieiro, no que tange ao sistema de produção, é a utilização da monocultura de larga escala, sob o controle econômico de um mesmo grupo. O território da própria Usina São Francisco é, afinal, uma

57. Entre os processos judiciais e procedimentos administrativos que constataram queima da cana nos imóveis rurais ligados à Usina Santo Antônio, destacam-se: processo administrativo n. 04.00548.01, da Cetesb, em Ribeirão Preto (SP), pela queima da cana às margens da Rodovia Vicinal Tereza Nocera Agostinho, em Dumont (SP), no ano de 2001; inquérito civil n. 426/08 do Gaema/MP-SP, em Ribeirão Preto (SP), pela queima da cana no sítio São Francisco em 2004; processo administrativo n. 04.00452/06, da Cetesb em Ribeirão Preto (SP), pela queima da cana no sítio São Pedro, em Jurucê (SP), no ano de 2006; processo judicial n. 1778/2011, da nona vara cível de Ribeirão Preto (SP), por queima da cana na fazenda São Félix em 2007. Representantes da Usina Santo Antônio assinaram, também, TAC com o MP-SP, acordando a abstenção da utilização da queima no sítio São Pedro e em outros imóveis rurais.
58. O promotor de justiça Marcelo Goulart afirmou, em entrevista, a existência de inúmeros procedimentos administrativos e ações civis públicas contra o grupo, versando sobre reserva legal e áreas de preservação permanente (cf. Marcelo Pedroso Goulart, entrevista concedida ao autor para elaboração de trabalho de conclusão de curso, 2010).
59. *Site* da Native Alimentos. Disponível em: <http://www.nativealimentos.com.br/>. Acesso em: 14 mar. 2013.

imensa área de quinze mil hectares, pertencente a um único grupo econômico (mesmo que dividida entre dois ou múltiplos imóveis rurais), e na qual se planta cana-de-açúcar. O grupo possui, ainda, outras duas unidades industriais e uma imensidão de terras sob seu domínio. Mantém-se, desse modo, o padrão de controle fundiário típico de toda a história do setor canavieiro no país: grandes propriedades agrícolas submetidas ao controle de um mesmo senhor, grande industrial e grande latifundiário.

Embora haja ambientalização efetiva de parte da produção do grupo, ligada à Usina São Francisco, os limites dessa ambientalização são evidentes. Trata-se de uma ambientalização relativa e parcial. Ainda assim, em virtude dos interesses comerciais, e objetivando a maximização do aproveitamento econômico do grupo, essa ambientalização relativa e parcial está associada a um intenso processo de esverdeamento da produção do grupo, caracterizado pela divulgação sistemática de informações publicitárias que associam essa produção à adoção de parâmetros de racionalidade e sensibilidade ambiental. Essa divulgação "verde" é feita com múltiplos instrumentos publicitários que o grupo utiliza para promover a marca Native, dentre os quais se destacam vídeos comerciais e o sítio eletrônico do produto. Nesse sítio, afirma-se, por exemplo, que o grupo econômico iniciou, em 1987, o chamado "Projeto Cana Verde", visando ao desenvolvimento de um sistema de produção e colheita da cana crua. Segundo o sítio, esse projeto tinha como "objetivo principal o desenvolvimento de um sistema autossustentável de produção de cana-de-açúcar, buscando manifestar todo o potencial ecológico e conservacionista dessa cultura"[60].

Omitem-se, na formulação desse objetivo, os interesses econômicos do grupo na exploração comercial de novos subprodutos, afirmado em 1994 como o principal motivo do desenvolvimento da tecnologia da colheita mecanizada pelo próprio diretor do grupo. Em detrimento disso, afirma-se, publicitariamente, um suposto interesse ligado à proteção ambiental, num exemplo claro de esverdeamento publicitário.

60. *Idem, ibidem.*

O esverdeamento da produção e dos produtos do grupo Balbo é feito, também, por meio de veículos de comunicação impressa. Nessas reportagens, especial destaque é dado à figura de um empresário diretor do grupo, retratado como o mentor do redirecionamento produtivo do grupo no sentido da produção orgânica. O processo de divulgação publicitária dos parâmetros de racionalidade ambiental vinculados à produção do grupo é personificado no empresário, que tem em si cristalizadas as perspectivas "verdes" que supostamente orientam o grupo. Entre essas reportagens, destaca-se uma matéria veiculada na revista *Época Negócios* em agosto de 2009. A reportagem afirma:

> Foram necessários doze anos para que [nome do empresário] *provasse* que um negócio aliado ao meio ambiente dá lucro. *Ele criou* uma nova forma de plantar cana e pôs o país no mercado global dos orgânicos. *Sua Native* está hoje em 67 países e vai faturar R$ 100 milhões em 2009 [...] [nome do empresário] *fez* a maior cultura orgânica do mundo. *Sua plantação* de cana-de-açúcar é um raro exemplo de agricultura que combate o aquecimento global [...] *Mais do que um empresário verde bem-sucedido* [nome do empresário] tornou-se um ativista da economia sustentável. [...] Mas *nenhuma mudança teria ocorrido nos canaviais não fosse a força de uma liderança*. [...] *No caso da Native, essa pessoa foi* [nome do empresário]". "A Native é o caso mais original dentro da cultura de inovação que o grupo cultiva", diz [outro empresário do grupo], presidente do grupo e primo de [nome do empresário-diretor]. "Em todos os aspectos, podemos afirmar que [nome do empresário] *foi seu grande mentor*". [...] "[nome do empresário] não só tem um conhecimento profundo de agricultura como também é *um apaixonado pela natureza*". [...] "O que posso dizer de *um homem que quer fazer o mundo melhor?* Mas quando ele começa a sonhar alto, puxo de volta para o chão", diz a esposa do empresário[61].

A reportagem destaca, ainda, um suposto antagonismo pessoal do empresário em relação à prática agrícola de queima da cana-de-açúcar, da qual ele afirma, segundo a reportagem, nunca ter gostado:

---

61. A. Salomão, "Natureza Inovadora", *Época Negócios*, n. 30, ago. de 2009, pp. 1-8, grifos nossos.

Para entender como [nome do empresário] construiu a Native, é preciso voltar ao início da década de 1980. Em 1984, aos 24 anos e recém-formado, ele começou a trabalhar na usina São Francisco como funcionário da área agrícola. A universidade lhe dera uma visão muito mais ampla do cultivo. *"Nunca gostei de ver o fogo no canavial. Ele destrói a vida por todos os lados"*, diz [nome do empresário]. "Na faculdade fiquei sabendo que podia fazer diferente, mas ainda não tinha argumentos econômicos para convencer meu pai e os tios"[62].

Outro fato destacado pela matéria jornalística é o suposto antagonismo que a figura pessoal do empresário representava, no seio do empresariado canavieiro, em vista do desenvolvimento do "Projeto Cana Verde" e da perspectiva de colheita da cana-de-açúcar sem a utilização da queima prévia da palha:

O Projeto Cana Verde teve início em 1986. [...] Na associação local de empresários, onde [nome do empresário] muitas vezes representava [nome de outro empresário do grupo], suas ideias eram vistas como piada. "Eu virava as costas para ir ao banheiro e as pessoas cochichavam e riam", diz [nome do empresário]. [...] Quando seu discurso começou a ganhar projeção além de Sertãozinho, alguns usineiros ficaram preocupados. [nome do empresário] foi, então, convidado a almoçar com o presidente da então associação estadual do setor, entidade que deu origem à atual União da Indústria de Cana-de-açúcar (Única). Entre a salada e a sobremesa, ouviu amenidades e, ao final, já no cafezinho, o recado que era a razão daquele encontro: "[nome do empresário], para de falar desse negócio de cana verde e de criticar a queima. Isso não faz bem para a imagem do setor". [nome do empresário] fez-se de desentendido. "Fingi que não escutei e fui embora", diz. "As pessoas têm muito medo da mudança e do desconhecido". [...] Durante dois anos [nome do empresário] dormiu à base de remédios. "Tinha feito muita gente acreditar que aquela mudança era possível e passava o dia motivando o pessoal", diz. "Mas, à noite, eu sentava na cama e me perguntava: O que vai acontecer se eu estiver errado?"[63]

---

62. *Idem, ibidem*, p. 3, grifos nossos.
63. *Idem, ibidem*, p. 4.

Evidencia-se, assim, pela leitura da reportagem da revista *Época Negócios*, a intensa vinculação entre a perspectiva ecológica e a figura pessoal do empresário, considerado o "grande mentor" da produção da cana verde, "um apaixonado pela natureza" que "quer fazer o mundo melhor" e que nunca gostou de "ver o fogo no canavial", porque ele "destrói a vida por todos os lados", tornado, segundo a reportagem, motivo de cochichos, risos e recados no seio do empresariado canavieiro, por conta de suas ideias e discursos ambientalistas, e levado a dormir durante dois anos "à base de remédios", em virtude das preocupações com a eliminação da queima.

Esse retrato esverdeado, pintado pela reportagem, contrasta nitidamente com diversos dados da realidade histórica e atual do grupo econômico, sendo um dos mais importantes entre eles a realização, pelo próprio empresário, da defesa sistemática e intransigente da queima da cana-de-açúcar no início da década de 1990. A despeito da afirmação à revista *Época Negócios*, atribuída a ele, de que nunca teria gostado de "ver o fogo no canavial", porque o fogo "destrói a vida por todos os lados", entre 1990 e 1994 foram múltiplas as manifestações públicas do referido empresário em defesa dessa prática agrícola, cuja proposta de eliminação ele afirmou documentalmente ser "irreal e absurda".

No mesmo sentido, em nenhum momento da reportagem, tampouco no sítio eletrônico da empresa, é feita referência aos processos judiciais que vêm sendo ajuizados em face do grupo pela proibição da queima da cana desde 1991. Em nenhum momento, também, é feita referência à postura do grupo em defesa da queima da cana-de-açúcar nesses processos contra a eliminação.

O esverdeamento mercadológico e propagandístico do grupo é feito por meio da recriação discursiva de suas práticas produtivas desde o final da década de 1980, que passam a ser caracterizadas por parâmetros de racionalidade e sensibilidade ambiental aparentemente inexistentes, à época, segundo as informações disponíveis. Esse esverdeamento tem como importante componente, também, a omissão de dados históricos reveladores do distanciamento entre o grupo (ou o próprio empresário que dirige o grupo) e a racionalidade ecológica, em especial graças à omissão da defesa expressa e sistemática da queima da cana.

Outra característica é, por fim, a idealização do momento presente, pela não centralidade atribuída às informações sobre a totalidade da produção do grupo: omite-se que a produção orgânica representa apenas 27% do total, que a queima continua ocorrendo nas propriedades vinculadas ao grupo, ou que há degradação de APP e RL em diversos imóveis.

Não é o acaso que leva o mesmo sujeito a realizar, na década de 1990, a defesa expressa e explícita da queima da cana e, na década de 2010, a proferir a afirmação expressa e explícita de suposto antagonismo histórico em relação à prática. Ele está em posição de evidência nos dois momentos do processo histórico: primeiro como réu dos processos e depois como pioneiro do "mercado verde". Como réu dos processos judiciais, e num momento em que a transição produtiva ainda não pôde ser estavelmente efetuada, segundo os seus anseios de lucratividade, o grupo e o empresário defendiam sistemática e publicamente a queima da cana, cantando em alto e bom som que continuariam queimando canaviais, pois queimar cana não faz mal à saúde ou ao meio ambiente. Após a transição produtiva efetuada, e com a necessidade de associar sua imagem à preservação ambiental, característica do novo "mercado verde", a música muda: é hora de cantar que a queima faz mal à saúde e ao meio ambiente e que o empresário canavieiro sempre foi contrário a ela.

Por tudo isso, o grupo Balbo é um retrato interessante da ambientalização/esverdeamento do empresariado canavieiro, caracterizada por uma dosagem intensa de propaganda publicitária em detrimento de um relativamente baixo redirecionamento produtivo. Esse processo ocorre na totalidade desse grupo social, cujo esverdeamento promove a modificação propagandística de seu passado e de seu presente, para atendimento de necessidades comerciais.

Conforme explica Goldmann, frequentemente é o comportamento de um grupo social que permite compreender o pensamento ou o comportamento individual, sendo fundamental a inteligibilidade em relação ao sujeito coletivo em detrimento da inteligibilidade em relação ao sujeito individual[64]. Nesse sentido, ao mesmo passo que o comportamento do

---

64. L. Goldmann, *Le Dieu caché*, pp. 16-17; e *idem*, *Marxisme et sciences humaines*, p. 104.

grupo Balbo é um retrato adequado do panorama mais amplo do empresariado canavieiro, somente por meio da compreensão da realidade desse empresariado é possível compreender a prática do grupo. A história do grupo Balbo é a história do empresariado canavieiro.

"Bandido do agronegócio" na década de 1990 – segundo a terminologia metafórica do ex-presidente Lula –, ao defender intransigentemente a prática. "Herói verde" na década de 2010, ao ser o líder do novo "mercado verde" da cana-de-açúcar e ao projetar em seu passado e presente a associação entre as escolhas produtivas e o interesse de proteção ambiental. Essa é a história, enfim, do esverdeamento da produção canavieira, pelo qual toda uma classe econômica e um modelo produtivo tornaram-se "verdes" sem alterar radicalmente a racionalidade de suas práticas, mantendo ações degradantes. Desse modo, os mesmos sujeitos que passaram a década de 1990 intransigentemente defendendo a queima da cana-de-açúcar, degradante prática agrícola que adotam desde a década de 1960 e que continuam utilizando sistematicamente no estado, passaram a ser considerados heróis "verdes" da "salvação ambiental" do planeta. As mesmas pessoas que eram, na década de 1990, defensoras incondicionais da queima da cana, e que continuam poluindo o ambiente, passaram a ser tidas como velhas amantes da natureza e antigas defensoras da eliminação da queima. Um mesmo sistema produtivo, sem deixar de ser insustentável e socialmente iníquo, passou a ser considerado portador da solução para a crise ambiental global.

Mesmo amparado, ainda hoje, em queima da cana, ocupação de APP e RL, uso de agrotóxicos e inúmeras outras práticas socioambientalmente deletérias, o empresariado canavieiro e o agronegócio da cana-de-açúcar estão atualmente colocados no papel social de setor "verde", "ecologicamente correto". O esverdeamento relativamente desprovido de fundamentos materiais na ambientalização produtiva é não apenas o traço de um ou outro indivíduo, mas também a realidade concreta de toda essa classe social. Conforme já discutido, a queima da cana continuou ocorrendo em mais de 1,2 milhão de hectares no estado (dados de 2012), a cultura canavieira é responsável por 8,2% do consumo de agrotóxicos no Brasil, nas regiões de plantio de cana-de-açúcar as porcentagens de presença florestal são mais baixas que em outras regiões do estado e, apesar disso tudo, a produção da cana-de-açúcar encontra-se "certificada" como dotada de "conformidade agroambiental" pelo governo de São Paulo, por meio do Protocolo Agroambiental.

A despeito da intensidade e atualidade da queima no estado, o discurso ideológico ligado ao esverdeamento da produção canavieira passa a mensagem de que a queima está em vias de ser eliminada em São Paulo. As motivações para esse esverdeamento, desprovido relativamente de uma equivalente ambientalização, estão na racionalidade do mercado capitalista, que atualmente direciona os produtos canavieiros nesse sentido. É a continuação da perspectiva de busca do aumento da lucratividade que orienta os investimentos mais intensos no *marketing* do que em mudanças produtivas. É essa racionalidade que explica as práticas dos "bandidos do agronegócio" e dos "heróis verdes" e é ela que evidencia que, entre eles, não há mudança radical de postura, sendo os elementos de continuidade mais significativos que os de ruptura.

Conforme explica Löwy, o "capitalismo verde não passa de uma manobra publicitária, de uma etiqueta que visa vender uma mercadoria, ou, na melhor das hipóteses, de uma iniciativa local equivalente a uma gota de água sobre o solo árido do deserto capitalista"[65]. No caso do grupo econômico Balbo, temos uma "gota de água sobre o solo árido do deserto capitalista", que é o agronegócio canavieiro. No caso da totalidade do empresariado canavieiro, e aí incluído também o grupo Balbo, temos uma evidente "manobra publicitária", com a colocação de uma nova "etiqueta que visa vender uma mercadoria". O esverdeamento do empresariado canavieiro tem esse objetivo: colorir sua essência cinza para vender o etanol como mercadoria "ambientalmente correta".

## "E SE NÃO FOSSE A CANA?"

Durante as décadas de 1980 e 1990, alguns comerciais televisivos regionais de empresas ligadas à agroindústria da cana-de-açúcar encerravam

---

[65]. M. Löwy, *Ecologia e Socialismo*, pp. 50-51.

sua veiculação com essa pergunta, objetivando consolidar no pensamento popular a ideia de que a estabilidade social e econômica das regiões em que a cana é plantada seria indissociável da produção desse vegetal. Na perspectiva dessas empresas – e do *slogan* "e se não fosse a cana" –, as populações das regiões canavieiras teriam uma qualidade de vida bastante inferior à que supostamente possuíam, vinculada, segundo as empresas, à pujança econômica que cerca a produção e a industrialização do vegetal. Em âmbito nacional, e dessa vez sob a mediação da Associação Brasileira do Agronegócio (Abag), um novo *slogan* é utilizado com objetivos similares. Repetindo, nas propagandas televisivas e impressas, o bordão "Agronegócio: sua vida depende dele", a Abag busca consolidar a percepção social de que a vida humana dependeria do modelo produtivo materializado pelo agronegócio. Mas será que dependemos mesmo do modelo produtivo do agronegócio? Se não fosse a cana, haveria alternativas às populações das regiões canavieiras?

Não nos situamos, neste livro, nos estreitos limites ofertados pelo agronegócio canavieiro ao sentenciar a dependência de nossa vida ao modelo de produção que ele oferece, pois não nos parece que haja correlação necessária entre produção de alimentos e energia e tal forma de organização social. É possível produzir alimentos e energias de outras formas, socioambientalmente mais sustentáveis, sendo o modelo produtivo do agronegócio o retrato fiel da insensibilidade ecológica do capital.

A queima da cana não é a única prática agrícola degradante que caracteriza a socialização da natureza pelo agronegócio. Essa socialização é realizada, também, a partir da destruição de florestas para ocupação exploratória da cana, apoiando-se na contaminação de cursos de água, dos lençóis freáticos e do aquífero Guarani, com a degradação e compactação do solo, com a queima de matas nativas, com a diminuição da agrobiodiversidade, entre outras consequências deletérias relacionadas às práticas produtivas do agronegócio canavieiro. Todos esses processos são momentos de socialização da natureza, porque possuem seu fundamento e sua motivação na dinâmica de interação social do empresariado canavieiro com os outros agrupamentos humanos, sejam os trabalhadores rurais, as comunidades regionais ou os consumidores de seus produtos. Tendo como fundamento e motivação suas relações com esses outros agrupamentos, o empresariado canavieiro constrói socialmente uma natureza degradada, com base na poluição socioambiental que ele manifesta.

Essa (re)construção perversa da natureza gera como consequência uma intensa conflitualidade social. Narramos e analisamos neste trabalho as lutas contra a queima, deixando claro, contudo, que elas não são o único foco de enfrentamentos que caracteriza essas regiões. A conflitualidade agrária apresenta-se como uma característica permanente do estado de São Paulo, conforme demonstram os dados sobre conflitos no campo da Comissão Pastoral da Terra (CPT). Segundo a CPT, no ano de 2012 houve no estado 68 focos de conflitos no campo, envolvendo 16 311 pessoas, o que coloca São Paulo na sexta posição em número de conflitos entre os estados brasileiros em 2012, e na 13ª posição entre os estados com maior número de pessoas envolvidas[66]. Em 2011, também segundo a CPT, foram setenta os focos de conflito no estado, envolvendo 21 832 pessoas. Esse número de conflitos coloca São Paulo como o sétimo estado com maior número de conflitos no campo nesse ano, e como o nono em número de pessoas envolvidas[67]. A despeito das aparências, portanto, a convivência entre a riqueza produzida e a pobreza e a degradação ambiental reproduzidas em São Paulo não é pacífica.

Apesar disso e do já significativo crescimento da agricultura canavieira no estado, a perspectiva do empresariado canavieiro e de seus aliados é a de que a ocupação do território paulista com cana-de-açúcar se intensifique nos próximos anos. Assim, não obstante a concentração fundiária,

---

66. A CPT define conflitos como "ações de resistência e enfrentamento que acontecem em diferentes contextos sociais no âmbito rural, envolvendo a luta pela terra, água, direitos e pelos meios de trabalho ou produção". Os autores catalogam os conflitos diferenciando--os em: "conflitos por terra, conflitos pela água, conflitos trabalhistas, conflitos em tempos de seca, conflitos em áreas de garimpo, e em anos anteriores foram registrados conflitos sindicais" (cf. A. Canuto, C. R. da S. Luz e F. Lazzarin, *Conflitos no Campo – Brasil 2012*, p. 10). Entre os conflitos descritos pela CPT incluem-se, portanto, não somente os ocorridos no território canavieiro, mas aqueles ocorridos em todo o estado de São Paulo. Não se incluem entre esses conflitos, por sua vez, as lutas contra a queima da cana.

67. Cf. A. Canuto, C. R. da S. Luz e I. Wichineski, *Conflitos no Campo – Brasil 2011*.

a desigualdade social, a conflitualidade no campo paulista e o caráter degradante da socialização da natureza realizada pelo agronegócio canavieiro, nas projeções agropecuárias do Ministério da Agricultura, Pecuária e Abastecimento (Mapa) para o estado de São Paulo, a perspectiva é de que, entre a safra 2011/2012 e a safra 2021/2022, haja um aumento de 39,7% da produção da cana-de-açúcar, com a ampliação de 20,2% da área plantada no estado[68]. Desse modo, na perspectiva do Mapa, esses anos serão de sólidos avanços do agronegócio canavieiro em São Paulo, tornando ainda mais necessária a reflexão sobre a concretude da produção da cana-de-açúcar no estado e sobre as formas materiais de oposição a essa concretude produtiva.

Num ambiente de ampliação da produção canavieira em paralelo com a intensificação das reflexões e preocupações sobre temáticas ecológicas, a necessidade de pensar criticamente o modelo produtivo do agronegócio canavieiro mostra-se ainda mais evidente. Se, conforme explica Benton, é um erro supor que o capitalismo seja a fonte de todos os males ecológicos[69], seria também um erro não concordar com Chesnais e Serfati, quando estes afirmam que a "a crise ecológica planetária é [...] uma 'crise capitalista'"[70]. A crise ecológica é uma crise capitalista, pois está vinculada à racionalidade e às características fundamentais desse modelo produtivo. O agronegócio, como expressão do capitalismo, vivencia essa racionalidade e engendra a insustentável dinâmica de produção da vida anteriormente sintetizada.

A maior capacidade de reterritorialização dos detentores do grande poder econômico impede que consideremos que essa crise capitalista ponha em risco o próprio capitalismo. Conforme afirmam Chesnais e Serfati, a crise põe em risco a vida de alguns grupos, sem ameaçar a própria estrutura do sistema de produção e reprodução social, em virtude da capacidade dos setores hegemônicos de direcionar os efeitos da crise

---

68. Mapa, *Brasil Projeções do Agronegócio 2011/2012 a 2021/2022*, p. 33.
69. T. Benton, "Marxisme et limites naturelles: critique et reconstruction écologiques", em M. Löwy e I.-M. Harribey, *Capital contre nature*, p. 49.
70. F. Chesnais e C. Serfati, "Les Conditions physiques de la reproduction sociale", em M. Löwy e I.-M. Harribey, *Capital contre nature*, pp. 72-73.

a classes e grupos mais fragilizados[71]. Trata-se de uma ameaça, assim, às "condições de existência e de reprodução social de classes e povos determinados"[72], conforme pode ser verificado também no exemplo do agronegócio canavieiro, que espolia grupos locais de trabalhadores e deteriora áreas territoriais, sem afetar a dinâmica global de sua expansão produtiva, que continua em curso.

Conforme explica Kovel, com base em Karl Marx, compreender a crise ecológica demanda reflexões tanto sobre as manipulações que o ser humano realiza da natureza, quanto sobre as representações que o ser humano faz dela[73]. Nesse contexto, repensar as relações socioambientais é uma necessidade urgente. Segundo Michael Löwy, o filósofo alemão Walter Benjamim trabalhava a perspectiva de revolução a partir da alegoria do trem, associando o processo histórico a um trem que avança em direção ao abismo[74]. Para ele, a revolução seria a possibilidade de interromper essa viagem em direção à catástrofe, numa árdua tarefa de toda a humanidade de "puxar os freios de emergência". A metáfora de Benjamin revela-se bastante atual. Na realidade contemporânea, ou puxamos o "freio de emergência" ou acabaremos no abismo da crise ecológica em que vivemos atualmente.

Nossa vida não depende do modelo produtivo do agronegócio. A ideia, amplamente divulgada pela Abag por meio do *slogan* "Agronegócio: sua vida depende dele", é falsa. Dependemos da pecuária e da agricultura, havendo inúmeros modos diversos de realizar esses processos produtivos. O "freio de emergência" a que se referia Walter Benjamin, por sua vez, encontra nas lutas ecossociais a sua expressão de excelência. Puxa-se o "freio de emergência" graças à luta política e jurídica: o confronto pela (re)organização da totalidade social. Trata-se da única forma de mudar os rumos de nossa realidade vigente.

---

71. *Idem, ibidem, loc. cit.*
72. *Idem, ibidem,* p. 104.
73. J. Kovel, "Dialectique des écologies radicales", em *Écologie et socialisme,* pp. 82-83.
74. M. Löwy, *Walter Benjamin,* pp. 155-156.

Respondendo às indagações de entidades ligadas ao agronegócio, cremos importante consignar que "se não fosse a cana" poderia ser a agroecologia, a agrofloresta. Poderia ser a produção familiar, a produção coletiva. Poderia ser a distribuição equitativa da renda, a desconcentração fundiária. Poderia ser a igualdade socioambiental. Poderiam ser as policulturas para produção de alimentos. Poderiam ser áreas de preservação permanente e reservas legais preservadas e recompostas. Enfim, poderia ser outra dinâmica de socialização da natureza, sustentável. E não apenas poderia, como pode. A realidade social em vigor, em suas inúmeras contradições, potencialidades e problemas, não é a única realidade social possível. A mudança dessa realidade é, por sua vez, não apenas uma possibilidade, mas também uma necessidade, em face dos desafios que a humanidade enfrenta nesse momento histórico. "Puxar o freio de emergência" e responder, materialmente, nas relações sociais concretas, à pergunta "e se não fosse a cana?" depende de nós...

# Posfácio: 2013-2015

PASSADOS CERCA DE DOIS ANOS da redação de boa parte das páginas que compõem este livro, senti a necessidade de escrever mais algumas linhas antes da publicação da obra, visando a atualizar o texto em relação à continuidade de minhas pesquisas sobre a temática e em relação a fatos ocorridos nos anos de 2014 e 2015. Estando a realidade em permanente mudança, é dever de todo pesquisador manter permanente também o processo de teorização, na tentativa de reproduzir do modo mais fiel possível o incessante movimento do real. Com esse propósito, três temas serão abordados de forma sintética neste posfácio: *1.* a evolução da queima da cana no estado de São Paulo entre 2013 e 2015; *2.* os principais episódios das lutas ecossociais paulistas nesse último biênio; *3.* as disputas vinculadas à proibição da queima da cana em outros estados.

Em relação à evolução da queima da cana-de-açúcar em São Paulo, os dados indicam a consolidação de um cenário de significativa diminuição da queima. Se, em 2012, a área total de cana queimada no estado ainda era bastante significativa em números absolutos, com mais de 1,2 milhão de hectares queimados, os dados preliminares divulgados pelo governo de São Paulo sobre a safra 2014/2015 apontam a redução pela metade desse patamar, com a queima de 560 mil hectares nessa safra. O universo total colhido teria sido de 5,36 milhões de hectares na safra 2014/2015, tornando a área colhida queimada responsável por pouco mais de 10% da área total colhida.

O gráfico abaixo ilustra a evolução anual da área queimada desde 1980[1]:

Gráfico 17. Evolução da área de cana-de-açúcar anualmente queimada no estado de São Paulo (1980-2014)

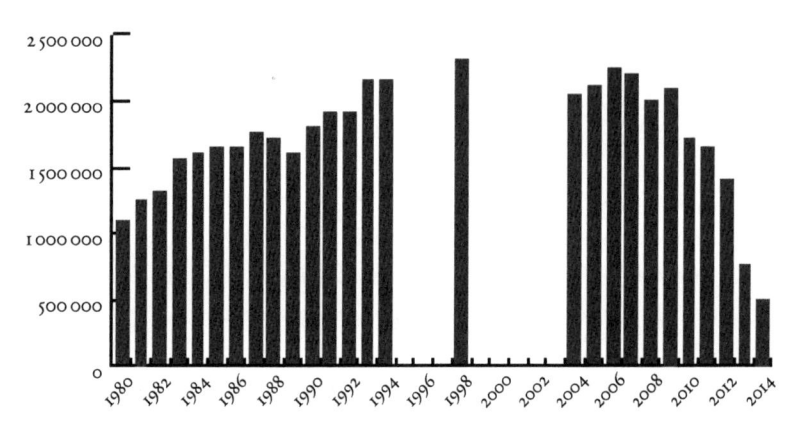

Fontes: *site* do Inpe, Canasat; *site* do sistema Unicadata, Única; A. Zancul, *apud* M. A. Arbex, *Avaliação dos Efeitos do Material Particulado Proveniente da Queima da Plantação de Cana-de-Açúcar sobre a Morbidade Respiratória na População de Araraquara – SP*; O. Kitayama, *Situação Atual e Perspectivas de Expansão do Setor Sucroalcooleiro no Brasil e no Mundo*; C. R. A. Matos et al., *Protocolo Agroambiental do Setor Sucroenergético Paulista: Dados Consolidados das Safras 2007/08 a 2013/14*; e São Paulo (Estado), *Etanol Verde, Fechamento Safra 2014/2015: Dados Preliminares*.

Temos, assim, a principal conquista das lutas ecossociais cada vez mais consolidada: a redução da queima da cana-de-açúcar em São Paulo. A tendência de diminuição da área anualmente colhida com queima foi mantida em patamares elevados entre 2012 e 2014, contribuindo para a

1. O valor atribuído a 2013 refere-se ao dado publicado em relatório do Governo de São Paulo sobre a safra 2013/2014: Carolina R. A. Matos *et al.*, *Protocolo Agroambiental do Setor Sucroenergético Paulista: Dados Consolidados das Safras 2007/08 a 2013/14*. O valor atribuído a 2014, por sua vez, refere-se aos dados divulgados pelo governo de São Paulo como preliminares, referentes à safra 2014/2015: *Etanol Verde, Fechamento Safra 2014/2015: Dados Preliminares*. Os demais dados constam no livro, com a respectiva referência.

redução de cerca de 75% da área queimada anualmente no período situado entre 2010 e 2014. Passou-se de um patamar de queima anual superior a dois milhões de hectares em 2010 para um patamar inferior a seiscentos mil hectares em 2014. Uma diminuição inconteste em valores absolutos. A queima ainda não foi eliminada no estado, e 560 mil hectares não podem ser considerados insignificantes do ponto de vista ambiental, mas a vitória da sociedade merece ser destacada. Trata-se de precioso fruto das lutas ecossociais.

Gráfico 18. Queima da cana-de-açúcar na área de usinas signatárias do Protocolo Agroambiental

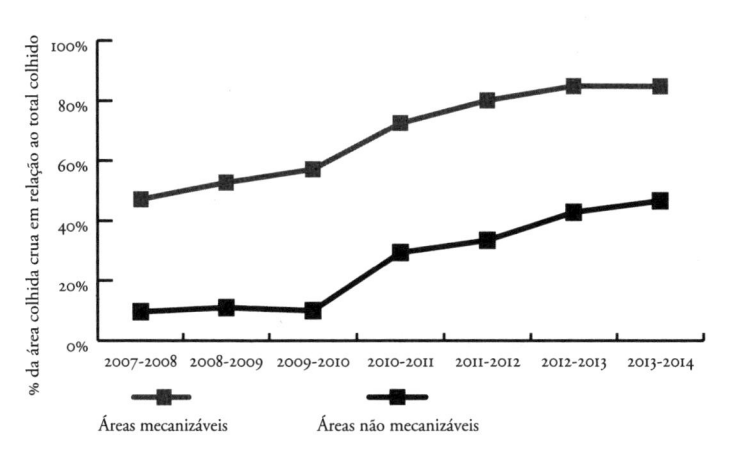

Fonte: C. R. A. Matos et al., *Protocolo Agroambiental do Setor Sucroenergético Paulista: Dados Consolidados das Safras 2007/08 a 2013/14*, p. 28.

Diferentemente do que indicava o Protocolo Agroambiental firmado em 2007/2008, não vivenciamos a eliminação completa da queima da cana-de-açúcar em áreas mecanizáveis em 2014. Essa meta pode vir a ser alcançada nos próximos anos, caso a redução da queima mantenha esse elevado patamar anual de queda. As áreas não mecanizáveis com colheita de cana queimada, contudo, podem vir a ser o entrave principal para a eliminação completa da queima no estado. O Gráfico 18, extraído de relatório apresentado pelo governo de São Paulo sobre o Protocolo Agroambiental, evidencia a taxa significativamente menor de colheita de cana crua nas áreas não mecanizáveis das usinas signatárias do Protocolo Agroambiental em comparação com as áreas mecanizáveis. Nestas, o patamar de colheita da cana crua na safra 2013/2014 esteve próximo de 85% do total colhido. Nas áreas não mecanizáveis, colheu-se mais de 50% do total com queima.

Nas propriedades fornecedoras de cana-de-açúcar desvinculadas de usinas signatárias do Protocolo Agroambiental, os índices de colheita sem queima são ainda inferiores, com cerca de 70% das áreas não mecanizáveis colhidas com queima (ver Gráfico 19).

Gráfico 19. Queima da cana-de-açúcar na área de fornecedores signatários do Protocolo Agroambiental

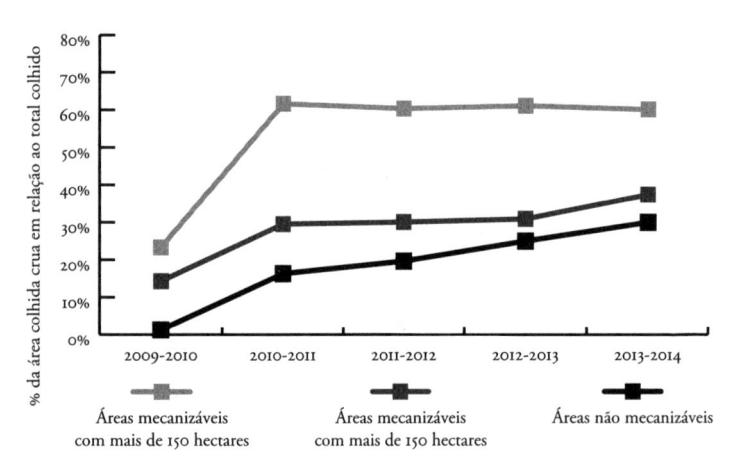

Fonte: C. R. A. Matos *et al.*, *Protocolo Agroambiental do Setor Sucroenergético Paulista: Dados Consolidados das Safras 2007/08 a 2013/14*, p. 28.

Se a redução é incontente no estado, é importante manter nesses trilhos o trem da produção canavieira, visando a zerar o montante anual de cana queimada.

POSFÁCIO

Em relação à continuidade das lutas ecossociais contra a queima em São Paulo, no último biênio os principais acontecimentos tiveram como palco o sistema de justiça. Nesse campo, de evidente importância durante todo o processo de enfrentamentos, a conflitualidade continua patente. O mais importante acontecimento do biênio foi o julgamento do recurso extraordinário (RE) 586.224 pelo Supremo Tribunal Federal (STF), que considerou inconstitucional a lei municipal proibitiva da queima da cana--de-açúcar editada em Paulínia em 1995 (Lei Municipal n. 1952/1995). Relatado pelo ministro Luiz Fux, o caso foi declarado como sendo de repercussão geral, o que permite a utilização de instrumentos processuais mais ágeis para aplicação dessa decisão para casos análogos, tais como os referentes às outras leis municipais proibitivas do estado.

Sedimentou-se, assim, o que chamamos no livro de "vitórias no Legislativo, derrotas no Judiciário". Embora o movimento ambientalista tenha obtido êxito em aprovar leis municipais proibitivas em municípios das regiões canavieiras de São Paulo, essas leis foram barradas pelo Judiciário, agora de modo definitivo com a declaração de inconstitucionalidade e repercussão geral do STF. Na ementa da decisão, afirma o órgão que a lei municipal proibitiva é incompatível com a lei estadual permissiva que regulamenta a eliminação gradativa da queima, prevalecendo a competência do estado para legislar sobre temática ambiental em virtude da inexistência de "interesse local que fundamente a permanência da vigência da lei municipal". Conclui o STF que "o município é competente para legislar sobre meio ambiente com União e estado, no limite de seu interesse local e desde que tal regramento seja harmônico com a disciplina estabelecida pelos demais entes federados"[2].

Na fundamentação da decisão, o ministro Luiz Fux repisou argumentos historicamente utilizados pelo empresariado canavieiro para defender a queima, como o atrelamento sem distinção da eliminação da queima à mecanização da colheita. A linha argumentativa utilizada pelo STF foi a da defesa dos empregos gerados pela colheita da cana queimada, que

2. Cf. inteiro teor do acórdão do RE 586.224, Supremo Tribunal Federal, Consulta de Jurisprudência, 2015.

seriam supostamente eliminados junto com a queima em caso de declaração de constitucionalidade da lei. Chegou-se ao ponto de afirmar que o STF se posicionava contra a eliminação imediata da queima em "defesa do interesse da minoria qualitativamente representada pela classe de trabalhadores canavieiros". Em relação à questão ambiental, a decisão se revelou alinhada com os mais arcaicos interesses ao enfatizar a existência de problemas ambientais advindos da colheita mecanizada da cana crua e minimizar as consequências negativas da queima, praticamente sem as referenciar:

> Consectariamente, este Tribunal está diante de um conjunto fático composto pelo certo e previsível desemprego em massa, juntamente com uma mera possibilidade de aumento de produtividade, sendo oportuno ressalvar que este lucro trazido pela mecanização é um fato comprovado. [...] Sendo assim, mais uma vez, nós, eminentes pares, devemos nos investir no papel de guardião da Constituição, na defesa do interesse da minoria qualitativamente representada pela classe de trabalhadores canavieiros, que merecem proteção diante do chamado progresso tecnológico, com a respectiva mecanização, trazido pela pretensão de proibição imediata da colheita da cana mediante uso de fogo. [...] Por último, adentrando no plano ambiental, resta a necessidade de se refletir quanto à poluição. Se de uma parte a queima traz prejuízos, de outra, a utilização de máquinas também gera impacto negativo ao meio ambiente[3].

Ainda no âmbito do sistema de justiça, outro destaque importante do último biênio no que tange aos enfrentamentos contra a queima da cana-de-açúcar está relacionado com a atuação do Ministério Público Federal (MPF) demandando o condicionamento da autorização da queima à realização de estudos de impacto ambiental (EIA/Rima). Conforme relatamos no livro, trata-se de uma novidade nas disputas paulistas, ocorrida nos últimos anos. Embora ainda não tenha havido nenhuma decisão definitiva sobre esses pleitos do MPF, existe um número crescente de decisões provisórias determinando a suspensão da queima em diversas regiões de

---

3. Cf. inteiro teor do acórdão do RE 586.224, Supremo Tribunal Federal, Consulta de Jurisprudência, 2015.

POSFÁCIO

São Paulo, até que o referido estudo seja realizado. Em relação a dois anos atrás, essas decisões provisórias aumentaram em quantidade e importância. Em consulta realizada em 25 de agosto de 2015[4], por exemplo, verificamos no Sistema Integrado de Gestão Ambiental (Sigam) do governo de São Paulo que, em virtude de decisões judiciais em ações ajuizadas pelo MPF, a queima estava suspensa nas subseções judiciárias de Limeira, Ourinhos, São Carlos, Jales, Jaú, Piracicaba, Araçatuba e Araraquara, que englobam diversos municípios[5]. Verifica-se, desse modo, o sucesso provi-

4. Disponível em: <http://appvps6.cloudapp.net/sigam3/Default.aspx?idPagina=123>. Acesso em: 25 ago. 2015.
5. A subseção judiciária de Limeira abrange os seguintes municípios: Araras, Conchal, Cordeirópolis, Engenheiro Coelho, Estiva Gerbi, Iracemápolis, Leme, Limeira e Mogi Guaçu. A subseção judiciária de Ourinhos abrange os seguintes municípios: Águas de Santa Bárbara, Bernardino de Campos, Campos Novos Paulista, Canitar, Chavantes, Espírito Santo do Turvo, Fartura, Ibirarema, Ipaussu, Manduri, Óleo, Ourinhos, Palmital, Piraju, Ribeirão do Sul, Salto Grande, Santa Cruz do Rio Pardo, São Pedro do Turvo, Sarutaiá, Taguaí, Tejupá e Timburi. A subseção judiciária de São Carlos abrange os seguintes municípios: Brotas, Descalvado, Dourado, Ibaté, Pirassununga, Porto Ferreira, Ribeirão Bonito, Santa Cruz da Conceição, Santa Cruz das Palmeiras, Santa Rita do Passa Quatro, São Carlos e Tambaú. A subseção judiciária de Jales abrange os seguintes municípios: Aparecida D'Oeste, Aspásia, Auriflama, Dirce Reis, Dolcinópolis, Estrela D'Oeste, Fernandópolis, General Salgado, Guarani D'Oeste, Guzolândia, Indiaporã, Jales, Macedônia, Marinópolis, Meridiano, Mesópolis, Mira Estrela, Nova Canaã Paulista, Nova Castilho, Ouroeste, Palmeira D'Oeste, Paranapuã, Pedranópolis, Pontalinda, Populina, Rubineia, Santa Albertina, Santa Clara D'Oeste, Santa Fé do Sul, Santa Rita D'Oeste, Santa Salete, Santana da Ponte Pensa, São Francisco, São João das Duas Pontes, São João de Iracema, Suzanópolis, Três Fronteiras, Turmalina, Urânia e Vitória Brasil. A subseção judiciária de Jaú abrange os seguintes municípios: Bariri, Barra Bonita, Bocaina, Brotas, Dois Córregos, Igaraçu do Tietê, Itaju, Itapuí, Jaú, Mineiros do Tietê, Santa Maria da Serra e Torrinha. A subseção judiciária de Piracicaba abrange os seguintes municípios: Águas de São Pedro, Americana, Analândia, Charqueada, Corumbataí, Ipeúna, Iracemápolis, Itirapina, Nova Odessa, Piracicaba, Rio Claro, Rio das Pedras, Saltinho, Santa Bárbara D'Oeste, Santa Gertrudes e São Pedro. A subseção judiciária de Araçatuba abrange os seguintes municípios: Alto Alegre, Andradina, Araçatuba, Avanhandava, Barbosa, Bento de Abreu, Bilac, Birigui, Braúna, Brejo Alegre, Buritama, Castilho, Clementina, Coroados, Gabriel Monteiro, Glicério, Guaraçaí, Guararapes, Lavínia, Lourdes, Luiziânia, Mirandópolis, Muritinga do Sul, Nova Independência, Penápolis, Piacatu, Rubiácea, Santo Antônio do Aracanguá, Santópolis do Aguapeí, Turiuba e Valparaíso. A subseção judiciária de Araraquara

sório do pleito do MPF nos tribunais federais, o que tem por consequência a determinação judicial de suspensão temporária da queima em diversas localidades.

No âmbito da justiça estadual, por sua vez, a judicialização dos conflitos continua intensa. Desde a primeira ação judicial ajuizada pelo Ministério Público de São Paulo (MP-SP) em 1991, temos quase 25 anos de disputas judiciais. Atualmente, ao lado das ações ajuizadas pelo MP-SP demandando a proibição imediata da queima, uma infinidade de outras demandas relacionadas a essa danosa prática agrícola também encontra espaço no sistema de justiça estadual. Exemplos dessas ações são aquelas ajuizadas pelo empresariado canavieiro demandando anulação de autos de infração emitidos pelas agências de fiscalização ambiental. A quantidade de acórdãos prolatados pela segunda instância do Tribunal de Justiça de São Paulo evidencia a importância da judicialização dos conflitos envolvendo a queima da cana no estado. Somente entre 1999 e 2014 foram julgados mais de dois mil processos sobre o tema. Apresentamos no Gráfico 20 a evolução quantitativa dos julgados no período referido[6].

Nota-se, no gráfico, a trajetória ascendente entre 2005 e 2013 e uma queda entre 2013 e 2014. É impossível afirmar peremptoriamente que essa queda nos julgados entre 2013 e 2014 signifique diminuição da intensidade quantitativa das disputas judiciais sobre a queima da cana em São Paulo. O que é possível dizer é que o sistema de justiça continuará albergando litígios envolvendo essa danosa prática agrícola ainda por muitos anos, enquanto ela ainda existir no estado.

Além dos conflitos no sistema de justiça, no âmbito da atuação do Poder Executivo do Estado de São Paulo a queima da cana continua um

---

abrange os seguintes municípios: Américo Brasiliense, Araraquara, Boa Esperança do Sul, Borborema, Cândido Rodrigues, Dobrada, Fernando Prestes, Gavião Peixoto, Ibitinga, Itápolis, Matão, Motuca, Nova Europa, Rincão, Santa Ernestina, Santa Lúcia, Tabatinga, Taquaritinga e Trabiju.

6. Para elaboração desse gráfico, foi realizada consulta ao banco de jurisprudência do Tribunal de Justiça de São Paulo no dia 25 de agosto de 2015. Utilizaram-se como palavras-chave de busca os termos "queima" e "cana-de-açúcar". A indicação do ano foi feita tomando como base a data de registro do acórdão.

foco de atenção e disputas. Anualmente é editado ato normativo pela Secretaria do Meio Ambiente regulando os períodos em que a queima da cana é permitida e estabelecendo hipóteses de suspensão em virtude das condições climáticas. O ato normativo atualmente vigente é a Resolução SMA n. 30, de maio de 2015. Com base nesta, é comumente determinada pela Cetesb a suspensão periódica da queima em algumas localidades, geralmente em virtude da baixa umidade em algumas regiões do estado. Em consulta realizada em 24 de agosto de 2015, por exemplo, constatamos que a queima estava suspensa em diversos municípios de São Paulo[7].

Gráfico 20. Acórdãos do TJ-SP sobre queima da cana-de-açúcar
(1999-2014)

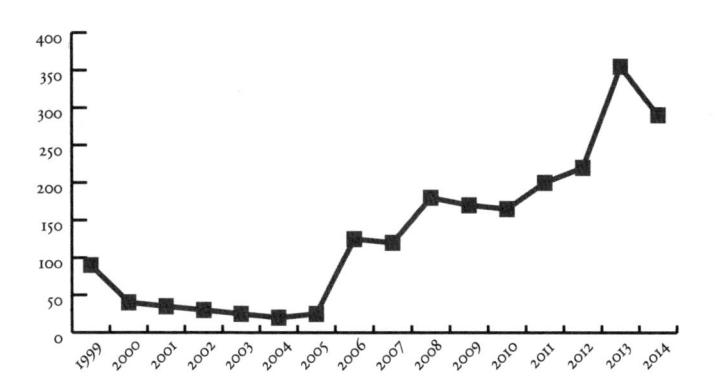

Fonte: Tribunal de Justiça de São Paulo, Consulta de Jurisprudência, 2015.

As lutas contra a queima – e as ações políticas e sociais que as materializam – continuam em curso no estado de São Paulo. A significativa redução

7. Nesta data, a Cetesb indicava suspensão da queima nos seguintes municípios: Altair, Aramina, Barretos, Batatais, Bebedouro, Buritizal, Cajobi, Colina, Colômbia, Cristais Paulista, Embaúba, Franca, Guaíra, Guará, Guaraci, Igarapava, Ipuã, Itirapuã, Ituverava, Jaborandi, Jeriquara, Miguelópolis, Monte Azul Paulista, Morro Agudo, Nuporanga, Olímpia, Orlândia, Patrocínio Paulista, Pedregulho, Pirangi, Restinga, Ribeirão Corrente, Rifaina, Sales Oliveira, São Joaquim da Barra, São José da Bela Vista, Severínia, Taiaçu, Taiuva, Terra Roxa, Viradouro e Vista Alegre do Alto.

de tal prática, por sua vez, traz a lume o interesse em refletir sobre a questão nos outros estados do Brasil, ainda que de modo sucinto. Há queima da cana nas outras unidades federativas em que ela é produzida? Há lutas sociais pela sua eliminação? A resposta é afirmativa para essas perguntas.

Nos últimos anos, na região Centro-Sul do Brasil, a partir de movimentações políticas e sociais, foram promulgados em alguns estados atos normativos regulamentando a queima da cana-de-açúcar. Exemplos desses estados são Paraná e Rio de Janeiro. As propostas de regulamentação aprovadas possuem a mesma estrutura da legislação paulista de 2002 (Lei Estadual n. 11.241/2002). Trata-se, assim, da proposição de eliminação gradativa da queima em áreas mecanizáveis, em longos prazos. Na região Centro-Sul do Brasil, portanto, a vitória política obtida em São Paulo foi exportada para outros estados, visando a sedimentar a transição produtiva do setor canavieiro nos moldes que lhe interessam.

No Rio de Janeiro foi aprovada em 2011 a Lei Estadual n. 5.990, que indica como prazo final para a eliminação da queima, em áreas mecanizáveis, o ano de 2020 e, em áreas não mecanizáveis, o ano de 2024. Essa lei afirma expressamente, por sua vez, que as lavouras com até cem hectares não estão sujeitas à eliminação, podendo praticar-se a queima da cana indefinidamente nessas áreas. No Paraná, o Decreto Estadual n. 10.068/2014 indica como prazo para eliminação da queima, em áreas mecanizáveis, o ano de 2025 e, em áreas não mecanizáveis, o ano de 2030. Ele consigna, em relação às áreas não mecanizáveis, que a eliminação deverá ocorrer somente se houver tecnologia viável para colheita da cana em áreas de declividade, exatamente como faz a legislação paulista. Temos nesses estados, portanto, um horizonte de transição produtiva bastante compatível com os interesses historicamente revelados pelo empresariado paulista.

Em outros estados do Brasil a situação é ainda mais preocupante, conforme ficou evidenciado com a realização de audiência pública pelo STF, durante o julgamento sobre a constitucionalidade da lei municipal proibitiva paulista. Nessa audiência pública, foram ouvidos representantes do empresariado canavieiro de diversos estados da federação, e alguns dos posicionamentos públicos foram de defesa intransigente da queima da cana-de-açúcar. A queima foi considerada, por esses produtores, prática

POSFÁCIO

indispensável da estrutura de produção canavieira, alegando que sua eliminação inviabilizaria a produção em algumas regiões. Nesse sentido, Gérson Carneiro Leão, presidente do Sindicato dos Cultivadores de Cana no Estado de Pernambuco, declarou:

> A não queima da cana em Pernambuco, no Nordeste – principalmente em Pernambuco –, inviabiliza o setor no estado, porque 90% das áreas de cana em Pernambuco são declives de mais de 12%. Então, se for determinado que não se pode queimar cana no país, em Pernambuco está inviabilizada a cultura da cana-de-açúcar[8].

Paulo Sérgio Legal, da Federação dos Plantadores de Cana do Brasil (Ferplana), afirmou que "os produtores do Nordeste, caso fiquem impedidos de queimar a palha da cana, não terão outra alternativa a não ser abandonar suas lavouras". E complementou, em defesa da queima da cana: "embora tenhamos a externalidade negativa com a queima da palha, as externalidades ambientais positivas com o cultivo da cana e o uso do etanol como combustível resultam em um saldo bastante positivo no balanço socioambiental para o país". Mesmo em relação ao Paraná, situado no Centro-Sul do Brasil, a representante da Federação da Agricultura do Estado do Paraná (Faep) e do Sindicato da Indústria do Açúcar do Estado do Paraná (Siapar) afirmou que "o Estado do Paraná, que tem importância significativa no abastecimento do açúcar e do álcool nacionais, ainda não se encontra preparado para substituir a colheita manual pela mecânica"[9].

Ouve-se claramente, portanto, dos próprios representantes do empresariado, os sólidos obstáculos postos à eliminação da queima em outros estados do Brasil. Tal como ocorreu em São Paulo, somente uma intensa mobilização político-jurídica poderá incutir esperanças de eliminação da queima da cana.

Encerrando este posfácio, gostaria de agradecer à Editora Fap-Unifesp, pela atenção e carinho na publicação desta obra, e à Fapesp, pelo financiamento das pesquisas que resultaram neste trabalho. Gostaria de enfatizar,

---

8. Cf. ata de audiência pública "Queimadas em Canavial", RE 586.224, p. 124.
9. Cf. ata de audiência pública "Queimadas em Canavial", RE 586.224, p. 86.

também, que a importância do resgate histórico realizado aqui me parece cada vez mais evidente, em virtude da necessidade de se apresentar uma interpretação dos fatos vinculados à redução da queima em São Paulo o mais próxima possível dos acontecimentos reais. Muitas perguntas ainda remanescem acesas para iluminação de uma importante agenda política e científica sobre a queima da cana em São Paulo e no Brasil. Cabe a nós respondê-las.

Finalizo o texto, por fim, com a citação de trecho de depoimento de Antônio Lucas Filho, trabalhador rural e representante da Confederação Nacional dos Trabalhadores na Agricultura (Contag), na audiência pública realizada no STF:

> Cresci cortando cana com meu pai e o meu irmão. E vejo aqui umas contradições. Fala-se de corte de cana queimada e da impossibilidade de cortar cana crua. Gente, cana crua se corta desde quando se começou a cortar cana nesse Brasil. E não é em pouca quantidade não. A gente só planta cana quando corta cana crua, transforma em muda para plantar. Eu fiz isso muitas vezes na minha vida. Cortava cana crua, muita cana, não é pouca. [...] Nunca tivemos os problemas que eu vi colocados aqui. Mas, para resolver questões econômicas, ambientais, e esquecer-se de convidar os trabalhadores para discutir pacto lá em São Paulo, pacto não sei onde, em vários lugares do Brasil, esqueceram de botar a gente na mesa para conversar. [...] Então, isso é muito importante. Então, pode, sim, cortar cana crua, tem condições, sim[10].

---

10. Cf. ata de audiência pública "Queimadas em Canavial", RE 586.224, p. 168.

# Referências Bibliográficas

ACSELRAD, Henri. "Reforma Agrária, Meio Ambiente e Política". In: ANDRADE JÚNIOR, José Roberto Porto de; SEVERI, Fabiana Cristina & SILVA, Ana Paula Soares da. *O Agrário e o Ambiental no Século XXI: Estudos e Reflexões sobre a Reforma Agrária*. Curitiba, CRV, 2013, pp. 13-22.

_____. "Ambientalização das Lutas Sociais: O Caso do Movimento por Justiça Ambiental". *Estudos Avançados*, São Paulo, vol. 24, n. 68, 2010, pp. 104-119.

"AGRICULTORES Desobedecem o Governador". *O Estado de S. Paulo*, São Paulo, 3 set. 1988, p. 22 (Interior).

AGUIAR, Daniel Alves de et al. "Avaliação da Conversão do Uso e Ocupação do Solo para Cana-de-açúcar Utilizando Imagens de Sensoriamento Remoto". In: *Simpósio Brasileiro de Sensoriamento Remoto*. Natal, Inpe, 2009, vol. 14, pp. 5547-5554.

_____. "Remote Sensing Images in Support of Environmental Protocol: Monitoring the Sugarcane Harvest in São Paulo State (Brazil) Using Landsat Data". *Remote Sensing*, vol. 2, n. 4, 2011, pp. 2682-2703.

ALESSI, Neiry Primo & NAVARRO, Vera Lúcia. "Saúde e Trabalho Rural: O Caso dos Trabalhadores da Cultura Canavieira na Região de Ribeirão Preto, São Paulo, Brasil". *Caderno Saúde Pública*, Rio de Janeiro, vol. 13, n. 2, 1997, pp. 111-121.

ALVES, Francisco José da Costa. "Políticas Públicas Compensatórias para a Mecanização do Corte da Cana Crua: Indo Direto ao Ponto". *Ruris*, Campinas, vol. 3, n. 1, 2009, pp. 153-178.

_____. "Por Que Morrem os Cortadores de Cana?" *Saúde e Sociedade*, São Paulo, vol. 15, n. 3, 2006, pp. 90-98.

_____. & GONÇALVES, Daniel Bertoli. "A Legislação Ambiental e o Desenvolvimento Sustentável no Complexo Agroindustrial Canavieiro da Bacia Hidrográfica do Rio Mogi Guaçu". In: *Seminário Economia do Meio Ambiente: Regulação Estatal* e *Autorregulação Empresarial para o Desenvolvimento Sustentável*. Campinas, Unicamp, 2003, vol. 3, CD-ROM.

ANDRADE JÚNIOR, José Roberto Porto de. *Lutas Ecossociais no Contexto do Agronegócio Canavieiro: (Re)ordenação Social nas Lutas contra a Queima da Cana-de-açúcar e por uma Reforma Agrária Ambientalizada*. Dissertação de mestrado em direito, Franca, Universidade Estadual Paulista, 2013.

\_\_\_\_\_. *A Proibição da Queima da Cana-de-açúcar e o Desenvolvimento Sustentável: Uma Análise da Normatização Jurídica da Produção Canavieira no Estado de São Paulo*. Trabalho de conclusão de curso de graduação em direito, Franca, Universidade Estadual Paulista, 2010.

ARBEX, Marcos Abdo. *Avaliação dos Efeitos do Material Particulado Proveniente da Queima da Plantação de Cana-de-açúcar sobre a Morbidade Respiratória na População de Araraquara – SP*. Tese de doutorado em medicina, São Paulo, Universidade de São Paulo, 2001.

\_\_\_\_\_. et al. "Queima de Biomassa e Efeitos sobre a Saúde". *Jornal Brasileiro de Pneumologia*, São Paulo, vol. 30, 2004, pp. 158-175.

ARRUDA JÚNIOR, Edmundo Lima de. *Direito Moderno e Mudança Social: Ensaios de Sociologia Jurídica*. Belo Horizonte, Del Rey, 1997.

BACCARIN, José Giacomo; GEBARA, José Jorge & FACTORE, Cíntia Oliva. "Concentração e Integração Vertical do Setor Sucroalcooleiro no Centro-Sul do Brasil, entre 2000 e 2007". *Informações Econômicas*, São Paulo, vol. 39, n. 3, 2009, pp. 17-28.

BALBO JÚNIOR, Leontino. *Estudos, Levantamentos Técnicos e Ambientais sobre Queimada de Cana-de-açúcar*. Sertãozinho, 1994 (laudo técnico extraído de processo judicial desarquivado).

\_\_\_\_\_. *Queima da Palha da Cana-de-açúcar*. Sertãozinho [1991?] (laudo técnico extraído de processo judicial desarquivado).

BALLEJO, Renata Rueda et al. "Pré-oxidação e Adsorção em Carvão Ativado Granular para Remoção dos Herbicidas Diuron e Hexazinona de Água Subterrânea". *Engenharia Sanitária e Ambiental*, Rio de Janeiro, vol. 14, n. 3, 2009, pp. 373-380.

BARROS, Geraldo Sant'ana de Camarço & MORAES, Márcia Azanha Ferraz Dias de. "A Desregulamentação do Setor Sucroalcooleiro". *Revista de Economia Política*, São Paulo, vol. 22, n. 2, 2002, pp. 156-173.

BECKER, Howard Saul. *Métodos de Pesquisa em Ciências Sociais*. 2. ed., São Paulo, Hucitec, 1994.

BENJAMIN, Antônio Herman. "Constitucionalização do Ambiente e Ecologização da Constituição Brasileira". In: CANOTILHO, José Joaquim Gomes & LEITE, José

## REFERÊNCIAS BIBLIOGRÁFICAS

Rubens Morato. *Direito Constitucional Ambiental Brasileiro*. 2. ed., São Paulo, Saraiva, 2008, pp. 57-130.

BENTON, Ted. "Marxisme et limites naturelles: critique et reconstruction écologiques". In: LÖWY, Michael & HARRIBEY, Jean-Marie. *Capital contre nature*. Paris, Presses Universitaires de France, 2003, pp. 23-56.

BINI, Danton Leonel de Camargo. "Concentração Produtiva na Atividade Canavieira?" *Análises e Indicadores do Agronegócio*, São Paulo, vol. 7, n. 9, 2012. Disponível em: <http://www.iea.sp.gov.br/out/verTexto.php?codTexto=12447>. Acesso em: 4 mar. 2013.

BLOWERS, Andrew. "Environmental Policy: Ecological Modernisation or the Risk Society?" *Urban Studies*, Glascow, vol. 34, n. 5, 1997, pp. 845-871.

BOMBARDI, Larissa Mies. "Agrotóxicos e Agronegócio: Arcaico e Moderno se Fundem no Campo Brasileiro". In: MERLINO, Tatiana & MENDONÇA, Maria Luisa. *Direitos Humanos no Brasil – 2012*. São Paulo, Rede Social de Justiça e Direitos Humanos, 2012, pp. 75-86.

"BUNGE Lifted by Brazilian Sugar Turnround". *Financial Times*, 15 abr. 2013. Disponível em: <http://www.ft.com/cms/s/0/8754c390-ad98-11e2-82b8-00144feabdc0.html#axzz2iPrAAmIp>. Acesso em: 21 ago. 2013.

BUTTEL, Frederick H. "Environmentalization: Origins, Processes, and Implications for Rural Social Change". *Rural Sociology*, Provo, vol. 57, n. 1, 1992, pp. 1-27.

CANÇADO, José Eduardo Delfini. *A Poluição Atmosférica e Sua Relação com a Saúde Humana na Região Canavieira de Piracicaba – SP*. Tese de doutorado em ciências, São Paulo, Universidade de São Paulo, 2003.

\_\_\_\_\_. et al. "The Impact of Sugar Cane-Burning Emissions on the Respiratory System of Children and the Elderly". *Environmental Health Perspectives*, Cary, vol. 114, n. 5, 2006, pp. 725-729.

\_\_\_\_\_. "Repercussões Clínicas da Exposição à Poluição Atmosférica". *Jornal Brasileiro de Pneumologia*, Brasília, vol. 32, 2006, pp. S5-S11.

CANOTILHO, José Joaquim Gomes. "Direito Constitucional Ambiental Português: Tentativa de Compreensão de Trinta Anos das Gerações Ambientais no Direito Constitucional Português". In: \_\_\_\_\_. & LEITE, José Rubens Morato. *Direito Constitucional Ambiental Brasileiro*. 2. ed., São Paulo, Saraiva, 2008, pp. 1-11.

\_\_\_\_\_. *Direito Constitucional e Teoria da Constituição*. 7. ed., Coimbra, Almedina, 2003.

CANUTO, Antônio; LUZ, Cássia Regina da Silva & WICHINESKI, Isolete. *Conflitos no Campo – Brasil 2011*. Goiânia, CPT, 2012.

CANUTO, Antônio; LUZ, Cássia Regina da Silva & LAZZARIN, Flávio. *Conflitos no Campo – Brasil 2012*. Goiânia, CPT, 2013.

CAPORAL, Francisco Roberto & COSTABEBER, José Antônio. *Agroecologia: Alguns Conceitos e Princípios*. Brasília, MDA/SAF/DATER-IICA, 2004.

CARVALHO, André Pereira de. *Rótulos Ambientais Orgânicos: Como Ferramenta de Acesso a Mercados de Países Desenvolvidos*. Dissertação de mestrado em administração de empresas, São Paulo, Fundação Getulio Vargas, 2007.

CARVALHO, Carlos Roberto Ribeiro de. *Parecer sobre Carcinogênese e a Fuligem da Queima da Cana-de-açúcar*. São Paulo [1997] (laudo técnico extraído de processo judicial desarquivado).

CASAGRANDE, Cássio. *Ministério Público e a Judicialização da Política: Estudos de Casos*. Porto Alegre, Sergio Antonio Fabris, 2008.

CAVALCANTI, Hellen Priscilla Marinho. "Aspectos Jurídicos Relativos ao Etanol Brasileiro e as Barreiras Não Tarifárias à Sua Importação". *Direito E-nergia*, Natal, vol. 2, n. 2, 2010, pp. 1-25.

CELOS, Jeferson Fernando. *O Direito Enquanto Práxis Contra-Hegemônica e a Luta pela Terra na Perspectiva dos Movimentos Sociais Populares*. Dissertação de mestrado em direito, Franca, Universidade Estadual Paulista, 2007.

CERDEIRA, Antonio L. "Herbcide Leaching on a Recharge area of the Guarany Aquifer in Brazil". *Journal of Environmental Science and Health*, Nova York, vol. 40, n. 1, 2005, pp. 159-165.

CER-USP. *Queimadas da Cana na Região de Ribeirão Preto e Implicações para a Saúde da População*. Ribeirão Preto, 25 ago. 1991 (ata de reunião extraída de processo judicial desarquivado).

CETESB (COMPANHIA DE TECNOLOGIA DE SANEAMENTO AMBIENTAL DE SÃO PAULO). "Estimativa de Emissão dos Gases de Efeito Estufa na Queima de Resíduos Agrícolas no Estado de São Paulo – 1990 a 2008". In: _____. *1º Relatório de Referência do Estado de São Paulo de Emissões e Remoções Antrópicas de Gases de Efeito Estufa, Período de 1990 a 2008*. São Paulo, 2011.

CHESNAIS, François. "Écologie, luttes sociales et projet révolutionnaire pour le 21$^e$ siècle". In: GAY, Vincent. *Pistes pour un anticapitalisme vert*. Paris, Syllepse, 2010, pp. 17-42.

_____. & SERFATI, Claude. "Les Conditions physiques de la reproduction sociale". In: LÖWY, Michael & HARRIBEY, Jean-Marie. *Capital contre nature*. Paris, Presses Universitaires de France, 2003, pp. 69-108.

CNA (CONFEDERAÇÃO NACIONAL DA AGRICULTURA). *Análise do PIB das Cadeias Produtivas de Algodão, Cana-de-açúcar, Soja, Pecuária de Corte e de Leite no Brasil:*

*Desenvolvimento Metodológico e Cálculo do PIB das Cadeias Produtivas do Algodão, Cana-de-açúcar, Soja, Pecuária de Corte e de Leite no Brasil.* Brasília, CNA, 2012.

COLOMBINI, Marjorie Paris. *Exposição Aguda ao Material Particulado Total em Suspensão Proveniente de Diferentes Fontes e Suas Repercussões nas Respostas Inflamatórias, Sistêmica e Local, em Ratos.* Tese de doutorado em medicina, São Paulo, Universidade de São Paulo, 2007.

COUTINHO, Carlos Nelson. *De Rousseau a Gramsci: Ensaios de Teoria Política.* São Paulo, Boitempo, 2011.

\_\_\_\_\_. "Introdução". In: \_\_\_\_\_. (org.). *O Leitor de Gramsci: Escritos Escolhidos 1916--1935.* Rio de Janeiro, Civilização Brasileira, 2011.

\_\_\_\_\_. *Gramsci: Um Estudo sobre Seu Pensamento Político.* 2. ed., Rio de Janeiro, Civilização Brasileira, 2003.

CRISTALE, Joyce. *Influência da Queima de Cana-de-açúcar na Presença de HPAs em Ambiente Residencial.* Dissertação de mestrado em química, Araraquara, Universidade Estadual Paulista, 2008.

CSMP-SP (CONSELHO SUPERIOR DO MINISTÉRIO PÚBLICO DO ESTADO DE SÃO PAULO). Súmula n. 22: Justifica a Propositura de Ação Civil Pública para Impedir a Queima da Cana-de-açúcar, [199-?]. Disponível em: <http://www.faimi.edu.br/v8/RevistaJuridica/Edicao4/CSMP-sumulas.pdf>. Acesso em: 15 mar. 2013.

"DECRETO Vai Permitir Queimadas para Culturas de Algodão e Cana em SP". *Folha de S.Paulo*, São Paulo, 6 set. 1988, p. 3 (Cidades).

DEMIROVIAE, Alex. "Crise écologique et l'avenir de la démocratie: aspects d'une théorie sociale critique". In: LÖWY, Michael & BRAND, Ulrich. *Globalisation et crise écologique: une critique de l'économie politique par des écologistes allemands.* Paris, L'Harmattan, 2011, pp. 85-132.

DERANI, Cristiane. *Direito Ambiental Econômico.* 3. ed., São Paulo, Saraiva, 2006.

DIETZ, Kristina & WISSEN, Markus. "Capitalisme et 'limites naturelles', une analyse critique de réflexions éco-marxistes sur la crise écologique". In: LÖWY, Michael & BRAND, Ulrich. *Globalisation et crise écologique: une critique de l'économie politique par des écologistes allemands.* Paris, L'Harmattan, 2011, pp. 61-84.

DUSSEL, Enrique. *20 Tesis de Política.* México, Siglo XXI, 2006.

ECOPONTO. *Emissão de Gases de Queimadas nas Regiões Canavieiras: Relatório Técnico de 1995/1996.* São José dos Campos, Ecoponto, 1996.

"EMBRAPA Informática Agropecuária Lança Agência da Cana-de-açúcar". 19 set. 2008. Disponível em: <http://www.cnptia.embrapa.br/userfiles/image/cana1.jpg>. Acesso em: 21 ago. 2013.

ENGELS, Friedrich. *Carta para Joseph Bloch.* Londres, 21-22 set. 1890. Disponível em:

<http://www.marxists.org/portugues/marx/1890/09/22.htm>. Acesso em: 25 ago. 2013.

ESCRIVÃO FILHO, Antonio. *Uma Hermenêutica para o Programa Constitucional do Trabalho Rural.* São Paulo, Expressão Popular, 2011.

ESTIVAL, Laurence. "Manger ou conduire, faudra-t-il choisir?" *Alternatives Économiques*, Paris, n. 316-bis, 2012, pp. 4-7.

"ESTUDOS Viabilizam o Cultivo Orgânico da Cana-de-açúcar em Goiás". 5 jul. 2013. Disponível em: <http://www.tvufg.org.br/viverciencia/wp-content/uploads/2013/07/canadeacucar.jpg>. Acesso em: 21 ago. 2013.

FARINACI, Juliana Sampaio & BATISTELLA, Mateus. "Variação na Cobertura Vegetal Nativa em São Paulo: Um Panorama do Conhecimento Atual". *Revista Árvore*, Viçosa, vol. 36, n. 4, 2012, pp. 695-705.

FERNANDES, Bernardo Mançano. "A Reforma Agrária que o Governo Lula Fez e a que Pode Ser Feita". In: SADER, Emir (org.). *10 Anos de Governos Pós-neoliberais no Brasil: Lula e Dilma.* São Paulo, Boitempo, 2013.

_____.; WELCH, Clifford Andrew & GONÇALVES, Elienai Constantino. *Land Governance in Brazil.* Roma, ILC, 2012.

FICARELLI, Thomas Ribeiro de Aquino & RIBEIRO, Helena. "Queimadas nos Canaviais e Perspectivas dos Cortadores de Cana-de-açúcar em Macatuba, São Paulo". *Saúde e Sociedade*, São Paulo, vol. 19, n. 1, 2010, pp. 48-63.

FONSECA, Márcia & PAIXÃO, Márcia. "Exportações de Etanol Brasileiro, Integração Regional e a Questão Ambiental: Uma Análise Empírica". In: *Encontro da Associação Nacional de Pesquisa e Pós-graduação em Ambiente e Sociedade.* Brasília, Anppas, 2008, vol. 4, p. 5.

FONTENELE, Ana Consuelo Ferreira & SANTOS, Josefa Lisboa. "Reflexões sobre Áreas Protegidas em Assentamentos de Reforma Agrária no Território da Grande Aracaju". In: *IV Simpósio de Geografia Agrária; Simpósio Nacional de Geografia Agrária.* Niterói, UFF, 2009, vol. 5.

FOSTER, John Bellamy. *Marx écologiste.* Paris, Amsterdam, 2011.

FRANÇA, Caio Galvão de; DEL GROSSI, Mauro Eduardo & MARQUES, Vicente P. M. de Azevedo. *O Censo Agropecuário 2006 e a Agricultura Familiar no Brasil.* Brasília, MDA, 2009.

FRANCO, Antônio Ribeiro. *Aspectos Médicos e Epidemiológicos da Queimada de Canaviais na Região de Ribeirão Preto.* Ribeirão Preto, CER-USP, 1992.

_____. "Parecer sobre os Efeitos de Poluição Provocada pela Queimada dos Canaviais na Saúde da População de Nossa Região". Ribeirão Preto, 11 dez. 1992 (laudo técnico extraído de processo judicial desarquivado).

FREIRE, Paulo. *Pedagogia da Autonomia: Saberes Necessários à Prática Educativa*. São Paulo, Paz e Terra, 2011.

GIRARDI, Eduardo Paulon & SILVEIRA, Marina Fortunato Bueno da. "Mapeamento da Territorialização do Cultivo de Cana-de-açúcar no Estado de São Paulo no Período 2000-2011". In: *Encontro Nacional de Geógrafos*. Belo Horizonte, Associação dos Geógrafos Brasileiros, 2012, vol. 17.

GLIESSMAN, Stephen R. *Agroecologia: Processos Ecológicos em Agricultura Sustentável*. 3. ed., Porto Alegre, Ed. UFRGS, 2005.

GODOY, Nichéas Bueno. "Queima da Cana e Legislação". In: *Simpósio sobre Queima de Palha de Canaviais*. Campinas, 1984, vol. 1.

GOLDMANN, Lucien. *Marxisme et sciences humaines*. Paris, Gallimard, 1970.

_____. *Sciences humaines et philosophie: pour un structuralisme génétique*. Paris, Gonthier, 1966.

_____. *Le Dieu caché: étude sur la vision tragique dans les pensées de Pascal et dans le théâtre de Racine*. Paris, Gallimard, 1959.

_____. *Recherches dialectiques*. Paris, Gallimard, 1959.

GOMES, Marco Antonio Ferreira; SPADOTTO, Cláudio A. & LANCHOTTE, Vera Lúcia. "Ocorrência do Herbicida Tebuthiuron na Água Subterrânea da Microbacia do Córrego Espraiado, Ribeirão Preto (SP)". *Ecotoxicologia e Meio Ambiente*, Curitiba, vol. 11, 2001, pp. 65-76.

GONÇALVES, Daniel Bertoli. *Mar de Cana, Deserto Verde? Os Dilemas do Desenvolvimento Sustentável na Produção Canavieira Paulista*. Tese de doutorado em engenharia da produção, São Carlos, Universidade Federal de São Carlos, 2005.

_____. *A Regulamentação das Queimadas e as Mudanças nos Canaviais Paulistas*. Dissertação de mestrado em economia, Campinas, Universidade Estadual de Campinas, 2001.

GONDIM, Linda Maria de Pontes & LIMA, Jacob Carlos. *A Pesquisa como Artesanato Intelectual: Considerações sobre Método e Bom Senso*. São Carlos, EdUFSCar, 2006.

GOOGLE. Google Maps. [2013]. Disponível em: <https://maps.google.com.br/maps?hl=en&tab=ll>. Acesso em: 2 out. 2013.

GÖRG, Christoph. "Constellations dialectiques, contribution à une théorie critique des rapports sociaux à la nature". In: LÖWY, Michael & BRAND, Ulrich. *Globalisation et crise écologique: une critique de l'économie politique par des écologistes allemands*. Paris, L'Harmattan, 2011.

GOULART, Marcelo Pedroso. *Elementos para uma Teoria Geral do Ministério Público*. Belo Horizonte, Arraes, 2013.

_____. *Ministério Público e Democracia: Teoria e Práxis*. Leme, LED, 1998.

_____. "Ministério Público e Práticas Rurais Antiambientais: O Combate às Queimadas da Cana-de-açúcar no Nordeste Paulista". *Revista de Direito Ambiental*, São Paulo, n. 5, ano 2, jan. 1997, pp. 56-75.

"Governo Proíbe Queimada de Cana em SP". *Folha de S.Paulo*, São Paulo, 11 maio 2001 (Ribeirão).

GRAMSCI, Antonio. *O Leitor de Gramsci: Escritos Escolhidos 1916-1935*. Organização Carlos Nelson Coutinho. Rio de Janeiro, Civilização Brasileira, 2011.

GRAU, Eros Roberto. *A Ordem Econômica na Constituição de 1988: Interpretação e Crítica*. 3. ed., São Paulo, Malheiros, 1997.

GRAZIANO NETO, Francisco. "Barril de Pólvora do MST". *O Estado de S. Paulo*, São Paulo, 14 jul. 2005 (Opinião).

HOUTART, François. *L'Agroénergie: solution pour le climat ou sortie de crise pour le capital?* Bruxelas, Couleur Livres, 2009.

IBGE (INSTITUTO BRASILEIRO DE GEOGRAFIA E ESTATÍSTICA). *Censo Agropecuário 2006*. Rio de Janeiro, Ministério do Planejamento, Orçamento e Gestão, 2006.

INPE (INSTITUTO NACIONAL DE PESQUISAS ESPACIAIS). Canasat. Disponível em: <http://www.dsr.inpe.br/laf/canasat>. Acesso em: 13 fev. 2013.

_____. "Que se Cumpra a Lei das Queimadas". *Folha de S.Paulo*, São Paulo, 23 maio 2002 (Opinião: Tendências/Debates).

KELSEN, Hans. *Teoria Pura do Direito: Introdução à Problemática Científica do Direito*. Trad. J. Cretella Júnior e Agnes Cretella. 7. ed., São Paulo, Revista dos Tribunais, 2011.

_____. *Teoria Pura do Direito*. Trad. João Baptista Machado. 2. ed., São Paulo, Martins Fontes, 1987.

KIRCHHOFF, Volker Walter Johann Heinrich. "Proálcool: Em Defesa da Tecnologia". *Folha de S.Paulo*, São Paulo, 5 jun. 1996, p. 2 (Dinheiro).

_____. *Resposta a Quesitos do Ministério Público sobre a Queima da Cana-de-açúcar*. São José dos Campos, Inpe, 1989.

_____. & MARINHO, Edith Vasconcelos de Andrade. "Projeto Fogo: Um Experimento para Avaliar Efeitos das Queimadas de Cana-de-açúcar na Baixa Atmosfera". *Revista Brasileira de Geofísica*, São Paulo, vol. 9, n. 2, 1991, pp. 107-119.

KITAYAMA, Onório. *Situação Atual e Perspectivas de Expansão do Setor Sucroalcooleiro no Brasil e no Mundo*. Brasília, 2007. Disponível em: <www.ana.gov.br/SalaImprensa/doc_oficina/UNICA.pps>. Acesso em: 13 fev. 2013 (palestra apresentada na Oficina ANA [Agência Nacional da Água].

KOEHLER, Bettina. "La Materialité de processus de redimensionnement (rescaling): la corrélation entre la politique de la norme dimensionelle (politcs os scale) et l'écologie politique (political ecology)". In: LÖWY, Michael & BRAND, Ulrich. *Globalisation et crise écologique: une critique de l'économie politique par des écologistes allemands*. Paris, L'Harmattan, 2011, pp. 197-212.

KONDER, Leandro. *O Que é Dialética?* São Paulo, Brasiliense, 2000.

KOVEL, Joel. "Dialectique des écologies radicales". In: LÖWY, Michael. *Écologie et socialisme*. [Paris], Syllepse, 2005.

LOURENÇO, Edvânia Ângela de Souza. "Degradação do Trabalho e Agravos à Saúde dos Trabalhadores no Setor Agroindustrial Canavieiro". *Revista Pegada*, Presidente Prudente, vol. 13, n. 2, 2012, pp. 20-45.

_____. & BERTANI, Iris Fenner. "Degradação da Saúde: Determinantes Sociais para a Saúde dos Trabalhadores da Agroindústria Canavieira". In: SANT'ANA, Raquel Santos *et al*. *Avesso do Trabalho II: Trabalho, Precarização e Saúde do Trabalhador*. São Paulo, Expressão Popular, 2010, pp. 367-398.

LÖWY, Michael. *La Cage d'acier: Max Weber et le marxisme wébérien*. Paris, Stock, 2013.

_____. *Écosocialisme: L'Alternative radicale à la catastrophe écologique capitaliste*. Paris, Mille et Une Nuits, 2011.

_____. *Ecologia e Socialismo*. São Paulo, Cortez, 2005.

_____. *Walter Benjamin: Aviso de Incêndio, uma Leitura das Teses "Sobre o Conceito de História"*. São Paulo, Boitempo, 2005.

_____. "Progrès destructif: Marx, Engels et l'écologie". In: _____. & HARRIBEY, Jean--Marie. *Capital contre nature*. Paris, Presses Universitaires de France, 2003.

_____. *Ideologias e Ciência Social: Elementos para uma Análise Marxista*. 11. ed., São Paulo, Cortez, 1991.

_____. *As Aventuras de Karl Marx contra o Barão de Münchhausen: Marxismo e Positivismo na Sociologia do Conhecimento*. Trad. Juarez Guimarães e Suzanne Felicie Léwy. São Paulo, Busca Vida, 1987.

_____.; DUMÉNIL, Gérard & RENAULT, Emmanuel. *Les 100 mots du marxisme*. Paris, Presses Universitaires de France, 2009.

LÖWY, Michael & NAÏR, Sami. *Lucien Goldmann, ou a Dialética da Totalidade*. São Paulo, Boitempo, 2008.

LYRA FILHO, Roberto. *O Que é Direito*. 17. ed., São Paulo, Brasiliense, 2006.

_____. "Desordem e Processo: Um Posfácio Explicativo". In: LYRA, Doreodó Araújo. *Desordem e Processo: Estudos sobre o Direito em Homenagem a Roberto Lyra Filho, na Ocasião de seu 60º Aniversário*. Porto Alegre, Sergio Antonio Fabris, 1986.

_____. *Pesquisa em que Direito?* Brasília, Nair, 1984.

_____. *Karl, Meu Amigo: Diálogo com Marx sobre o Direito*. Porto Alegre, Fabris, 1983.

_____. *Razões de Defesa do Direito*. Brasília, Obreira, 1981.

_____. "Para uma Visão Dialética do Direito". In: SOUTO, Cláudio & FALCÃO, Joaquim. *Sociologia e Direito: Leituras Básicas de Sociologia Jurídica*. São Paulo, Pioneira, 1980, pp. 71-78.

MACEDO, Isaias Carvalho de. *Agroindústria da Cana-de-açúcar: Participação na Redução de Carbono Atmosférico no Brasil*. Piracicaba, CTC, 1991.

MACHADO, Antônio Alberto. *Ensino Jurídico e Mudança Social*. 2. ed., São Paulo, Expressão Popular, 2009.

_____. "O Direito Alternativo". Franca [200-?] (não publicado).

MACHADO, Paulo Affonso Leme. *Direito Ambiental Brasileiro*. 7. ed., São Paulo, Malheiros, 1998.

MANÇO, José Carlos. "Efeitos das Queimadas na Saúde Humana: Aparelho Respiratório". In: *Encontro sobre Incêndios Florestais*. Botucatu, 1992, vol. 1.

_____. *Parecer sobre os Efeitos da Poluição Provocada pela Queimada dos Canaviais na Saúde Humana*. Ribeirão Preto, 1992 (laudo técnico extraído de processo judicial desarquivado).

MANIGLIA, Elisabete. *As Interfaces do Direito Agrário e dos Direitos Humanos e a Segurança Alimentar*. São Paulo, Cultura Acadêmica, 2009.

_____. "Atendimento da Função Social pelo Imóvel Rural". In: BARROSO, Lucas Abreu; MIRANDA, Alcir Gursen de & SOARES, Mário Lúcio Quintão. *O Direito Agrário na Constituição*. Rio de Janeiro, Forense, 2006.

_____. "Variações sobre a Constitucionalização da Questão Agrária no Brasil pós-88". *Revista de Estudos Jurídicos da Universidade Estadual Paulista*, Franca, vol. 11, n. 15, 2006, pp. 51-78.

_____. "Direito Agrário e Reforma Agrária". *Revista Jurídica das Faculdades Integradas Claretianas*, Rio Claro, ano 1, n. 2, 2004, pp. 36-45.

_____. "Terra, Justiça e Democracia". *Revista de Estudos Jurídicos da Universidade Estadual Paulista*, Franca, vol. 4, n. 2, 1997, pp. 253-260.

MAPA (MINISTÉRIO DA AGRICULTURA, PECUÁRIA E ABASTECIMENTO). *Brasil Projeções do Agronegócio 2011/2012 a 2021/2022*. Brasília, 2012.

MARX, Karl. *O Capital: Crítica da Economia Política, Livro Primeiro: O Processo de Produção do Capital*. Trad. Regis Barbosa e Flávio R. Kothe. São Paulo, Círculo do Livro, 1996.

MATTOS, Carolina R. A. et. al. *Protocolo Agroambiental do Setor Sucroenergético Paulista: Dados Consolidados das Safras 2007/08 a 2013/14*. São Paulo, Secretaria do Meio Ambiente/Secretaria de Agricultura e Abastecimento, 2014. Disponível em: <http://www.ambiente.sp.gov.br/etanolverde/files/2015/02/

## REFERÊNCIAS BIBLIOGRÁFICAS

Protocolo-Agroambiental-do-Setor-Sucroenerg%C3%A9tico-Relat%C3%B3rio--consolidado-RV.pdf>. Acesso em: 13 out. 2015.

MELLO, Maurílio de O. "Colheita de Cana-de-açúcar nas Áreas Atuais e de Expansão: Evoluções, Preservação e Produtividade". In: *Workshop Colheita de Cana-de-açúcar*. Campinas, Unicamp, 2006, vol. 2.

METZGER, Jean Paul. "O Código Florestal Tem Base Científica?" *Natureza & Conservação*, Curitiba, vol. 8, n. 1, 2010, pp. 92-99.

MILARÉ, Edis. *Direito do Ambiente: Doutrina, Jurisprudência, Glossário*. 5. ed., São Paulo, Revista dos Tribunais, 2007.

MIRANDA, Evaristo Eduardo de; DORADO, Alejandro Jorge & ASSUNÇÃO, João Vicente de. *Doenças Respiratórias Crônicas em Quatro Municípios Paulistas*. Campinas, Ecoforça, 1994.

MIRANDA, Evaristo Eduardo de et al. *Considerações sobre o Impacto Ambiental da Palha da Cana-de-açúcar*. Brasília, Embrapa, 1997.

MONTANINI, Luiz. "A Vida Começa aos 70. Ações Ambientalmente Corretas". *Jornal-Cana*, Ribeirão Preto, 2006, pp. 63-72.

MÜLLER, Friedrich. *Teoria Estruturante do Direito*. e Trad. Peter Naumann, Eurides Avance de Souza. 2. ed., São Paulo, Revista dos Tribunais, 2009.

NATIVE Alimentos. Disponível em <http://www.nativealimentos.com.br/>. Acesso em: 14 mar. 2013.

NEPOMUCENO, Olavo. *Informação e Parecer Técnico: Diretrizes para a Expansão Urbana e a Exploração Agrícola das Áreas Localizadas na Zona de Recarga do Aquífero Guarani*. Ribeirão Preto, Ministério Público do Estado de São Paulo, 2005.

NERY JÚNIOR, Nelson. "Compromisso de Ajustamento de Conduta: Solução para o Problema da Queima da Palha da Cana-de-açúcar". *Revista dos Tribunais*, São Paulo, ano 82, vol. 692, 1993, pp. 31-39.

NEVES, Élio. *Carta de Reivindicações da Feraesp ao Governador de São Paulo*. Ribeirão Preto, 17 maio 1991 (documento extraído de processo judicial desarquivado).

NOVAES, José Roberto Pereira. "Campeões de Produtividade: Dores e Febres nos Canaviais Paulistas". *Estudos Avançados*, São Paulo, vol. 21, n. 59, 2007, pp. 167-177.

"OCUPANTE da Barra Pode Ter Renda de R$ 20 Mil". *A Cidade*, Ribeirão Preto, 15 set. 2005, p. 1 (Capa).

"Os SATÉLITES a Serviço do Meio Ambiente". *A Cidade*, Ribeirão Preto, [18] mar. 1993, p. 11.

PALVEQUERES, Sílvio Donizetti. *Carta de Reivindicações do Sindicato de Trabalhadores Rurais de Ribeirão Preto para o Governador de São Paulo*. Ribeirão Preto, 1º mar. 1991 (documento extraído de processo judicial desarquivado).

PATERLINI, Willian César. *Fontes e Composição das Partículas Atmosféricas na Área Urbana e Rural da Região Central do Estado de São Paulo*. Tese de doutorado em química, Araraquara, Universidade Estadual Paulista, 2007.

PAULO NETTO, José & BRAZ, Marcelo. *Economia Política: Uma Introdução Crítica*. 2. ed., São Paulo, Cortez, 2007.

PELAEZ, Victor. *Mercado e Regulação de Agrotóxicos*. Brasília, Anvisa, 2012.

PERENCIN, Cláudia Maria Ferreira. *A Urbanização em Área de Recarga do Aquífero em Ribeirão Preto (SP)*. Trabalho de conclusão de curso (graduação em arquitetura e urbanismo), Ribeirão Preto, Centro Universitário Moura Lacerda, 1997.

PESSOA, Fernando. *Livro do Desassossego: Composto por Bernardo Soares, Ajudante de Guarda-livros na Cidade de Lisboa*. Org. Richard Zenith. São Paulo, Companhia das Letras, 2006.

PINTO, Gilmar da Silva. *Laudo de Vistoria Técnica*. [Ribeirão Preto], Incra, 2012.

PINTO JÚNIOR, Joaquim Modesto & FARIAS, Valdes Adriani. *Função Social da Propriedade: Dimensões Ambiental e Trabalhista*. Brasília, Núcleo de Estudos Agrários e Desenvolvimento Rural, 2005.

POULANTZAS, Nicos. *L'État, le pouvoir, le socialisme*. Paris, Presses Universitaires de France, 1978.

_____. *Nature des choses et droit: essai sur la dialectique du fait et de la valeur*. Paris, Librarie Génerale de Droit et Jurisprudence, 1965.

"PRESIDENTE Lula Chama Usineiros de Heróis". *Folha de S.Paulo*, São Paulo, 20 mar. 2007. Disponível em: <http://www1.folha.uol.com.br/folha/brasil/ult96u90477.shtml>. Acesso em: 4 mar. 2013.

"PROIBIÇÃO Imediata da Queima de Palha da Cana-de-açúcar Pode Prejudicar Produtores Paulistas". 16 maio 2013. Disponível em: <http://www.brasilagro.com.br/index.php?/noticias/detalhes/12/50815>. Acesso em: 21 ago. 2013.

RAMOS, Pedro. *Agroindústria Canavieira e Propriedade Fundiária no Brasil*. São Paulo, Hucitec, 1999 (Economia e Planejamento, 36. Teses e Pesquisas, 21).

_____.; BELIK, Walter & VIAN, Carlos Eduardo de Freitas. "Mudanças Institucionais e Seus Impactos nas Estratégias dos Capitais do Complexo Agroindustrial Canavieiro no Centro-Sul do Brasil". In: *Congresso Brasileiro de Economia e Sociologia Rural*. Brasília, Sober, 1998, vol. 36, pp. 519-532.

RIBEIRO, Darcy. *O Povo Brasileiro: A Formação e o Sentido do Brasil*. São Paulo, Companhia das Letras, 1995.

RIBEIRO, Helena. "Queimadas de Cana-de-açúcar no Brasil: Efeitos à Saúde Respiratória". *Revista de Saúde Pública*, São Paulo, vol. 42, n. 2, 2008, pp. 1-7.

ROSEIRO, Maria Nazareth Vianna. *Morbidade por Problemas Respiratórios em Ribeirão*

Preto *(SP)*, *de 1995 a 2001, Segundo Indicadores Ambientais, Sociais e Econômicos*. Dissertação de mestrado em saúde ambiental, Ribeirão Preto, Universidade de São Paulo, 2002.

RUDORFF, Bernardo Friedrich Theodor. "Studies on the Rapid Expansion of Sugarcane for Ethanol Production in São Paulo State (Brazil) Using Landsat Data". *Remote Sensing*, vol. 2, 2010, pp. 1057-1076.

SALOMÃO, Alexa. "Natureza Inovadora". *Época Negócios*, Rio de Janeiro, n. 30, ago. 2009, pp. 86-101.

SÁNCHEZ RUBIO, David. "Sobre el Concepto de 'Historización' y una Crítica a la Visión sobre las (De)-Generaciones de Derechos Humanos". In: BORGES, Paulo César Corrêa. *Marcadores Sociais da Diferença e Repressão Penal*. São Paulo, NETPDH/Cultura Acadêmica, 2011, pp. 9-21.

SÁNCHEZ VÁZQUEZ, Adolfo. *Filosofia da Práxis*. Trad. Maria Encarnación Moya. São Paulo, Expressão Popular, 2007.

SANT'ANA, Raquel Santos & CARMO, Onilda Alves do. "As Condições de Trabalho no Setor Sucroalcooleiro". In: SANT'ANA, Raquel Santos *et al.* (orgs.). *Avesso do Trabalho II: Trabalho, Precarização e Saúde do Trabalhador*. São Paulo, Expressão Popular, 2010, pp. 343-366.

SANT'ANA, Raquel Santos & DELGADO, Guilherme C. "Expansão do Setor Sucroalcooleiro e Condições de Trabalho e Emprego no Período 2000/2006". In: SANT'ANA, Raquel Santos; LOURENÇO, Edvânia Ângela de Souza & CARMO, Onilda Alves do. *Questão Agrária e Saúde do Trabalhador: Desafios para o Século XXI*. São Paulo, Cultura Acadêmica, 2011, pp. 201-218.

SANTOS, Boaventura de Sousa. *Sociología Jurídica Crítica: Para un Nuevo Sentido Común del Derecho*. Madri, Trotta, 2009.

\_\_\_\_\_.; MARQUES, Maria Manuel Leitão & PEDROSO, João. "Os Tribunais nas Sociedades Contemporâneas". *Revista Brasileira de Ciências Sociais*, São Paulo, n. 30, ano II, 1996, pp. 29-62.

SÃO PAULO (Estado). Secretaria do Meio Ambiente. *Etanol Verde, Fechamento Safra 2014/2015: Dados Preliminares*. Disponível em: <http://www.ambiente.sp.gov.br/etanolverde/files/2015/05/Balan%C3%A7o-da-safra-14_15-Dados-Preliminares.pdf>. Acesso em: 13 out. 2015.

\_\_\_\_\_. Secretaria do Meio Ambiente. *Relatório do Projeto Etanol Verde 2009*. São Paulo, 2009.

\_\_\_\_\_. Secretaria de Agricultura e Abastecimento. Coordenadoria de Assistência Técnica Integral. Instituto de Economia Agrícola. *Levantamento Censitário de Unidades de Produção Agrícola do Estado de São Paulo – Lupa 2007/2008*. São Paulo,

SAA/CATI/IEA, 2008. Disponível em: <http://www.cati.sp.gov.br/projetolupa>. Acesso em: 18 jul. 2013.

_____. *Etanol Verde*. São Paulo, 2007. Disponível em: <http://www.ambiente.sp.gov.br/etanolverde/>. Acesso em: 12 fev. 2013.

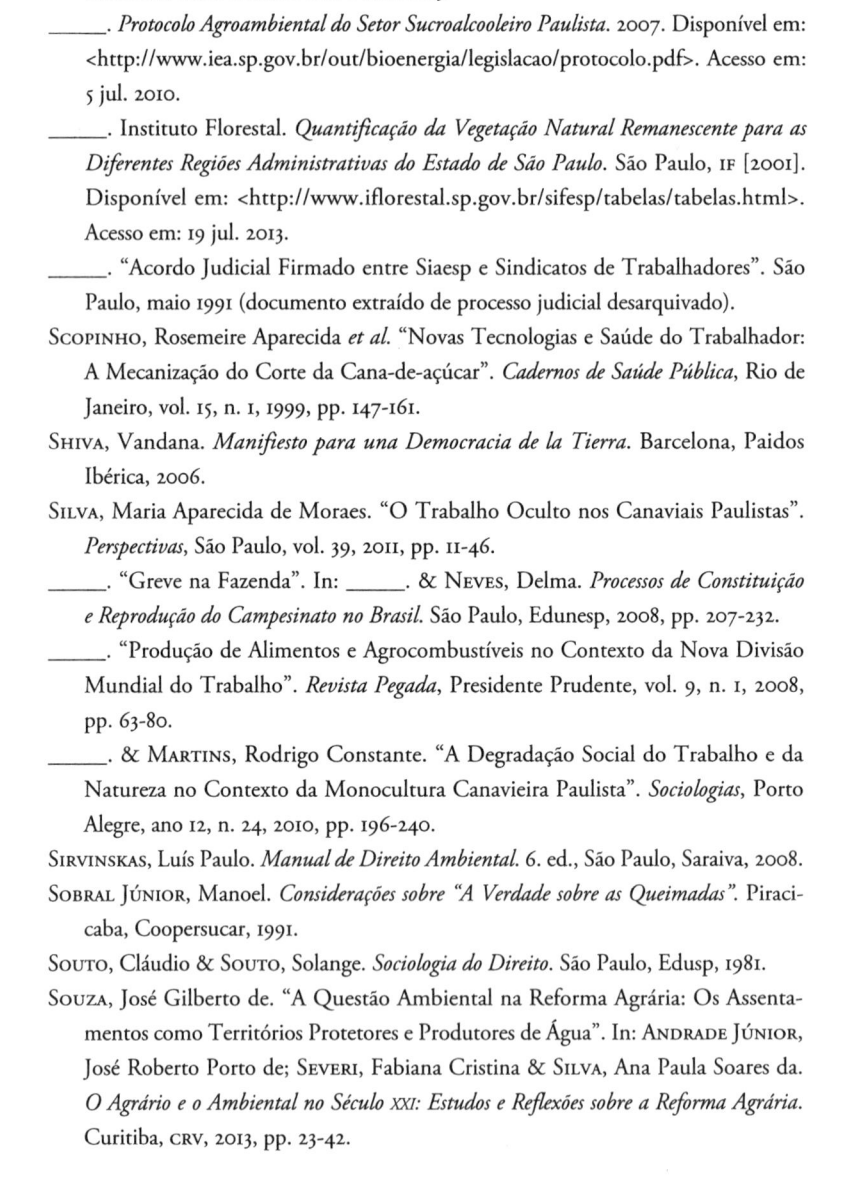

_____. *Protocolo Agroambiental do Setor Sucroalcooleiro Paulista*. 2007. Disponível em: <http://www.iea.sp.gov.br/out/bioenergia/legislacao/protocolo.pdf>. Acesso em: 5 jul. 2010.

_____. Instituto Florestal. *Quantificação da Vegetação Natural Remanescente para as Diferentes Regiões Administrativas do Estado de São Paulo*. São Paulo, IF [2001]. Disponível em: <http://www.iflorestal.sp.gov.br/sifesp/tabelas/tabelas.html>. Acesso em: 19 jul. 2013.

_____. "Acordo Judicial Firmado entre Siaesp e Sindicatos de Trabalhadores". São Paulo, maio 1991 (documento extraído de processo judicial desarquivado).

SCOPINHO, Rosemeire Aparecida et al. "Novas Tecnologias e Saúde do Trabalhador: A Mecanização do Corte da Cana-de-açúcar". *Cadernos de Saúde Pública*, Rio de Janeiro, vol. 15, n. 1, 1999, pp. 147-161.

SHIVA, Vandana. *Manifiesto para una Democracia de la Tierra*. Barcelona, Paidos Ibérica, 2006.

SILVA, Maria Aparecida de Moraes. "O Trabalho Oculto nos Canaviais Paulistas". *Perspectivas*, São Paulo, vol. 39, 2011, pp. 11-46.

_____. "Greve na Fazenda". In: _____. & NEVES, Delma. *Processos de Constituição e Reprodução do Campesinato no Brasil*. São Paulo, Edunesp, 2008, pp. 207-232.

_____. "Produção de Alimentos e Agrocombustíveis no Contexto da Nova Divisão Mundial do Trabalho". *Revista Pegada*, Presidente Prudente, vol. 9, n. 1, 2008, pp. 63-80.

_____. & MARTINS, Rodrigo Constante. "A Degradação Social do Trabalho e da Natureza no Contexto da Monocultura Canavieira Paulista". *Sociologias*, Porto Alegre, ano 12, n. 24, 2010, pp. 196-240.

SIRVINSKAS, Luís Paulo. *Manual de Direito Ambiental*. 6. ed., São Paulo, Saraiva, 2008.

SOBRAL JÚNIOR, Manoel. *Considerações sobre "A Verdade sobre as Queimadas"*. Piracicaba, Coopersucar, 1991.

SOUTO, Cláudio & SOUTO, Solange. *Sociologia do Direito*. São Paulo, Edusp, 1981.

SOUZA, José Gilberto de. "A Questão Ambiental na Reforma Agrária: Os Assentamentos como Territórios Protetores e Produtores de Água". In: ANDRADE JÚNIOR, José Roberto Porto de; SEVERI, Fabiana Cristina & SILVA, Ana Paula Soares da. *O Agrário e o Ambiental no Século XXI: Estudos e Reflexões sobre a Reforma Agrária*. Curitiba, CRV, 2013, pp. 23-42.

## REFERÊNCIAS BIBLIOGRÁFICAS

SUPERIOR TRIBUNAL DE JUSTIÇA. Jurisprudência [2013]. Disponível em: <http://www.stj.jus.br/scon>. Acesso em: 10 jul. 2010.

SUPREMO TRIBUNAL FEDERAL. Acompanhamento processual [2013]. Disponível em: <http://www.stf.jus.br/portal/processo/pesquisarProcesso.asp>. Acesso em: 9 mar. 2013.

SZMRECSÁNYI, Tomás. "Tecnologia e Degradação Ambiental: O Caso da Agroindústria Canavieira do Estado de São Paulo". *Informações Econômicas*, São Paulo, vol. 24, n. 10, 1994, pp. 73-81.

_____. & GONÇALVES, Daniel Bertoli. "Efeitos Socioeconômicos e Ambientais da Expansão da Lavoura Canavieira no Brasil". In: *International Congress of the Latin American Studies Association*. Rio de Janeiro, Lasa, 2009, vol. 28.

TANURO, Daniel. *L'Impossible capitalisme vert*. Paris, La Découverte, 2012.

_____. "Marxisme, énergie et écologie: l'heure de vérité". In: GAY, Vincent. *Pistes pour un anticapitalisme vert*. Paris, Syllepse, 2010, pp. 43-60.

TEIXEIRA, Bernardo A. N. *et al*. *Saneamento Ambiental, Sustentabilidade e Permacultura em Assentamentos Rurais – Samspar*. São Carlos, Funasa, 2011.

TRIBUNAL DE JUSTIÇA DO ESTADO DE SÃO PAULO. Consulta de Jurisprudência [2013]. Disponível em: <http://esaj.tj.sp.gov.br/esaj/portal.do?servico=780000>. Acesso em: 10 abr. 2013.

ÚNICA. *Relatório Final da Safra 2011/2012, Região Centro-Sul*. [São Paulo], 2012. Disponível em: <http://www.unicadata.com.br/listagem.php?idMn=72>. Acesso em: 4 mar. 2013.

_____. ÚnicaData. Disponível em: <http://www.unicadata.com.br>. Acesso em: 13 fev. 2013.

VALSECHI, Octavio. *A Queima da Cana-de-açúcar e Suas Consequências*. Tese de livre-docência em tecnologia agrícola, Piracicaba, Universidade de São Paulo, 1951.

VEIGA FILHO, Alceu de Arruda. "Estudo do Processo de Mecanização do Corte da Cana-de-açúcar: O Caso do Estado de São Paulo". *Revista de Ciência e Tecnologia (Recitec)*, Recife, vol. 3, n. 1, 1999, pp. 74-99.

_____. "Fatores Explicativos da Mecanização do Corte na Lavoura Canavieira Paulista". *Informações Econômicas*, São Paulo, vol. 28, n. 11, 1998, pp. 7-33.

VIANNA, Luiz Werneck. *A Judicialização da Política e das Relações Sociais no Brasil*. Rio de Janeiro, Renavan, 1999.

_____. & BURGOS, Marcelo Baumann. "Entre Princípios e Regras: Cinco Estudos de Caso de Ação Civil Pública". *Dados*, Rio de Janeiro, vol. 48, n. 4, 2005, pp. 777-843.

VIANNA, Luiz Werneck *et al. Corpo e Alma da Magistratura Brasileira.* 3. ed., Rio de Janeiro, Renavan, 1997.

WARAT, Luis Alberto. "Saber Crítico e Senso Comum Teórico dos Juristas". *Sequência*, Florianópolis, vol. 3, n. 5, 1982, pp. 48-57.

WEBER, Max. *Economia e Sociedade: Fundamentos da Sociologia Compreensiva.* Trad. Regis Barbosa e Karen Elsabe Barbosa. Brasília, Ed. UNB, 1999.

_____. *Économie et société 1: les catégories de la sociologie.* Paris, Plon, 1971.

_____. *Économie et société 2: l'organization et les puissances de la societé dans leur rapport avec l'économie.* Paris, Plon, 1971.

WEZEL, Alexander *et al.* "Agroecology as a Science, a Movement and a Practice: A Review". *Agronomy for Sustainable Development,* Les Ulis, vol. 29, 2009, pp. 503-515.

WONG, Anthony. "Apagar o Fogo dos Canaviais". *JornalCana* [Sertãozinho], set. 1997.

_____. *Considerações sobre Queimadas nos Canaviais e uma Avaliação Crítica da Tese da Sra. Gisele Cristiane Marcomini Zamperlini.* São Paulo [1997] (laudo técnico extraído de processo judicial desarquivado).

ZAMBERLAM, Jurandir & FRONCHETI, Alceu. *Agricultura Ecológica: Preservação do Pequeno Agricultor e do Meio Ambiente.* 2. ed., Petrópolis, Vozes, 2001.

ZAMPERLINI, Gisele Cristiane Marcomini. *Investigação da Fuligem Proveniente da Queima de Cana-de-açúcar com Ênfase nos Hidrocarbonetos Policíclicos Aromáticos (HPAs).* Dissertação de mestrado em química, Araraquara, Universidade Estadual Paulista, 1997.

## LEGISLAÇÃO

ALCKMIN, Geraldo. Projeto de Lei n. 380, de 2001. Dispõe sobre a diminuição gradativa da queima da palha da cana-de-açúcar e dá providências correlatas. São Paulo, 22 jun. 2001.

AMERICANA. Lei n. 4.504, de 27 jun. 2007. Dispõe sobre a proibição da queimada de canaviais localizados no município de Americana, prevê a aplicação de multas e dá outras providências. *Diário Oficial do Município de Americana,* Americana, 28 jun. 2007. Disponível em: <http://consultaamericana.siscam.com.br/Download.aspx?id=110600>. Acesso em: 8 mar. 2013.

_____. Lei n. 3.812, de 28 abr. 2003. Dispõe sobre a proibição de queimadas no município, estabelece penalidades e dá outras providências. *Diário Oficial do Município de Americana,* Americana, 28 abr. 2003. Disponível em: <http://consultaamericana.siscam.com.br/Download.aspx?id=109910>. Acesso em: 8 mar. 2013.

BOTUCATU. Lei n. 4.446, de 20 out. 2003. Dispõe sobre a proibição de queimadas no município de Botucatu e dá outras providências. *Diário Oficial do Município de Botucatu*, Botucatu, 21 out. 2003. Disponível em: <http://www.camarabotucatu. sp.gov.br/camver/LEIMUN/2003/04446.pdf>. Acesso em: 8 mar. 2013.

BRANDÃO, Leci & BIGARDI, Pedro. *Justificativa do Projeto de Lei Complementar n. 16/2012*. Cria a região metropolitana de Ribeirão Preto e dá providências correlatas. São Paulo, 2012.

BRASIL. Decreto n. 2661, de 8 jul. 1998. Regulamenta o parágrafo único do art. 27 da Lei n. 4.771, de 15 set. 1965 (Código Florestal), mediante o estabelecimento de normas de precaução relativas ao emprego do fogo em práticas agropastoris e florestais, e dá outras providências. *Diário Oficial da República Federativa do Brasil*, Brasília, 9 jul. 1998.

_____. Lei n. 6.938, de 31 ago. 1981. Dispõe sobre a Política Nacional do Meio Ambiente, seus fins e mecanismos de formulação e aplicação, e dá outras providências. *Diário Oficial da República Federativa do Brasil*, Brasília, 20 jul. 1989. Disponível em: <http://www.planalto.gov.br/ccivil_03/Leis/L6938.htm>. Acesso em: 1º set. 2010.

_____. Constituição (1988). Constituição da República Federativa do Brasil, de 5 out. 1988. *Diário Oficial da República Federativa do Brasil*, Brasília, 5 out. 1988. Disponível em: <http://www.planalto.gov.br/ccivil_03/constituicao/constitui%-C3%A7ao.htm>. Acesso em: 1º set. 2010.

_____. Lei n. 7.347, jul. 1985. Disciplina a ação civil pública de responsabilidade por danos causados ao meio ambiente, ao consumidor, a bens e direitos de valor artístico, estético, histórico, turístico e paisagístico (Vetado) e dá outras providências. *Diário Oficial da República Federativa do Brasil*, Brasília, 25 jul. 1985.

_____. Lei n. 4.771, de 15 set. 1965. Institui o novo Código Florestal. *Diário Oficial da República Federativa do Brasil*, Brasília, 16 set. 1965. Disponível em: <http://www. planalto.gov.br/ccivil_03/Leis/L4771.htm>. Acesso em: 1º set. 2010.

_____. Lei n. 4.504, de 30 nov. 1964. Dispõe sobre o Estatuto da Terra, e dá outras providências. *Diário Oficial da República Federativa do Brasil*, Brasília, 31 nov. 1964. Disponível em: <http://www.planalto.gov.br/ccivil_03/leis/l4504.htm>. Acesso em: 22 jul. 2013.

CEDRAL. Lei n. 1.911, de 28 ago. 2007. Dispõe sobre a proibição da queima da palha da cana-de-açúcar no município de Cedral, e dá outras providências. *Diário Oficial do Município de Cedral*, Cedral, 29 ago. 2007. Disponível em: <http://cedral.sp.gov. br/camver/leimun/01911.doc>. Acesso em: 8 mar. 2013.

JARDIM, Arnaldo. Projeto de Lei n. 491, de 1999. Define procedimentos, proibições, estabelece regras de execução e medidas de precaução a serem obedecidas quando do emprego do fogo em práticas agrícolas, pastoris e florestais, e dá outras providências correlatas. *Diário Oficial do Estado de São Paulo*, São Paulo, 11 jun. 1999. Disponível em: <http://www.al.sp.gov.br/propositura/?id=42643>. Acesso em: 18 mar. 2013.

LIMEIRA. Lei n. 3.963, de 22 nov. 2005. Dispõe sobre a proibição de queimada de canaviais localizados no município de Limeira, prevê a aplicação de multas, e dá outras providências. *Diário Oficial do Município de Limeira*, Limeira, 23 nov. 2005. Disponível em: <http://www.camaralimeira.sp.gov.br/camver/leimun/2005/03963.pdf>. Acesso em: 8 mar. 2013.

MOGI-MIRIM. Lei n. 4.518, de 18 dez. 2007. Dispõe sobre a proibição da queima da palha da cana-de-açúcar no município de Mogi-Mirim. *Diário Oficial do Município de Mogi-Mirim*, Mogi-Mirim, 19 dez. 2007. Disponível em: <https://www.leismunicipais.com.br/a/sp/m/Mogi-Mirim/lei-ordinaria/2007/451/4518/lei-ordinaria-n--4518-2007-dispoe-sobre-a-proibicao-da-queima-da-palha-da-cana-de-acucar-no--municipio-de-Mogi-Mirim-2007-12-18.html>. Acesso em: 8 mar. 2013.

NOGUEIRA, Duarte. Parecer n. 1154, de 2002: de relator especial em substituição ao da Comissão de Defesa do Meio Ambiente, sobre os substitutivos e as emendas de plenário apresentadas ao Projeto de Lei n. 380, de 2001. São Paulo, 2002.

PAULÍNIA. Lei n. 1.952, de 20 dez. 1995. Dispõe sobre a proibição de queimadas no município de Paulínia nas formas que especifica e dá outras providências. *Diário Oficial do Município de Paulínia*, Paulínia, 20 dez. 1995. Disponível em: <http://camara-municipal-da-paulinia.jusbrasil.com.br/legislacao/661221/lei-1952-95>. Acesso em: 8 mar. 2013.

PRESIDENTE PRUDENTE. Lei n. 6.675, de 19 nov. 2007. Dispõe sobre a queima controlada de cana-de-açúcar para colheita no município de Presidente Prudente e dá outras providências correlatas. *Diário Oficial do Município de Presidente Prudente*, Presidente Prudente, 20 nov. 2007.

RIBEIRÃO PRETO. Lei Complementar n. 1.616, de 19 jan. 2004. Institui o Código do Meio Ambiente, dispõe sobre o sistema municipal de administração da qualidade, proteção, controle e desenvolvimento do meio ambiente, e uso adequado dos recursos naturais – Sima, os instrumentos da política ambiental e estabelece normas gerais para a administração da qualidade ambiental do município de Ribeirão Preto. *Diário Oficial do Município de Ribeirão Preto*, Ribeirão Preto, 20 jan. 2004. Disponível em: <http://cm.jusbrasil.com.br/legislacao/695326/lei-complementar--1616-04>. Acesso em: 8 mar. 2013.

SÃO JOSÉ DO RIO PRETO. Lei n. 9.721, de 14 nov. 2006. Proíbe a queima da palha da cana-de-açúcar em todo o município de São José do Rio Preto. *Diário Oficial do Município de São José do Rio Preto*, São José do Rio Preto, 1º nov. 2006.

SÃO PAULO (Estado). Lei n. 11.241, de 19 set. 2002. Dispõe sobre a eliminação gradativa da queima da palha da cana-de-açúcar e dá providências correlatas. *Diário Oficial do Estado de São Paulo*, São Paulo, 20 set. 2002. Disponível em: <http://www.barretos.sp.gov.br/planodiretor/arquivos/lei_Est_11241.pdf>. Acesso em: 1º set. 2010.

_____. Decreto n. 45.869, de 22 jun. 2001. Regulamenta, no que concerne à queima da palha da cana-de-açúcar, a Lei n. 10.547, de 2 maio 2000, que define procedimentos, proibições, estabelece regras de execução e medidas de precaução a serem obedecidas quando do emprego do fogo em práticas agrícolas, pastoris e florestais. *Diário Oficial do Estado de São Paulo*, São Paulo, 22 jun. 2001. Disponível em: <http://licenciamento.cetesb.sp.gov.br/legislacao/estadual/decretos/2001_Dec_Est_45869.pdf>. Acesso em: 19 fev. 2013.

_____. Lei n. 10.547, de 2 maio 2000. Define procedimentos, proibições, estabelece regras de execução e medidas de precaução a serem obedecidas quando do emprego do fogo em práticas agrícolas, pastoris e florestais, e dá outras providências correlatas. *Diário Oficial do Estado de São Paulo*, São Paulo, 3 maio 2000. Disponível em: <http://www.cetesb.sp.gov.br/licenciamentoo/legislacao/estadual/leis/2000_Lei_Est_10547.pdf>. Acesso em: 1º set. 2010.

_____. Decreto n. 42.056, de 6 ago. 1997. Altera a redação do artigo 5º do Decreto n. 4.1719, de 16 abr. 1997, que regulamentou a Lei n. 6.171, de 4 dez. 1988, alterada pela Lei n. 8.421, de 23 nov. 1993, que dispõe sobre o uso, conservação e preservação do solo agrícola. *Diário Oficial do Estado de São Paulo*, São Paulo, 7 set. 1997. Disponível em: <http://www.cetesb.sp.gov.br/licenciamentoo/legislacao/estadual/decretos/1997_Dec_Est_42056.pdf>. Acesso em: 1º set. 2010.

_____. Decreto n. 28.848, de 30 ago. 1988. Dispõe sobre a proibição de queimadas na forma que especifica. *Diário Oficial do Estado de São Paulo*, São Paulo, 30 ago. 1988. Disponível em: <http://governo-sp.jusbrasil.com.br/legislacao/188114/decreto-28848-88>. Acesso em: 17 fev. 2013.

_____. Decreto n. 28.895, de 20 set. 1988. Acrescenta dispositivo ao Decreto n. 28.848, de 30 ago. 1988. *Diário Oficial do Estado de São Paulo*, São Paulo, 21 set. 1988. Disponível em: <http://governo-sp.jusbrasil.com.br/legislacao/188063/decreto-28895-88>. Acesso em: 17 fev. 2013.

# Sobre o Autor

ASSISTENTE TÉCNICO DA ESCOLA superior do ministério público de São Paulo (ESMP/SP). Professor universitário. Mestre em direito pela Universidade Estadual Paulista "Júlio de Mesquita Filho" (Unesp), com período sanduíche na École des Hautes Études en Sciences Sociales (EHESS) e pesquisa financiada pela Fundação de Amparo à Pesquisa do Estado de São Paulo (Fapesp). Coorganizador do livro *O Agrário e o Ambiental no Século XXI: Estudos e Reflexões sobre a Reforma Agrária* e autor de artigos e capítulos de livros, como "As Decisões Judiciais nos Pleitos pela Proibição Imediata da Queima da Cana-de-açúcar" e "A Realidade do Trabalho Rural Canavieiro e a Necessidade de Políticas Públicas Compensatórias". Conselheiro do Conselho Municipal de Defesa do Meio Ambiente (Comdema) de Ribeirão Preto (SP) entre 2012 e 2014. Bacharel em direito pela Unesp.

|  |  |
|---|---|
| TÍTULO | *Onde Tem Fumaça Tem Fogo* |
| AUTOR | José Roberto Porto de Andrade Júnior |
| PRODUÇÃO | Adriana Garcia |
| EDIÇÃO DE TEXTO | Lucas Legnare |
| PREPARAÇÃO | Tarcila Lucena |
| REVISÃO DE PROVA | Ana Paula Luccisano |
|  | Alexandre Oliveira |
|  | Andrea Stahel |
| CAPA | Adriana Garcia |
| IMAGEM DA CAPA | xlt974/Shutterstock.com |
| DIAGRAMAÇÃO | Emílio Lobato Prado Teixeira |
| SECRETARIA EDITORIAL | Fernanda Dias de Godoi Ornaghi |
| DIVULGAÇÃO | Mariana Forones |
| FORMATO | 14 x 21 cm |
| TIPOLOGIA | Adobe Garamond Pro 10,5 / 14,25 pt |
| PAPEL | Pólen Soft 80 g/m² (miolo) |
|  | Cartão Supremo 250 g/m² (capa) |
| NÚMERO DE PÁGINAS | 304 |
| TIRAGEM | 1000 |
| IMPRESSÃO E ACABAMENTO | Graphium Gráfica e Editora |

Fundação de Apoio à Universidade Federal de São Paulo

Fundação de Apoio à Universidade Federal de São Paulo

*Diretora Presidente*   Anita Hilda Straus Takahashi
*Diretora Vice-presidente*   Jane Zveiter de Moraes
*Diretora Financeira*   Vanessa Costhek Abilio
*Diretor de Ensino*   Marcelo Domingues Roman
*Diretor de Pesquisa*   Nelson Sass

UNIFESP
UNIVERSIDADE FEDERAL DE SÃO PAULO
1933

Universidade Federal de São Paulo

*Reitora*   Soraya Soubhi Smaili
*Vice-reitora*   Valeria Petri
*Pró-reitores*   Maria Angélica Pedra Minhoto (Graduação)
Maria Lucia Oliveira de Souza Formigoni (Pós-graduação)
Florianita Coelho Braga-Campos (Extensão)
Isabel Cristina Kowal Olm Cunha (Administração)
Andréa Rabinovici (Assuntos Estudantis)
Esper Abrão Cavalheiro (Planejamento)
Rosemarie Andreazza (Gestão de Pessoas)